2016年度河南省科技厅软科学研究项目（162400410205）资助
2017年度河南省教育厅人文社科一般规划项目（2017-ZDJH-006）资助

Pre-Qin Bronze
Art Language

先秦青铜艺术的语言

杨　冬◎著

经济管理出版社
ECONOMY & MANAGEMENT PUBLISHING HOUSE

图书在版编目（CIP）数据

先秦青铜艺术的语言／杨冬著. —北京：经济管理出版社，2017.10
ISBN 978-7-5096-5464-4

Ⅰ.①先… Ⅱ.①杨… Ⅲ.①青铜器（考古）—形态语言—研究—中国—先秦时代
Ⅳ.①K876.414

中国版本图书馆 CIP 数据核字（2017）第 270285 号

组稿编辑：高　娅
责任编辑：高　娅
责任印制：黄章平
责任校对：王淑卿

出版发行：经济管理出版社
（北京市海淀区北蜂窝 8 号中雅大厦 A 座 11 层　100038）
网　　址：www.E-mp.com.cn
电　　话：（010）51915602
印　　刷：玉田县昊达印刷有限公司
经　　销：新华书店
开　　本：720mm×1000mm/16
印　　张：15.25
字　　数：225 千字
版　　次：2018 年 3 月第 1 版　　2018 年 3 月第 1 次印刷
书　　号：ISBN 978-7-5096-5464-4
定　　价：60.00 元

前言

中国先秦青铜艺术，是当时人们思想观念的艺术再现。中国的青铜器文化在夏、商、西周、春秋及战国早期达到了鼎盛时期，到战国末期逐渐被铁器所取代而退出历史舞台。虽然在世界范围而言，中国的青铜艺术出现不算最早，但其造物规模和在艺术上的巨大成就却是无可比拟的。其主题思想主要表达商周时代人们对上天神祇和祖先的信仰、期待与委托，充满神秘和威严。到了春秋时代，随着社会结构和观念形态的变化，开始出现写实的反映社会生活内容的艺术画面和生动活泼充满动感的表现手法。

就青铜形态来说，先秦三代已将青铜器发展成为一门悦人的和典型性的艺术，其最大的特点是对其动态的展示并把它看作生命的表现。青铜礼器最初是实用的器具，后来逐步发展演变为具有符号意义的精神产品。在先秦时期，青铜礼器被统治阶级用来祭天祀祖，宴飨宾客，歌功颂德，显然它是为奴隶制统治服务的，对于一个奴隶制国家来说，青铜礼器尤其像鼎之类的重器是社会政治权力的象征。青铜礼器不是一般的实用器，对于一个奴隶主贵族及其家族来说，青铜礼器是他们身份与地位的象征。青铜礼器被制度化、神秘化、权力化，在形制、纹饰的铸造方面就不能简单地用对待实用器物的眼光去看待，它的纹饰、它的造型本身都具有丰富的、特定的社会文化符号与意义。当然，如果抛开青铜器所承载的文化内涵，仅仅从形态表象的角度去研究它，可以看出，无论是从创作手段还是从表现技巧上，青铜艺术都已相当成熟，特别是其纹样的创作具有极高的审美价值，对后世的装饰纹样创作产生深远的影响。今天看来，先秦青铜形态作为青铜艺术的重要部分依然散发着一种特殊而迷人的魅力。

正是基于上面的事实，本书以青铜器物的艺术形态为切入点，从时间朝代的纵向轴和空间地域的横向轴两个方面，对青铜器艺术形态进行阐述，并通过大量珍贵的历史文物图片，阐明青铜器艺术形态在我国青铜文化中所扮演的角色和意义，以及对文化的传承。把青铜文化分为地域文化、形态语言、社会生活与宗教礼制四大层面，进而站在形态语言角度深入剖析这四大层面自身的演进规律及其对青铜物化创新行为发生方式、发展方向的必然性导向。着重从它的纹饰、造型和艺术之美三个角度去展开分析。

本书基本构架包括三个部分，第一部分从第一章到第二章为概述，主要介绍了青铜器的研究概况、基本特征、不同地域文化的差异与相互影响，并对青铜器的历史、发展、艺术特色做了综合阐述。

第二部分从第三章到第五章，是本书的核心部分，从形态要素和创作规律方面对青铜器的纹饰形态、造型形态和艺术形态分别做了详细解析，并对青铜器物艺术创造的题材之源——宗教礼制和物用之源——社会生活进行了分析。

第三部分为第六章，在对青铜器形态研究的基础上，探索如何继承青铜艺术，如何将传统文化与现代设计融合，挖掘青铜艺术的潜在价值，探讨了它与现代设计的结合。

中国青铜时代的青铜文化艺术，是中国古代劳动人民智慧的结晶，是我们祖先留给我们的一份珍贵遗产。以科学的态度和方法来分析和研究这份珍贵的文化遗产，将有助于我们进一步了解中华民族源远流长的传统文化，使中国的艺术瑰宝绽放出更夺目的光彩。青铜是一种器物，更是一种文化。确切地说，青铜器物是作为整个先秦时期中国文化的载体而发生、发展的。青铜造物发展过程也是我国先民针对青铜这一特定物质而展开的文化创造过程。这一过程所包容、涉及的是关于一个时代的所有物质因素和精神因素，正是本书所特别关注的。它所体现的是一个时代的社会文化各方面状况对人类创新意识发生所起的作用。揭示出这些必然性和普遍性，以期许我们在研究器物的物化艺术时，不仅能够以更深层面的着眼点和立足点对先民工艺美术成就进行审视和总结，而且对目前国内生产实践领域中设计创新的不乐观现状，我们或许也能从规律的总结中得到某些启示，以指导今天的实践。

目录

第一章

导 论

第一节　先秦与青铜艺术的起源

按《辞海》的解释，先秦是一个历史概念，先秦即秦统一中国之前的历史时期，从远古时期起到公元前221年秦始皇统一中国为止。由此算来，先秦有相当漫长的历史，但在夏以前的历史中，即远古时期，人类尚处于幼稚、蒙昧的状态，文明处于相当落后的阶段，我们只能从后世流传的神话传说以及现在发掘出土的文物、古迹了解当时的社会状况。禹建立了中国历史上第一个王朝夏，这是中国阶级社会的开始，历史由此揭开了新的一页，社会由原始的氏族公社制向奴隶制社会过渡。商代开始有了文字，生产工具不断改进，农业生产技术越来越成熟，到周尤其是春秋战国时期，文化更是繁荣，思想界涌现出许多杰出的人物，出现了百家争鸣的局面，夏、商、周三代上承原始社会，下启封建时代，历时约2000年（约公元前21世纪至前221年），创造了丰富灿烂的奴隶制文明，在世界文明史中占有重要的地位。正因为如此，不少书籍也把先秦时期当作夏、商、周三代来理解，如张延风编著的《中国艺术史》。显然，我们侧重从文化的角度对先秦进行理解，把它和远古的原始社会区分开，《辞海》中的注解也认为，“先秦一般指春秋战国时期”。总之，不同的研究目的、内容对先秦的理解各有不同。

先秦艺术在我国艺术史上具有鲜明的审美风尚和个性，尤其是商周时期的青铜器，不仅是中国古代文化艺术百花园里的一朵奇葩，在世界文化艺术史上也具有重要地位。本书所涉及的先秦以及青铜器所处的时代主要指中国历史上青铜器的繁盛期，即夏代以来至秦以前，这段时期大致相当于中国的青铜时代。“青铜时代”一词由西方所输入，为丹麦人克·吉·汤姆森（1788～1865）最先使用。他在《北方古物指南》中称“青铜时代”乃是“以红铜或青铜制成武器和切割器”的时代，英国人戈登·柴尔亦指出在青铜时代，青铜用于兵器、手工业和农用工具。[①] 在中国的青铜时代，则以大量使用青铜生产工具、兵器和大量使用礼器为特征，两者颇为不同。中国进入青铜时代之前，有一个漫长的技术和经验积累的过程。在西安半坡仰韶文化遗址中，曾发现过质地不纯的黄铜片。无独有偶，在山东胶县三里河龙山文化遗址中，也曾出土过两件铜锌合金的铜锥，纯红铜熔点高且熔融的金属液黏性大，难以铸造大型容器，因而铸造容器都是采用铜锡合金，即锡青铜。液态锡青铜流动性好，光泽佳，耐腐蚀性优于红铜。认识青铜的性质，从偶然到必然，要经过很长的过程。大约在公元前 2000 年，中国进入初期青铜时代，现在发现的青铜刀、斧、匕、锥、镜等散见于龙山、齐家诸文化中，其时代与夏代相衔接。河南二里头文化是最早的典型的青铜文化，当时已有生产工具、兵器、工具和乐器。中国的青铜时代在公元前 2000 年左右形成，经夏、商、西周及东周（春秋战国）历时近 2000 年。在商代晚期和西周早期，青铜的冶铸业作为生产力发展的标志而达到高峰。在当时的亚洲大陆上，商周的青铜冶铸业所产生的青铜艺术，是一颗光彩夺目的明珠。大约到战国晚期，高水平的青铜铸造业由于冶铁工业的突飞猛进而完成了历史所赋予的使命，但在某些特殊产品的领域中，仍继续发挥它们的作用，汉代的青铜铸造工艺仍然呈现出美丽的余晖。

青铜文化是我国悠久文化不朽的历史见证，也是我国古代社会审美追求和物质文明的重要载体。每一件青铜器都是中华民族广大劳动人民智慧与汗水的结晶。青铜器是夏、商、西周与东周时期最主要的礼器，从各个时期的青铜器特点不难看出，每个时代、每个地域都有其特殊的风俗习惯、宗教信仰以及政治思想；同时也反映了当时社会生产力的发展水平。“国之大事，在祀与戎”（《左传》成公十三年）。在整个青铜时代，青铜器贯穿于祭祀与战争的始终，而礼乐器同时也是反映当时社会等级“明贵贱，辩等列”（《左传·隐公五年》）的标志。

---

① 马承源：《中国青铜器》，上海古籍出版社 2003 年版。

这里有必要了解一下当时的社会背景，先秦的社会处于一个历史转折与过渡时期，从夏到商，原始社会逐步瓦解，早期奴隶制社会基础逐步确立并巩固起来，但原始氏族社会的传统习俗却依然浓厚地保留着，因为夏、商的社会生产力水平依然十分低下，对于原始氏族社会基础造成的破坏和冲击是缓慢和有限的，正如范文澜所言："商代生产力并不是很高，不能促使生产关系激烈变化，对旧传公社制度，破坏是有限度的，奴隶制度并不能冲破原始社会的外壳。"① 可以想见，原始氏族时期人们对自然的看法，生活习俗、宗教信仰在先秦留下鲜明印迹，商代社会是一个严酷而血腥的社会。统治阶级采取的是一种极其野蛮而残忍的统治方式，广大奴隶个体的生命价值、尊严丝毫得不到保障，奴隶主可对奴隶随意处置，正是由于奴隶主阶级对人民极端残酷的剥削和压迫，使商朝走向灭亡，取而代之的周朝统治者看到人民反抗的力量，更为自觉地利用原始氏族社会的传统习俗来缓和阶级矛盾，制定了系统的宗族制度，大行周礼。统治阶级不再完全承袭商代那种极其野蛮而残忍的统治方式，思想上也闪现出古代理性主义的曙光，由愚昧地崇拜鬼神，残暴地奴役人民，转而提倡"敬天保民"，直至后来把"民"放在"神"之上，认为"民"是"神"之主，体现出一种原始的朴素的民主和人道精神。正是在这种社会背景下，才出现了后期"诸子百家"掀起的思想文化的繁荣。同时，先秦的社会又是一个科学技术落后、知识贫乏的社会，人们对自然充满幻想、恐惧和崇拜。他们相信神和各种超自然力量的存在，于是出现各种宗教礼仪、祭祀活动，任何形态的艺术都与当时的社会文化有密切的关系，这是青铜艺术产生的社会背景和基础。

夏商周时期，青铜器已经作为社会生产和生活中最重要的器物，现代人们把夏商周时期统称为"青铜时代"。青铜器在商、周时期得到了很好的发展。到周平王迁都洛邑之后，周王室开始衰败、诸侯国并起，各国之间出现了"捐礼让而贵战争，弃仁义而用诈谲"（刘向《战国策书录》）的局面。周王朝逐渐瓦解，篡权夺位的事件屡见不鲜，历史上将这个时期

① 范文澜：《中国通史简编》（第一编），人民出版社 1957 年修订版，第 123 页。

称为春秋战国时期，即东周时期。由于社会动荡，中央集权土崩瓦解，曾经一统天下、独领风骚的中原文化在此时的影响力慢慢减退。中央集权减弱了对长江流域地区在军事上和政治上的压力，使该地区的文化得到了一个空前发展的契机。此时，中原地区呈现出一种战乱频繁、分裂割据的社会状况，这样的社会环境却使当时的思想文化得到了空前的发展，出现了一片繁荣的百家争鸣景象。这种政治文化的历史流变，同样映射到青铜艺术的发展演变上。在青铜器制作上，各诸侯国逐渐脱离周王朝严格的礼制束缚，进行了大规模的生产。由于春秋时期是奴隶制逐渐瓦解的时期，大量的手工业者从奴隶制度下解放出来，从而提高了创造的积极性，使青铜器制造得到了很大的发展，更促进了社会生产力的发展。这个时期长江流域的青铜制造工艺所表现出的独特审美趣味和艺术风格逐渐成为当时整个历史时期的流行趋势，战胜了曾经垄断主导青铜工艺审美的中原王室。随着统治者政治思想的变化和生产力的发展，春秋时期的青铜工艺与商周相比，有了较为明显的创新发展，显示了这一历史时期上层阶级思想意识的变化。

一般把中国青铜文化的发展划分为三大阶段，即萌芽期、鼎盛期和转变期。萌芽期是指龙山时代，距今4000~4500年；鼎盛期是指中国青铜时代，包括夏、商、西周、春秋及战国早期，延续时间约为1600年；转变期是指战国末期至秦汉初期，青铜器已逐步被铁器所取代，不仅数量大减，而且也由原来的礼乐兵器演变成日常用具，其相应的器别种类、构造特征、装饰艺术也发生了转折性的变化。

一、萌芽期

中国青铜文化起源于史前时期，这个时代相当于尧舜禹传说时期。传说自黄帝以来，相继有颛顼、帝喾、尧、舜等为天下共主，这就是后人盛赞的五个圣主，即五帝。据现在的研究，五帝时代就是中国古代历史上的英雄时代，诸如黄帝、炎帝和蚩尤等，其实并非实指具体的个人，而是当时一些族或族团的名称，有关文献记载实际上反映的是那个时代的族团及其互动关系。其中黄帝、炎帝属于华夏族团，蚩尤则是东夷族团的代表。

据古文献记载，当时人们已开始冶铸青铜器。在黄河、长江中下游地区龙山文化时期的几十处遗址里，考古人员都发现并挖掘出了青铜器制品。

根据现有的材料来看，萌芽期的铜器主要有以下特点：

第一，红铜与青铜并存。发现铜质制品数量最多的是甘肃、青海、宁夏一带的齐家文化，有好几处墓地出土了刀、锥、钻、环和铜镜，有些是青铜，有些是红铜。在制作技术方面，有的是煅烧的，有的是用范铸造的，都比较先进。甘肃省东乡林家遗址出土了一件范铸的青铜刀；河北省唐山大城山遗址发现了两件带孔红铜牌饰；山西省襄汾陶寺墓地出土了一件完整铜铃，系红铜；山东省栖霞杨家圈出土了黄铜残片等。

第二，日常工具和生活类用品占多数。这一时期的青铜器类别较少，多属于日常工具和生活类用品，如刀、锥、钻、环、铜镜、装饰品等。但是不可否认，当时的人们已能够制造容器。此外，在龙山文化中常见红色或黄色陶鬶，且流口、腹裆部常有仿金属铆钉。如果可以认定这时的铜鬶容器与夏商铜鬶及爵、斝容器功能一样的话，那么当时的青铜器已经正在或开始转向礼器了。

第三，青铜器还没有等级之分。这个时期的一般小遗址也出土铜制品，可见当时普通居民也用青铜制品。此外，这个时期的青铜制品多朴实无饰，就是有纹饰的铜镜也仅为星条纹、三角纹等几何纹饰，绝无夏、商、周三代青铜器纹饰的神秘感。

二、鼎盛期

鼎盛期包括夏、商、西周、春秋及战国早期，也就是中国青铜时代，延续时间约 1600 年。这个时期的青铜器主要分为礼乐器、兵器及杂器。礼乐器可以代表中国青铜器制作工艺的最高水平。在所有青铜器中，礼乐器数量最多，制作也最精美，纹饰种类也较多。这些青铜礼乐器是不能在一般生活场合使用的，而是或陈于庙堂，或用于宴饮、盥洗，带有一定的神圣性。礼乐器的种类包括烹炊器、食器、酒器、水器和神像类。

（一）夏代的青铜文化

大约在公元前21世纪时，居住在黄河中下游地区的夏族首领大禹，因领导各族人民疏导治理洪水获得成功，被拥戴为天下的共主。禹废止“禅让”制度，死后传位于其子启，建立了中国历史上第一个奴隶制王朝——夏，中国古代社会从此进入文明时代。

“器以藏礼”就是把形制有别、大小各异的青铜器皿通过不同的组合与搭配，用来规范不同人物在社会中的地位，显现贵族的权威和等级规则。这时，作为财富象征的青铜器，既是社会等级和身份的象征，被广泛地用于祭祀、征伐、宴享、婚冠、丧葬等活动，又成为夏代礼制形成的标志。夏代礼制的形成，开创了中国夏、商、周时期的礼制文化。

（二）商代的青铜文化

在公元前16世纪，夏代的最后一个王——夏桀十分暴虐，居住在黄河下游的商族首领汤乘机起兵灭了夏，建立了中国历史上第二个奴隶制王朝——商。商代经济有了一定的发展，城市规模逐渐扩大，中国的青铜文化于商代晚期攀越为中国古代青铜文化的第一个高峰。奴隶主贵族的葬墓中随葬了大批青铜器，主要的器物种类有了一定的发展，其中礼乐器的发展显得尤为突出：造型浑厚、纹饰繁缛，酒器更是让世人刮目相看。

虽然农业和手工业依然用石制工具，但是青铜制工具得到了广泛的应用，促使商代的农业和手工业生产有了很大发展。商代的青铜生产工具主要包括斧、锛、凿、锯、刀、锥和钻等。斧：一般为长方形，下端为双面刃，上端为长方形銎，用于装直木柄，然后再在直木柄上安装横木柄，木柄与刃向一致。它为砍伐工具，使用方法和现在的斧子相似。锛：古代又称为斤，体呈窄长方形，下端多作单面刃，上端为銎，用于装曲折形木柄，特点是木柄与刃向垂直。它用于砍削木料，起到类似于现在的刨子的作用。渔猎在商代经济生活中仍占有一定的地位，考古发现用青铜制作的渔猎工具主要有鱼钩及镞。

商代的青铜器制作工艺能达到如此高的水平，与高度发展的青铜冶铸业是分不开的。在安阳苗圃北地发现的商代晚期的铸铜作坊遗址，面积广阔，达 1 万平方米以上，出土的熔铜炉直径已达 0.83 米。此外，还出土了 19 万余块的陶范及陶，主要是做青铜礼器的范，其中一件鼎壁范长达 114 米，比著名的司母戊鼎还要大。

商代的青铜文化还远不止上述的情况。在距离遥远的巴蜀地区，三星堆遗址的发现向人们诉说了一个古老而神秘的青铜文明。三星堆遗址位于广汉市西 10 公里。三星堆遗址中出土的文物总数达数千件，其中各种人物、动物、植物的青铜像是中国所见数量最多、形体最大的青铜雕像群。

（三）周代的青铜文化

周灭商及东征胜利后，大规模将封地连同居民分赏给王室子弟和功臣。此后，分封制度逐步规范和完善，成为巩固周王朝政权的重要举措。这项制度也深深地影响了青铜器的制作。

关于西周分封诸侯的史实，在青铜器铭文中也有详细的记载。出土于江苏丹徒的西周早期宜侯夨簋上的铭文就记录了宜侯受封的情况：“佳（惟）四月辰在丁未，王省武王、成王伐商图，遂省东国图。王卜于宜，人土（社），南乡（向）。王令虞侯夨曰：迁侯于宜……锡在宜王人又七生（姓），锡奠（甸）七伯；厥卢千又五十夫，锡宜庶人六百又十六夫。”这条铭文不仅介绍了当时该侯分封的经过，还验证了诸侯可以改封的事实。数十年来，考古工作者发现了周代众多诸侯国的遗存，如河南浚县辛村的卫国贵族墓地、河南三门峡的上村岭虢国贵族墓地、山东曲阜鲁国都城及其贵族墓地、北京房山琉璃河的燕国都城及贵族墓地、陕西宝鸡弧国贵族墓地、山西翼城与曲沃交界的天马—曲村晋国都邑及贵族墓地、河南平顶山注阳岭的应国贵族墓地等遗存，尤以上村岭虢国贵族墓地、天马—曲村晋国都邑及贵族墓地所描述的情况最为清楚。

伯晨鼎的铭文则清楚地记录了新诸侯的即位也要与官吏一样得到周王

的重新册命和赏赐。铭文说某年八月丙午，周王册命伯晨继承其祖、父的侯位，并赏赐相应的物品。《诗·大雅·韩奕》篇也记载了继任的韩侯被重新册命的情况，周王让他“缵戎祖考，无废朕命，夙夜匪懈”，并赏赐有介圭，以及“淑旂绥章，簟茀错衡，玄衮赤舄……鞗革金厄”。

(四) 春秋时期的青铜文化

西周末代君王幽王是个暴君。公元前 771 年，申侯、吕侯、曾侯联合少数民族犬戎灭了西周，立太子宜臼为周平王。第二年，周平王迁都洛邑，史称东周。东周又分春秋、战国两个时期。现主要讲一讲春秋时期的青铜文化。

春秋晚期的铁器开始逐步得到广泛应用，不仅为发展迅速的农业提供了锐利的农具，还为各种手工业，包括此时已经发展成熟的青铜冶铸业提供了坚韧的工具，促使各种手工业迅速发展，青铜冶铸业也借此东风有了新的飞跃。

青铜器的纹饰发展到春秋时期，尤其是春秋中、晚期，已发生了重大变化。商代经常见到的兽面纹等纹饰此时已很少见到，西周中、晚期流行的窃曲纹等也被蟠螭纹和蟠虺纹取而代之。春秋晚期至战国初期出现了以人们现实生活为题材的青铜器纹饰，有宴乐舞蹈、水陆攻战、狩猎、采桑等纹饰。春秋时期青铜器上的纹饰已经不再给人以神秘悠远的遐想，其简约、明快，或纪事，或抽象，成为一类纯粹的图案性的装饰。比如，蟠螭纹和蟠虺纹，这两种纹饰是分别由两条或多条螭或虺相互缠绕而组成的一个纹样单位，然后作二方连续或四方连续来为器皿做整体的布局造型，增添美感。

据现有的考古资料显示，我国金属货币的起源可以追溯到商代。在山西省保德林遮峪商代后期的墓葬中，曾发现铜贝 109 枚。中原地区使用铜币是在春秋后期。侯马晋国铸铜遗址不仅发现了铜币空首布的成品，而且发现了大批空首布内范。河南汲县彪镇第一号大墓中曾发现这种空首布 674 枚。侯马上马村第十三号墓发现铜贝 1600 枚，包金铜贝 32 枚。辉县琉璃阁甲墓和第六十号墓也各发现包金铜贝 1000 多枚。在古文献中，公元前 524 年周景王“铸大钱”的记载，也证明了这一点。以上情况都说明铜币已经代替了贝的使用，并于春秋晚期在经济生活中较为广泛地流通了。

(五) 战国时期的青铜文化

战国时期是我国历史上一个诸侯割据的时代，社会局面已发生了很大变化，中小诸侯国家被吞并，比较强大的秦、楚、燕、韩、赵、魏、齐七国成为战国时期的主要诸侯国，被后人称为“战国七雄”。

在这个兵荒马乱的年代，能够拥有与战争紧密联系的大量兵器成为各国占据军事优势的有力保证。此时的青铜器制造依然保持着春秋时期的稳健步伐并不断向前发展。同时，冶铁业也有了很大的进步。在战国中、晚期的生产和生活中，人们已经较为广泛地应用铁质工具，促使社会生产力有了进一步的提高。

三、转变期

战国末期至秦汉初期是中国青铜文化的转变期。战国末期各国的革新派进行了一系列的变法。经过几百年的兼并战争及以富国强兵为目的的政治、经济、文化改革，社会各领域均发生了翻天覆地的变化，传统的礼仪制度已经彻底瓦解，铁制品得到了广泛的应用。

虽然形势不利于青铜器的发展，但人们仍未减退对青铜器的热爱之情，青铜冶铸业仍有一定的发展和进步。青铜冶铸业继续发展的原因有三：第一，虽然此时的铁制品有了长足的进步，铁质兵器也有了一定的发展，但武器仍然是以青铜武器为主，并且由于此时战争的频繁与激烈，不仅使青铜武器的数量激增，而且出现了杀伤力很强的木弩，其主要构件的材质为青铜；第二，由于社会经济活动的发展，青铜货币与度量衡器迅速发展起来并广泛流通与使用；第三，铜镜、带钩、铜灯、玺印与符节等日常生活用品有了一定的发展，并且出现了镶玉嵌琉璃及漆绘等工艺高超、十分精美的产品。具体到青铜器，也有许多精美的作品，但大多数礼乐器是素面且没有纹饰。此时，青铜器上的铭文大多简短，其内容多为制作年月、地点、督造官、工官及制造者的姓名，或是标明器物的重量与容积等，目的是“物勒工名，以考其诚”（《吕氏春秋·孟冬纪》）。

第二节 先秦青铜器的研究现状

对于中国青铜器的研究史，可追溯到宋代，早在宋代的《考古图》《博古图录》等著作中，就有对青铜器的器形和铭文进行的研究，而且对青铜器上的装饰纹样也做了研究，其中对纹饰的定名至今仍被沿用。至近现代，尤其是20世纪20年代以来，由于考古发掘不断获得大量的新资料，青铜器的研究领域也日渐宽广。该领域内取得的一系列成果，促使历史学以及其他相关学科在某些重大问题上取得突破性进展，其中为青铜艺术的探讨提供了有利条件。关于商周青铜器纹饰的专著与研究论文非常多，取得了相当丰硕的成果，目前国内重要的论述有郭沫若的《两周金文辞大系图录考释》《青铜时代》《彝器形象学试探》；郭宝钧的《商周铜器群综合研究》；李学勤的《比较考古学随笔》《中国青铜器概说》《东周与秦代文明》；张光直的《中国青铜时代》；荣庚的《商周彝器通考》《殷周青铜器通论》；陈梦家的《西周铜器断代》；邹衡的《试论殷墟文化分期》；高明的《中原地区东周时代青铜器礼器研究》；陈公柔、张长寿的《殷周青铜容器上鸟纹的断代研究》；李济的《殷墟出土青铜礼器之总检讨》《殷周时代装饰艺术研究》等。此外，还有大量书籍述及先秦青铜器，做了系统介绍，如田自秉的《中国工艺美术史》，张光福、王逊等多个版本的《中国美术史》。还有一些资料类书籍展示了大量青铜艺术品及其纹样，但只有极少的理论研究和说明，如陈振裕主编的《中国古代青铜器造型纹饰》，谢道元、顾望编著的《中国青铜图典》，韦滨、邹跃进等著的《图说中国雕塑史》等。

海外学者对中国商周时期青铜器的研究也一直都在进行，如日本学者林巳奈夫的《殷周青铜器综览》；英国美术考古专家罗森的《中国古代艺术与文化》《中国青铜器：艺术与礼仪》《塞克勒所藏的西周青铜礼器》；德国海德堡大学雷德侯的《万物：中国艺术中的模件化和规模化生产》，另外日本的梅原末治、白川静等，都是研究我国青铜时代和青铜器的著名学者。

总体来讲，对于先秦青铜器的研究非常多，归纳起来，目前青铜器研究的状况主要集中于以下几个方面：

（1）青铜时代的历史社会：通过研究青铜器形态、铭文，研究当时的社会历史状况，发掘青铜器的考古、史料价值，对青铜器铭文的研究是其中的重要部分，青铜器铭文因具有丰富的史料价值而有特别的意义，长期以来，经过许多学者的系统研究，形成了一门独立的青铜器铭辞学。

（2）青铜器断代和鉴定：通过研究青铜器造型、纹饰和铭辞等，确定某器或某一器群所属的固有年代，青铜器的鉴定则主要是鉴别青铜器的真伪。

（3）青铜器铸造技术：从冶金史的角度看，青铜的冶炼是人类改造自然的第一批成果之一。青铜铸造技术的研究不仅要对古代技术所达到的高度做出具体而正确的解释，研究的成果还可为现实的生产服务。

（4）青铜乐器的组合、用途及其声学研究：各种形式乐器的发现，提供了对青铜乐器的组合及其用途的研究的可能性，同时也带动了对古代音律的研究。

（5）青铜艺术：从造型艺术的观点来看，许多青铜器又是工艺美术品。商周青铜器艺术装饰承接新石器时代的若干传统，经过长期绵延不绝的变化，形成独特的体系，成为中国艺术史的一个组成部分。通常有青铜器纹饰的门类和断代研究、纹饰的社会功能研究、艺术的造型和纹饰的图案规律研究。

青铜器涉及的研究内容如此之广，有属于社会科学范畴的，也有属于自然科学范畴的，但很多专著研究的出发点在于考古学、历史学方面，而较少从形态学、艺术学的角度研究，特别是对青铜器形态学的研究不够系统。与国内学者形成对比的是，国外学者更多的是把中国青铜器当作艺术品来研究，日本的，甚至欧美的学者都对中国青铜艺术产生了浓厚的兴趣，不少人对中国青铜艺术进行了专门研究，著名的有瑞典人汉本高、日本人梅原末治等，这也反映了中国青铜艺术超越时空的魅力。

第三节 中国青铜器的基本特征

装饰艺术是人们在“美的规律”指导下所从事的精神生产活动，是人类的一种意识形态，并通过秩序化、程式化、理想化的形式美感，借以表达人类审美感受和审美情趣。[①] 在人类所创造的视觉艺术中，装饰艺术可以说是形式、手法最丰富，涉及门类最多，同时也是历史最为悠久的一种。它不再是一般意义上的物品，而是融入生命和道德信仰之后的文化象征，是人类对实用与审美双重需要的结果。各种青铜器物上的纹饰是装饰艺术最重要的形态之一。它不仅是一种锦上添花的富丽艺术，同时也是具有特殊意义的象征符号，反映着各个时期人们的思想观念与审美意识。如张道一先生所言：“中国历代纹饰是一个蕴藏着无限财富的宝库。”[②] 对青铜器纹饰进行造型、审美方面的梳理与整理，就是要发掘出纹饰中所承载的审美内涵及文化信息，这对当代艺术具有现实的作用。中国青铜器与国外青铜器比较起来除了形态上风格鲜明、特征明显外，还有许多自身的特点，归纳如下：

① 唐星明：《装饰文化论纲》，重庆大学出版社 2006 年版。
② 张道一：《中国图案大系》（第 1 卷），台北美工图书社 1993 年版。

一、器种繁多

中国青铜器数量多，而且造型丰富、品类繁多。不但有酒器、食器、水器、乐器、兵器、农具与工具、车马器、生活用具、货币、玺印等，单在酒器类中又有爵、角、解、斝、尊、壶、卣、方彝、献、悬、益、勺、禁等20多个器种，而每一器种在每个时代都呈现不同的风采，同一时代的同一器种的式样也多姿多彩，而不同地区的青铜器也有所差异，犹如百花齐放，五彩缤纷，因而具有很高的观赏价值。而从文物鉴定的角度来说，无疑增加了鉴定的难度。鉴定难度大，反过来又使研究赏析更富有情趣，青铜器也更具有吸引力。

二、工艺精美

中国古代青铜器享有盛誉并非以数量取胜，关键在于它的工艺。中国青铜器精品极多，尤其在商末周初，中国青铜器制造处于顶峰阶段，精品极多，当然春秋战国也有很多式样新颖别致的青铜器。在现存的商周青铜器中，司母戊方鼎以其型制巨大而闻名遐迩。它高133厘米，重875公斤，形体宏伟，外观庄严。在奴隶社会的商代，要制作如此巨大的铜鼎，实在是件很不容易的事，体现了中国古代青铜铸造技术的高超水平，堪称中国青铜器的代表。

三、分布广泛，地域风格多样

中国青铜器的大宗在中原地区，即我们通常所说的华夏族的居住地区，如陕西、河南、山东、山西等地区，但它的分布范围远远超出了中原地区，从东北到广东，从西藏到东海渔岛上都发现了青铜器。而由于各地文化面貌的差异，它们表现出各自的独特的艺术风格。例如，晋北、陕北及内蒙古河套地区的青铜器，即我们以前称为“鄂尔多斯文化”的青铜器，有不少青铜制品不同于中原地区，用像羊首、马首、鹿首之类的动物头像作为装饰，还有短剑、短刀和饰牌等别具一格。它们体现了中国青铜文化的多样性。

四、铸刻铭文

中国青铜器与世界上其他国家的青铜器的一个明显不同的特点是铸刻了文字，即我们通常所说的铭文或金文。青铜器铸刻铭文是从商代中期开始的，起初只是一两个字，即郭沫若先生称为“族徽”的文字。商代晚期开始铭文增多，但最长也不过 4 个字。西周时期是铭文大发展时期，鸿篇巨制不少，如毛公鼎铭达 497 个字，是铭文最长的青铜器。春秋以后铭文渐趋减少，战国更罕见长篇铭文。这些铭文书体或粗犷或瘦劲，或工细或秀美，本身具有很高的书法欣赏价值。而文字对于历史研究十分重要，一篇长篇铭文不亚于一篇尚书，可见其珍贵程度。

五、功能特殊

中国青铜器的大宗是青铜礼器，这是中国青铜器的又一重要特征。在世界青铜器家族中担任绝无仅有的角色。在每一个奴隶制王朝，青铜礼器被统治阶级用来祭天祀祖、宴飨宾客、歌功颂德以及做陪葬品，显然它是为奴隶制统治服务的。对于一个奴隶制国家来说，青铜礼器尤其像鼎之类的重器是江山社稷的象征，它的存亡就是国家的存亡，所以古书有“桀有昏德，鼎迁于商”“商封暴虐，鼎迁于周”的说法。显然青铜器不是一般的实用器物。对于一个奴隶主贵族及其家族来说，青铜礼器又是他们身份与地位的象征。据文献记载，天子用九鼎，诸侯用七鼎，卿大夫用五鼎，士用三鼎，必须倍守法度，而不能逾越。生前如此，死后埋葬也是如此。所以说青铜礼器被制度化、神秘化、权力化，不是一般的实用器物，在形制、纹饰的铸造方面我们就不能简单地用看待实用器的眼光去看待。很多器物的形制、纹饰都表明它不适于在生活中使用，原因就在这里。在青铜礼器上，各级奴隶主贵族寄托着他们的信条与期望，反映着他们的思想观念。青铜器是物质的，但同时又是一种精神产品，这是中国青铜器的奇妙之处。

六、历史久远

中国青铜器发展历史之长，这在世界上也是罕见的。就青铜容器来说，在相当于夏代的二里头文化期已经出现，经过商、西周、春秋、战国，直至汉代。战国以后青铜礼器便衰落了，所以一般讲到战国末期为止。当然工具与小件青铜饰件的产生则更早些，应该在原始社会末期。相比之下，世界上其他国家与地区的青铜器则不同。

世界各国及地区使用青铜器的时间不一样，其中以两河流域苏美尔时期（今伊朗南部、土耳其和美索不达米亚一带）使用青铜器最早，距今约有5000年的历史。这里曾是世界文明最早的发祥地之一。其次是欧洲，最后是印度，也有4000多年，与中国差不多。非洲稍晚，比中国晚1000多年。美洲的青铜历史始于何时还不清楚，大约是公元以后的事情了。中国的青铜器制造年代在世界各国中是比较早的。在印度河流域，使用最普遍的青铜器是工具与武器，有斧、镰、锯、刀、剑、链、矛头等，还有手镯、脚镯之类的装饰品。越南的青铜器制品与中国相仿，东南亚各国的青铜器受到中国南部青铜器的深刻影响。与中国北方邻近的国家与地区的青铜器如曲柄刀、短剑、镑、弓形器等，显然与中国北方出土的某些器物相似。日本更不用说了，青铜剑、戈、矛等都是由中国传去的。欧洲在公元前1600年后，迈锡尼文明兴起，装饰豪华的青铜武器是其代表。在此之前的米诺斯文明已进入青铜时代，巴尔干和东南欧也曾以青铜文化发达而著名。其中铜斧、三棱短剑、四棱锥子很有特点，而在西班牙与葡萄牙一带，青铜也多铸成武器，如刀、斧、剑、戟、弓箭。总而言之，中国以外的世界其他国家与地区的青铜制品显然以武器与工具为主，生活器皿为辅。而在中国恰恰相反，以青铜礼器、生活（包括祭祀用的）器皿为主，武器与工具虽然不少，但所占比例较小。[①] 在印度河流域，青铜铸造技术较高。匠人们熟练运用热加工、冷加工和焊接技术制造青铜器具。而埃及在公元前 1567 年至公元前 1085 年就已发明了脚踏风箱这样的冶炼设备。世界各地的冶炼铸造技术的发展很不平衡。有些地区很先进，有些地区则很落后，而中国始终走在世界的前列。世界各地的上古青铜器绝大部分没有铸刻铭文。只有在像印度河流域之类的地区发现了少量刻有铭文的青铜器。而中国大批有铭文的青铜器与之形成鲜明对比。从世界范围来看中国青铜器，则其特点就一目了然了。

① http：//art. IO0ln. com. cn.

第二章

不同地域文化的青铜艺术之比较

古代中国的青铜文化，从地域来看，发展的进程和发展的水平很不平衡。李学勤先生说过，对古代青铜器也应分地区来考察，特别是中原地区与边远地区，其特征的差异是明显的。[1] 目前所发现的青铜器，以黄河流域的中原地区出现的年代最早，出土数量也最多，青铜文化的发展进程较快，发展水平也较高。其他地区的青铜器，出现的年代稍晚，数量也较少，青铜文化的发展进程不及中原。所以，我国青铜文化以中原为核心，各地的青铜文化都受到中原文化不同程度的影响和推动，随后又反过来影响中原文化，形成相互促进和交流的过程。

第一节　不同地域文化的青铜器艺术

一、中原地区的青铜艺术

考古学界普遍认为中原地区的夏文化是以河南偃师市二里头文化的三、四期遗址为代表的。二里头文化，时代介于中原龙山文化与以郑州商城为代表的早商二里岗文化之间，年代为距今 3500~3800 年，这个年代与夏朝的年代基本相合。河南偃师市二里头文化遗址出土了丰富的文化文

① 李学勤：《中国青铜器概说》，外文出版社 1995 年版。

物，有铜、玉、陶、石、漆、骨器等多类。器物中以青铜器最为突出，既有容器，也有工具。青铜器容器有鼎、爵、斝、盉，工具有刀、凿、钻、锯，兵器有戈、钺、镞等，还有铃等青铜乐器以及铜牌饰和圆牌铜器等。

在堰师二里头遗址中出土的青铜器除了素面外，不少青铜器上还饰有花纹。有的铜爵腹部排列有乳丁纹，鋬上有长方形镂孔，有的铜斝腹部饰有圆形鼓面纹，有的铜斝腹部饰有乳丁纹和弦纹，有的铜鼎腹部饰有带状网格纹，有的铜戈内部铸有凸起的云纹。

从艺术风格来看，夏代纹饰具有中国青铜器纹饰萌芽期的明显特征，还不具有青铜器纹饰的沉重神秘氛围。尽管纹饰进行了夸张变形，但其中仍然保持着人类早期的童年气质，荡漾出一种不可复现和不可企及的童年气派的美丽，这种原始的、天真的、拙朴的美体现了某种历史必然性和超人力量。① 所以这一时期称为青铜器纹饰的萌芽期，其上限可以推到良渚文化时期。

商代早期二里岗期与二里头文化的青铜器相比较，无论是造型还是纹饰都有明显的发展。青铜器种类较多，铸造工艺有了一定的水平，在装饰上有了相当的进步。由于二里岗文化期商文化延续时间很长，所以分为二里岗下层和二里岗上层。二里岗下层青铜器纹饰还较简单，开始使用单线兽面纹，纹中的双目是空白的，形象较简单，而且还各不相同，说明这种纹饰尚未定型。此外，还有细线的弦纹、连珠纹等。到二里岗上层时情况大变，除了兽面纹已采用双线条勾勒和双目凸出器表外，还出现了云雷纹、目雷纹、夔纹、涡纹和各种动物纹样，并继续使用连珠纹、乳丁纹、弦纹等。这时的纹饰不是单一的一处或一组装饰，而是多组装饰在青铜器的颈部、肩部、腹部、腰部或圈足外壁，一般为带状分布，其后又向通体装饰发展，其中有不少成为精美的艺术瑰宝。

商代早期二里岗时期青铜器纹饰总的特点是抽象简练，大多为带状长条见图，皆单层。花纹内容，大多为单线条的兽面纹和云雷纹，也有夔纹、龙纹、虎纹等。这一时期的青铜器纹饰是高度抽象的图案，它给予人

---

① 李泽厚：《美的历程》，天津社会科学院出版社 2002 年版。

们的不是真知实感的具体形象，而是公式化的抽象概念。除非我们细心地去观察这些图案的微妙变化，否则无法区分商代早期纹饰彼此的差别。虽然二里岗期还处于青铜器纹饰的形成期，但也有不少艺术精品。如郑州张寨南街出土的两件大方鼎，形制相似，其中一件高 1 米，口部近四方形，斗形方腹，腹饰兽面纹和乳丁纹，兽面纹共 8 组，腹壁四面上各 1 组，四个转角处又各 1 组，成带状围绕一周，乳丁纹饰于每壁的两侧和下部。郑州白家庄出土的铜悬，其腹部外壁饰有复杂的兽面纹，并出现了简单的地纹，这种装饰在过去的纹饰中未曾见过，在颈部还铸有三个龟形图案，类似族徽。而郑州人民公园东门附近出土的一件青铜尊，肩部饰有凸出的牛首和扉棱，腹部饰有兽面纹，也间以扉棱，饰器物有了立体感。还要提到的是，在郑州西北郊的小双桥遗址，曾出土两件商代中期的青铜建筑构建，平面为“凹”字形，整体近方形。构建正面为复杂的兽面纹，有首无身，“臣”字形目，近方形角内卷，云形卷耳。两侧长方形孔的四周饰龙虎斗象图，龙作俯视式，“臣”字形目，张口结舌，拱身卷尾。这些动物形象十分生动，造型也很独特，具有很高的艺术价值。

商代早期二里岗时期兽面纹自然简单而较为统一，基本上是突出一对眼睛，而至殷墟时期则产生了较多的变化，形象多样。为什么会发生这种变化？笔者认为源于制作上工艺的变化与发展。对于兽面纹为什么会有如此众多的变异，艾兰先生的一段话颇有见地：“这些纹饰母形不断地发生演变，每一种表现形式都是从前一种形式衍生出来的，又展示出新的变化。”① 至于为什么会产生这种流变，原因在于眉部的角化，因为随着角化的显著，也相应地在角化的趋向上产生出制作过程的不同发展方向，而这种不同的角化方向又引发整个纹饰在不同方向上的演变，遂使其产生上述的差异。可以说，这种差异源于制作上偶然性的层层原因，初期多为无意识的，后来便越来越主动地朝着某个具体的方向发展。也就是说，随着制作工艺的进步，制作者会不断地在工艺中注入新生的形式感，而这种形式感不断积累，最终导致了兽面纹在殷墟期的多变性。

---

① 艾兰：《早期中国历史思想与文化》，辽宁教育出版社 1999 年版。

殷墟中晚期是青铜器的鼎盛时期。这一时期发现的青铜器数量最多，器类也较过去复杂。青铜器纹饰比商代中期的内容和种类要丰富得多，艺术水平达到高峰。在安阳殷墟，诸如侯家庄西北岗王陵大墓、殷墟妇好墓、武官村大墓、大司空村和孝民屯及后岗一带的贵族墓地或祭祀坑，均出土了许多精美的商代晚期青铜器。青铜器有鬲、斝、簠、敦、爵、觚、觯、兕觥、卣、盉、鬲、甑、甗、簋、彝、罍、盘、匜、壶、瓿、鉴等，除圆形器外，方形容器大量增加，如鼎、方彝、方悬、方斝、方尊、方壶、方卣、方爵等。青铜生产工具有斧、锛、凿、锥、铲等。青铜兵器有戈、矛、钱、钺、刀、链、弓形器等。还有饶等乐器，以及一些车马器盂杂器等。这表明商代晚期社会经济有了很大的发展，铸铜工艺有了长足的进步。

殷墟中期青铜器的纹饰比较复杂，线条秀丽，常见双层花纹，并一改商代中期的单层带状花纹而出现三层花纹，既在主纹的底部空白处刻上一层纤细匀密的云雷纹（见图 2-1），作为衬托，又在主纹的表面饰以相应的阴线。这样看起来华美绚丽，呈现出艺术的技巧。这一时期的纹饰比中期增加了许多，主要还是以动物纹样为主。最常见的装饰花纹有三种：兽面纹、夔龙纹、云雷纹。兽面纹与夔龙纹取材于动物，其口、鼻、眉、目变化繁多，常为主体花纹。兽面纹其尾多下卷，上卷者渐少。云雷纹取材于天象，以卷曲或折转线条为特征，一般居陪衬地位，即作为地纹。其他花纹还有蝉纹、鸭纹、鸟纹、蚕纹、龟纹、鱼纹、牛头纹、鹿头纹和虎纹等。

图 2-1　云雷纹

图 2-2　兽面纹

殷墟晚期青铜器纹饰趋于繁复，流行通体满花，盛行三层花纹，即地纹、主纹，再在主纹上加饰花纹。主体花纹除兽面纹（见图 2-2）外，还有夔纹、龙纹、蝉纹、蚕纹、鸟纹、龟纹等，普遍以雷纹为地纹，纹饰往往布满全器，很多青铜器的器身还有凸起的扉棱和牺首等装饰。有的图案组织多以头尾相接，连续展示，富有韵律性或者左右对称，成双成对，即以器物的扉棱为中轴，两侧兽面相对称。在这些精细繁缛的花纹中以妇好墓的器物尤为突出。一般来说，主纹多为三层，即以雷纹衬地，主纹高浮于地纹之上，在它的上面又饰以相应的阴纹，次要的辅助花纹多与地纹平。另外在多数大、中型礼器和铜斗上，还分别铸有各种突出的动物形象，如幼龙、龙头、象头、牛头、羊头、鸟、蝉，还有形象较奇的怪兽、怪鸟。纹饰以各种动物为主，这些纹饰有作主纹的，更多的是作为附饰布满器身，甚至在视线看不到的器物底部也有装饰，有的在一件器物上有几种动物纹，如妇好圈足觥（见图 2-3），短流，扁长体，扁圆形矮圈足，底部略外鼓，牛头鋬，流下有细棱一条，下通圈足，圈足后端亦有一条短棱，底的中部铭有“妇好”二字。有盖，盖头端为一虎头，张口露牙，两耳竖起后端为一鹃头，尖喙圆眼，竖耳，盖面中部有一条较长的扉棱，两端分别与虎头和鸮头相连，在扉棱的两侧饰有夔纹。此件设计极为精巧，器盖相合后，从整体上看，前端如一蹲坐状的虎，虎的前肢抱颈，后肢做蹲状，长尾上卷后端尾一作立状的鸮鸥，其双翅并拢，爪着地。盖下周沿有子口，与器口相合。造型十分奇特，纹饰精美华丽，是件难得的艺术品。纹饰的丰富多彩，显示了处于鼎盛阶段的时代特征。

图 2-3　妇好圈足觥

西周早期青铜器的器形，还多因袭殷人遗风，当时的纹饰也多与商末相近而又开始有些不同。兽面纹中多内卷角或牛角，出现了蜗体或卷体有触角的兽面纹（见图 2-4）。凤鸟纹有所发展，数量更多，显得也更为华丽（见图 2-5）。其他鸟纹也比较多。以浚县辛村卫国墓出土的西周早期青铜礼器上大多数都是云雷纹为地纹。纹饰的分布多左右对称，对称之间有一个中点，或者以兽面或扉棱作为界线。昭王、穆王以后，充满神秘色彩的兽面纹相继隐没，早期常见的蝉纹、象纹等动物纹样已经绝迹，兽面纹开始退居次要的位置。① 抽象图案发展到殷墟中期，形象图案的情形非常类似，在新的条件下，又产生了一次由抽象到形象的转变过程。

图 2-4　地纹

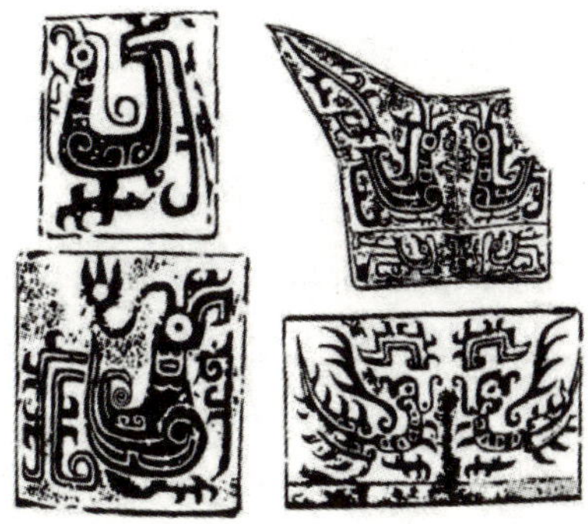

图 2-5　凤鸟纹

这种变化大致分为三个阶段。春秋早期的纹饰沿袭西周的兽面纹，春秋中期的青铜器纹饰以蟠龙纹的流行为标志，春秋晚期至战国早期，青铜器纹饰发展成浮雕状，繁复的镂空花纹达到了当时青铜器制作的顶峰。春秋晚期的青铜器形制比较复杂，青铜器纹饰线条比较纤细，追求精丽细密，并出现了一器多种花纹和高浮雕。这一时期的主要纹饰有各种交缠的龙纹、蛇纹，用红铜镶嵌的兽纹、凤鸟纹，还有窃曲纹、三角云纹、涡纹、鳞纹、变形蝉纹、波曲纹等，还新出现了贝纹。这些纹饰由粗犷向规矩和精致的方向演变，还出现了较为复杂和繁密的四方连续动物纹。以淅川下寺号墓出土的王子午鼎为例

图 2-6　王子午鼎

① 李一为、野长河：《中国兽纹装饰》，广西美术出版社 2000 年第一版。

（见图 2-6），盖顶饰有两周纤细流畅的蟠虺纹，鼎腹与耳上均浮雕蟠虺纹、窃曲纹和重环纹等纹样，折腹处饰六个怪兽，怪兽的双角以两条夔龙蟠绕卷曲而成，每条夔龙的腰部和尾上还用两个兽面作装饰，鼎腿上部系浮雕兽面，制作精美。

东周时期，郑国是一个进出口贸易最发达的国家之一。郑国青铜器的出土从 20 世纪初开始，当时河南新郑及附近地区关于东周郑国青铜器群的发现曾轰动一时，重要的有新郑李家楼器群等。如 1923 年发掘的李家楼郑公大墓、李家楼大墓附近的长方形土坑竖穴墓、1953 年郑县太仆乡南寨门外青铜器群、新郑唐户墓葬群、新郑金城路青铜礼乐器坑和殉马坑、新郑城市信用社基建工地青铜礼乐器坑、郑国祭祀遗址青铜礼乐器坑、新郑市郑韩路发掘出土的春秋郑国墓 M6、新郑县李家村 M1、新郑市尉氏县河东周村墓葬群和镇蔡楼村发现的两座春秋郑墓等。从春秋早期至公元前 375 年郑灭国的这段时间，郑国铜器有大量出土。

虽然郑器的发现有不均衡性，如早、晚期发现较少，中期偏晚发现较多，这种不均衡也造成了研究上的不平衡。但从郑国目前出土的青铜器来看，依然能够以其形制的承上启下、纹饰的独特构成以及制作工艺的精湛高超而引起世人的关注。这些为我们研究郑国社会政治、经济、文化以及了解东周时期中原地区青铜器物的形态、造型与纹饰，研究荆楚文化和中原文化的联系与区别提供了宝贵的材料，有着极其重大的意义。

以 1923 年李家楼大墓出土的百余件文物为例，其中大量春秋青铜器文物由于出土地点明确，有力地显示了李家楼器群的发生年代正处于春秋中、晚期之际，器物形态呈现新旧风格并存的现象。一部分器物承袭西周至春秋早中期以来的规范，如甗、鬲等器；另一部分器物则呈现出崭新的风格。这些出土的青铜器物完整地呈现该时期器物的特征而闻名中外，成为我国文物研究先驱公认的春秋时代标准器物，反映了我国古代劳动人民高度的智慧和技艺，在一定程度上表现了一种生气勃勃的社会变革精神。它是我国正式考古之前的重大发现之一，亦是 20 世纪初叶中国诸多青铜器非科学发现中唯一能够全数保存的古物，其意义非凡。

（1）承袭西周青铜文明、已形成自身体系的郑器。春秋初年，郑国由陕西东迁新郑。郑武公护送周平王东迁有功，政治地位提高。郑庄公时国力最强，始霸中原，加之郑为姬姓诸侯，在承袭西周青铜文明上占有较强优势，郑器发展成已拥有一套成熟完整的组合体系。郑器在这个时期的礼器组合上表现为鼎、簋、壶、盘、匜组合。这一时期中原地区的郑器主要以新郑唐户 M3、M9 和 M39 及郏县太仆乡青铜器群为代表。器形基本是对西周晚期青铜形式的继承与发展，太仆乡青铜器物组合上主要以鼎、簠、罍、盘、匜和甗为主。

（2）吸收相邻地区青铜器特点的郑器。春秋中期到战国早期，中国古代青铜器继夏商周以来发展到了第二次高峰。此时，中原青铜文化以河南新郑墓、河南洛阳中州路墓 2415、河南汲县山彪镇、河南辉县琉璃阁、山西侯马上马村墓 13、山西太原金胜村 251 号墓以及山西浑源李峪、山西万荣庙前村等为主。郑国此时势力减弱，反映在青铜文化上就是郑器继续原有体系并有所发展，在发展中也开始不断主动或被动地吸收周围相邻地区铜器的一些特点，自然这其中也有楚器中的一些特点，如盏是典型的楚器，楚盏在郑铜器墓中有出土，郑盏在纹饰上要比楚器逊色得多，仅在器颈部饰有纹样，而同时期中原地区其他墓葬所出土的盏则并无纹饰，显得较为简陋。另外，鼎是由立耳向附耳、由无盖向有盖转变。如新郑出土的鼎，平底，圆腹，有盖，沿外折。下附三蹄足，口下两侧各有一方形附耳。

（3）既保留中原特征，又受外来因素影响的郑器。春秋中期后段至郑国灭亡时期，这一阶段出土的郑器墓葬，器物坑很多。其中，新郑中国银行工地 16 座青铜礼乐器坑①、新郑李家楼大墓、新郑李家村墓及尉氏春秋墓出土的青铜器是郑器本阶段的代表。从组合上看，郑器演变为“鼎、敦、盘、匜”。由此我们可以看出，或许由于历史积习难以改变，或许因为传统太过根深蒂固，此时郑器的组合形式基本仍和整个中原地区保持一致性。然而，仍然不难看出其中明显受楚器的影响：郑国新郑李家楼大墓和尉氏春秋墓中出土的青铜盏和簠也掺入了礼器组合，和楚器在春秋中期晚

① 河南省文物考古研究所：《郑韩故城青铜礼器与殉马坑的发掘》，《华夏考古》1998 年第 4 期。

段的组合形式“鼎、盏、簠、浴缶、盘、匜”有很大的相似性。所以郑器此时既保留中原特征，又受外来因素的影响。

在《楚系青铜器研究》一书中，刘彬徽先生对李家楼大墓郑器进行研究比对后指出，春秋中期偏晚时期，由于郑依附楚的时间较长，因而大墓中出土的“鼎、簠、盏、方壶、浴缶”均是受楚器影响产生的。李家楼大墓中出土的盏、浴缶，本身是典型的楚器，这应是受楚器影响的缘故，甚至是对楚器的直接引进。新郑李家楼大墓出土盏（见图 2-7）两件，新郑李家楼大墓的盏盖上已出现四环钮，腹部增加二耳。造器与楚盏相同。盏本是楚创造的新器物，所以郑盏在形式上晚于楚盏。

图 2-7　新郑李家楼大墓　铜盏

图 2-8　新郑李家楼大墓　云龙罍

新郑李家楼大墓出土的浴缶和罍，浴缶上器物腹部有 10 个凸圆饼饰，与下寺墓中自名为“倗之缶”的浴缶上的圆饼饰数量相同，造型也相同，比下寺 M2 的浴缶上的少两个，所以浴缶同样是对楚的简单模仿。不过郑在此时对自身的传统器形还是比较讲究的，如云龙罍（见图 2-8）通体刚劲繁缛的龙纹装饰，肩部有四个高耸的龙形装饰，圆雕的二龙相绕构成每个龙形装饰，并衔圆环为耳，正如《新郑彝器》所云：“花纹伟丽可意。”从以上情况可以判断出，郑人除了对楚器的模仿之外，也注重自身固有的传统器物的创造性表现。因而此阶段郑器受楚器影响较大这点不可否认，但这种影响虽较强烈但也不能过分强调。

另外，郑国大墓出土的鼎、簋、簠及方壶则多是郑器所持有的中原传统风格，但或多或少也受楚器的影响。新郑李家楼大墓出土的鼎有 6 件①，大小相次，鼎列组成有差异。从器形来看，新郑李家楼大墓的鼎（见图 2-9）形体比下寺的大，这可能与墓主的身份有关。形状、花纹基本相同，细节有差异，李家楼大墓出土的鼎仍应是中原标准器形，仔细考察新郑李家楼大墓的几件箍口鼎与折沿束颈鼎应还是在郑地制造；只是束颈处似乎接受了一点楚器风格。从形体来看，下寺的有盖、耳直；新郑无盖，而耳稍弯，腹部有鼻钮。另外，两墓均出土了盖圆鼎即箍口鼎，鼎口沿专门设置一圈凸起棱形箍，用来承盖，这是楚人的创造。早在春秋中期前段，楚铜器中就出现了此形器物。下寺 M2 出土 4 件，新郑李家楼大墓的一云 5 件，另一云 7 件，形制不属同一套，其中 3 件形状大小一致；另外 2 件较小，大小也有不同；小的 1 件，盖上除有圈形提手之外还有 4 个环钮，器形与纹饰与下寺 M2 的有差别。仔细考察，新郑李家楼大墓这几件折沿束颈鼎与箍口鼎应是在郑地制造；而下寺的 2 件铭文为倗的鼎器，应是在楚地制造。由此看出，新郑李家楼大墓与下寺的箍口鼎大同小异。首先应该是两个诸侯国文化上的相互交流，其次在时间的比较上，应是春秋中期后段的新郑李家楼大墓之铜鼎受到了春秋中期前段楚铜鼎的影响。

图 2-9　新郑李家楼大墓　铜鼎

图 2-10　新郑李家楼大墓　铜簋

新郑李家楼大墓出土的簋均腹部圆鼓，双耳圈，足下有三支足（见图

---

①《新郑彝器》记载为 5 件，《周代用鼎制度研究》统计为 8 件，并认为原可能为 9 件。

2-10），这种簋在新郑三处铜礼器坑及郏县太仆乡①、新郑唐户等地均有出土，则完全是两周之际的传统簋形。郑簠仍然也是西周中晚期以来的传统器形，但这种器形在春秋早期就已是楚礼器组合中的基本器种，从器形上来看二者是相同的，但纹饰上采用的是蟠绕龙纹，不过春秋中期前段楚簠在下寺 M8 的 1 件簠形器上也出现过这种纹饰，这样可以认为楚人率先演绎出这种蟠绕龙纹，然后影响并传播到中原地区，所以在新郑李家楼大墓的簠（见图 2-11）上也有了这种花纹。

从方壶来看，其文化来源也是多元的，以新郑李家楼大墓中出土的莲鹤方壶（见图 2-12）为例，方壶“……全身均浓重奇诡之传统花纹，予人以无名之压迫，几可窒息。乃于壶盖之周骈列莲花瓣二层……而在莲瓣之中央复立一清新俊逸之白鹤，翔其双翅，单其一足，微隙其喙作欲鸣状”。莲鹤方壶器物顶端的莲鹤造型和器体上壶身两边的龙形耳造型和壶底的虎形足造型，是新郑出土的青铜器器群中的最大亮点。同墓所出土的龙耳虎足方壶也是此造型。方壶的卧兽足、攀龙耳等造型在比其年代更久远的淅川下寺楚墓出土的方壶上也出现了形态极为相似的器物，显然莲鹤方壶与龙耳虎足方壶是受到了楚国文化的影响。

图 2-11　新郑李家楼大墓　铜簠

图 2-12　新郑李家楼大墓　莲鹤方壶

此阶段的郑器在一定程度上也影响了后期器物的发展。比如，在 1979

① 《河南郏县发现的古代铜器》，《文物参考资料》1954 年第 3 期。

年新郑李家村一座春秋晚期墓葬中所见到的彩绘莲花瓣陶豆与莲鹤方壶的莲瓣造型相似；安徽寿县蔡侯墓出土的蔡侯申方壶也曾出现莲瓣造型，同墓出土的簠盖顶部也有莲瓣形；河南信阳长台关2号墓出土的1件漆木器盖上的盖钮也由莲瓣组成，上面并绘有饕餮纹样；270号墓的2件蟠虺纹方壶和晋赵卿墓的4件带纹方壶，壶顶都采用的是莲瓣造型。总体来说，这个阶段的郑国礼器善于吸收外来因素、对中原青铜文化传统有所继承并创造性地继续发展。

关于郑国的青铜乐器，从古人的论述考证，春秋时期各国流行的"新乐"宋音、齐音等，其中以郑、卫两地的郑声与卫音最为突出。目前发掘的郑国青铜乐器的成就如下：李家楼郑公大墓出土编钟有三组24件（甬钟两组各10件、镈钟一组4件），数量上和中原地区其他墓葬间的差异不大，但从器物的精美程度和制作工艺来看，这组青铜乐器则是东周时期其他地区贵族墓葬出土器物所无法比拟的。郑国祭祀乐器坑出土乐器（见图2-13）有东城中南侧金城路中段青铜礼乐器坑、殉马坑，2号坑出土编钟24件（镈钟1套4件，2套钮钟20件）。郑国祭祀乐器坑中行支行祭祀遗址，发现青铜乐器共211件，其中青铜编钟总数多达206枚①，另有陶埙5件，其中8座坑内的编钟都分三排放置，并且编钟都被悬在木梁之上，同出土的编钟架样式各异，有扇形、蝴蝶形和长方形等数种。悬钟木梁上有雕饰云纹和云龙纹等纹样的装饰板，钟架多经过髹漆，有的也涂朱砂。编钟以丝绸包裹，然后按套和大小错次悬于木梁上，放于坑，再覆以苇席。在7号坑中还发现击钟的木槌。目前已清出的编钟多经调音，陶埙3件为3音孔，2件为4音孔，可能是做编钟定音或合奏之用。

图2-13 郑国东周遗址编钟

① 河南省文物考古研究所：《河南新郑郑韩故城郑国祭祀遗址发掘报告》，《考古》2002年第2期。

此次，郑地墓葬乐器的发现被评为1997年全国十大考古新发现之一。尤其是200余件编钟和一批钟架的出土，为研究郑编钟的悬挂、演奏方法，寻觅湮灭已久的乐律特征和风格，提供了难得的实物资料。

在对郑卫周边地区考古发掘出土的乐器组合分析时，多数学者直接将出土编钟、编磬称为“郑卫之音”的具体体现。[①] 从东周时期郑地墓葬出土乐器的组成看，无论是李家楼郑公大墓，或是新郑祭祀遗址出土的乐器组合都属于金石之乐，以青铜编钟、石制编磬为主体。《左传》中在评述公元前562年郑人赂晋侯编钟、镈磬时认为这些金石之乐为“礼也”。《诗经》的大、小雅中，《鼓钟》《彤弓》《鹿鸣》《灵台》及《宾之初筵》五首雅歌对周人礼乐仪式中乐器的使用描述，可以看出其中乐器组合多以钟鼓为核心：“钟鼓既设”“贲鼓维镛”“鼓钟锵锵”“鼓瑟鼓琴”等[②]。可见，雅乐的一个主要特征就是使用“金石”之器为演奏主体。自西周初年开始直至战国时代，青铜乐器编钟都拥有其他器物所不可代替的重要性。周人随葬青铜礼乐器制度从物质层面也表现出“乐”本身有着比“礼”更加强烈的等级性，并非所有的阶层都能拥有“用乐”的权力和能力，只有中高级贵族才能够在墓葬内随葬乐器编钟、编磬。周人随葬青铜礼乐器制度反映了周文化中礼与乐和谐统一的辩证关系。[③] 所以郑韩故城郑国祭祀遗迹的发掘对我国春秋时期的礼乐制度、古乐器学、考古音乐学、音乐史、乐律史和科学技术史等方面的研究，均具有非常重要的价值。

辨别郑国祭祀遗址青铜编钟的断代特征，主要依据对考古发掘资料的分析，以及对出土青铜编钟自身特点的认识来进行考证。

首先，郑国祭祀遗址发掘现场的地层关系与青铜礼乐器坑分布的情况，为编钟提供了极有价值的年代特征。新郑为春秋时期郑韩故城，从古文献可知，自春秋初期公元前769年，郑桓公之子郑武公即从华县迁都至

① 河南省文物考古研究所：《河南新郑郑韩故城东周祭祀遗址》，《文物》2005年第10期。

② 河南省文物考古研究所：《郑韩故城青铜礼乐器坑与殉马坑的发掘》，《华夏考古》1998年第4期。

③ 杨文胜：《东周随葬青铜礼乐器制度研究》，南开大学博士学位论文，2006年。

新郑一带，直至战国早期公元前 375 年郑康公二十一年韩哀侯灭郑，郑国在新郑立国建都前后共 394 年。目前发现的郑国祭祀遗址是一处使用多次，且级别较高的祭祀场所。根据河南省考古研究所郑国祭祀遗址发掘报告可知，其遗址与地层打破的关系表现得非常明显和普遍，如探方 5T95 中的 1 号编钟坑、T605 中的 4 号编钟坑、6T13 西南部的 14 号编钟坑等多数青铜礼乐器坑，均在战国文化堆积层下，而同时又不同程度地打破了春秋早期的文化堆积层，由此可推知，郑国祭祀遗址青铜礼乐器坑应早于战国时期而晚于春秋早期。鉴于目前青铜礼乐器坑尚未见到明确的纪年标记，且出土的编钟从器形到纹饰差异较小，祭祀用器时间、瘗埋时间与冶铸制作时间等也会因诸多因素而存在不同程度的差别，因此，对郑国祭祀遗址出土的编钟仅可能确定其大致年代为春秋中期。

依照郑国祭祀遗址发掘现场青铜礼乐器坑的排列情况，经有关专家分析、推断认为，祭祀遗址范围内曾举行过多次祭祀活动，而且时间延续百年之久。遗址内诸多的青铜礼乐器坑排列顺序无一定规律，表明遗址内遗留下的青铜礼乐器坑，很可能在每一次祭祀使用后进行瘗埋时并未设置标志，以致出现新坑和老坑之间时有叠压、打破等紊乱现象。由此也具体表现出各座礼乐器坑之间的先后关系。若从时间意义上具体划分，按照春秋时代公元前 770~公元前 476 之间的 300 年计，如果将其中段公元前 670~公元前 570 之间作为春秋中期，据史料记载，在此 100 年间郑国曾先后更替了 6 位国君。按照顺序，郑文公在位 44 年，郑穆公在位 22 年，郑灵公在位 1 年，郑襄公在位 17 年，郑悼公在位亦仅 1 年，最后的郑成公在位 12 年。其中，在位仅 1 年的郑灵公、郑悼公几乎不大可能举行多次或大规模祭祀活动。据此，郑国祭祀遗址出土编钟所处的年代应当约为郑文公、郑穆公、郑襄公时期，其下限很可能进入郑成公临位的春秋中期晚段。

青铜乐钟作为先秦时期的重要乐器，其形成和发展经历了一个脉络清晰的演进过程，各个时期的乐钟遗存无不保留和传达了当时当地乐钟的发展水平及阶段性特点。因此，从郑国祭祀遗址青铜编钟自身形制、纹饰、音梁结构及其调音手法等方面可以发现更为具体、更具说服力的断代特征。在新郑信用社、金城路、中国银行新郑分行三处郑国祭祀遗址发掘出土的11坑编钟，形制和纹饰大体一致。其钮钟形制基本为合瓦体形、平舞、梯形扁方体钮，两面有36个乳钉状枚。纹饰风格统一，差别较小，在钲、篆、枚、鼓部都饰有阴线纹外框，篆部饰卷云纹，鼓部饰三角形纹和卷云纹。比之西周晚期、春秋早期三门峡虢太子墓编钮钟、山西闻喜上郭210号墓编钮钟、闻喜上郭211号墓编钮钟无枚、无篆间、长钮等早期钮钟的原始形制已表现出很大的进步，纹饰的分布也明显地完整和规范。而与春秋中晚期之际的辉县琉璃阁甲墓编钟相比，其钲部的螺旋状枚、钲部与篆间凸起的阳线绹索纹边框、钟体上的蟠螭纹饰、镈钟上的龙形复钮或蟠螭状复钮等都使郑国祭祀遗址编钟显得相对简朴而欠精细。与新郑李家楼郑公大墓编钟相比较，二者的镈钟纹饰风格十分相似，但郑公大墓镈钟则更为复杂繁褥，简繁对比之下，清晰地反映出郑国祭祀遗址编钟与李家楼郑公大墓、辉县琉璃阁甲墓编钟之间先后演进的关系。由此亦可推知，郑国祭祀遗址青铜编钟当为早于辉县琉璃阁甲墓、新郑李家楼郑公大墓编钟的春秋中期之器。

编钟的内腔结构和调音手法对于乐钟的乐律、一钟两音的音响性能具有至关重要的作用，是先秦乐钟断代的重要标准之一。青铜乐钟音乐性能的逐步完善标志着各时期编钟发展的探索过程和科技水平。如商饶及西周早期的甬钟，内壁平光无隧脊，未见锉磨痕迹，侧鼓表面尚无第二基音标示；西周中、晚期编钟内壁出现了最多八道对称的沟状长隧式结构，右侧鼓上小鸟纹的出现明确了第二基音的使用；在西周末期、春秋初期的钮钟内壁上开始出现音梁；至战国初期的曾侯乙墓编钟上，经由春秋时期发展起来的条状音梁结构，已演进为板块状凸起的音源。郑国祭祀遗址出土的11套编钟，绝大多数钟内壁均有清楚的不同程度的音梁设计。较之西周晚期貌太子墓、上郭210号墓早期钮钟的无音梁构造显然不同。与接近春秋早期的上郭211号墓钮钟中首次出现的尚不完善的音梁雏形相比，音梁长度从短而低平增长至占钟腔长度的1/4，音梁结构已有了较大的进步和改善。

与青铜礼乐器相比，郑国现发掘的青铜兵器在规模和数量上没有那么多。目前，针对郑国青铜兵器的专门性科学研究也尚未发现。中原青铜兵器发掘成就较大的有安阳殷墟与妇好墓的青铜兵器，兵器规模、种类以及影响力都是后来郑墓所不能比及的。

目前发掘的郑青铜兵器（见图 2-14）主要有李家楼墓群和后端湾墓葬。郑东城东南部后端湾春秋贵族墓地的一个兵器坑，出土战国晚期的戈、矛、剑等铜兵器 180 件。东城西南部也探出春秋墓葬 300 余座，曾发掘 12 座，虽然都被盗，但仍可看出墓内都有棺椁和朱砂，青铜兵器有戈、矛、镞和各种车马器。位于城东黄水河以东沙岗上的李家村与马家村墓，出土的铜兵器中有戈，还清理出车马附葬坑 6 座，车马坑一般都葬 2 辆车、4~6 匹马。这几个墓葬中共同的兵器主要是青铜戈。古代中国青铜戈除了是威力强大的兵器之外，也是众多陪葬品的一部分。发现最早的青铜戈（见图 2-15）出土于河南省偃师县二里头遗址，二里头文化墓葬中的青铜戈数量较少，这或多或少说明青铜戈在二里头文化中相对稀有珍贵的地位，也表明了墓葬者的身份地位。二里岗时期，青铜戈则逐渐普及到各阶层的墓葬中，青铜戈本身的珍贵特质也由此消失。殷墟时期青铜戈的品质、数量与多样性，已经明确反映了墓葬规模的差异性。到了东周时期，郑国大墓中青铜戈的出现，或许也像殷墟时期那样可借由青铜戈多样性的程度、数量的多寡以及纹饰品质的差异来辨别墓主人的身份与地位。但无论怎样，战国晚期骑兵冲锋代替车战之后，青铜戈就逐渐被淘汰了。

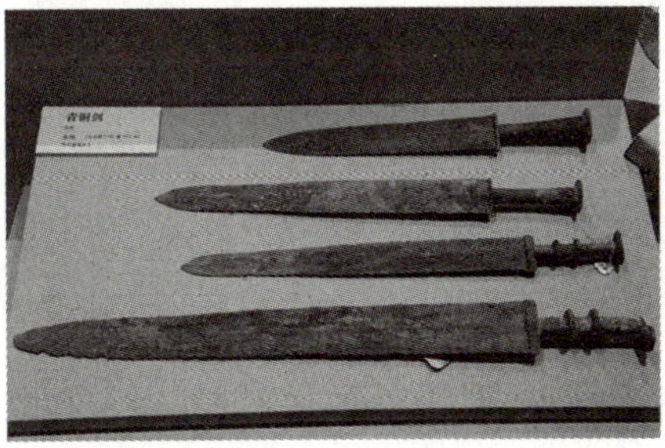

图 2-14　郑国青铜剑

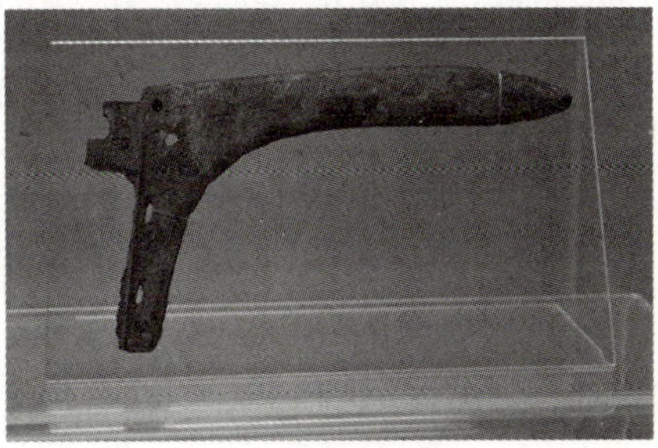

图 2-15　郑国青铜戈

从考古发掘出的青铜兵器的规模、数量以及品种等，多少可以窥视一个国家的强盛与否和青铜铸造技术的发达程度。春秋初期，诸侯中首先向周天子抗衡的是郑国。郑势利日强，于是“周郑交恶”，发生了郑人“射王中肩”事件，这一方面反映了箭在当时战争中的重要作用，另一方面也说明了这一阶段郑的强大能与周抗衡。《周札·考工记》载：“郑之刀、宋之斤、鲁之削、吴粤（越）之剑，迁于其地，而不能为良，地气香也。”虽少有资料对这方面做详尽的介绍，但也从某一个侧面反映了郑人对青铜刀的热衷。

一般认为，青铜器到春秋以后就衰败了，这个观点现在看来是值得商榷的。其实战国时期的青铜器不仅在器形种类上、制作工艺上均有空前的新成就，而且在纹饰装饰上出现了繁花似锦的各种画像，达到了青铜艺术的高峰。战国时期的青铜器纹饰内容已经突破了商周以来的格局，放松了宗教的束缚，自由地表现现实生活的图景，但又不是生活的简单复制，而是经过提炼加工而成的。对每个物象不是追求逼真的形体细节，而是抓住形体的主要特征及一瞬间的形体动作，用粗线条或细线条勾勒出轮廓，呈现出流动有感的线纹，随即给整个画面增加强烈的动感。如攻战图中的战士们手拿武器，稳扎两足，准备战斗射者支左屈右，引弓待发划桨者倾身摇荡船只迅速向前，给人一种激流勇进的感觉。特别是起烘托作用的舟下鱼鳖，顺逆浮游，好像被激烈的战斗惊扰，仓皇逃遁。更有描绘仰攻者，前一人头被砍落地，两手撒空，后一人执剑挺胸，接踵而上，前仆后继用于献身的精神充分得到体现。这种再现战国时期群雄争霸、你死我活的激烈战斗场面，给人一种身临其境的艺术效果。

战国时代的青铜器纹饰大胆突破商周以来的宗教神秘色彩，体现出强烈的地方性和清新感。不论如何，到了战国晚期，随着铁制兵器的发展，称雄数百年之久的中原青铜兵器开始逐步走向衰落。

二、南方地区的青铜艺术

进入青铜时代之后，随着中原青铜文化的发展，长江以南的湖南、江西、广东、广西、福建等广大地区，也先后出现了青铜文化。目前，在这些地区考古发现了大量的青铜器。①

湖南发现的商代青铜器，其中最著名的是“宁乡铜器群”，所出的铜器多属礼器，多是受中原青铜器器形的影响，其风格和特征与安阳殷墟铜器相同，属商代晚期遗物，有可能是从中原流入的。在纹饰方面也有与中原相同的一些纹饰，如云雷纹（包括卷云纹，用在卣饶上）、兽面纹、变形夔龙纹等。如四羊方尊（见图 2-16），于 1938 年在宁乡县月山铺的转耳斋山冈出土，高 58.3 厘米，重 34.5 千克，这是我们所见商代青铜器中最大的一件尊。上口劲张，正视为喇叭形，尊肩的四棱各立一羊，羊头外伸，细部的角、眼、鼻等刻画清晰，辅以夔纹、蕉叶、兽面等纹饰，加上黝黑的器物外色，整体造型显得雄奇瑰丽。② 还有兽面纹大铙（见图 2-17），在宁乡月山铺的转耳斋山岗出土，高 103.5 厘米，重达 221.5 千克。主题纹饰以凸起的粗线勾勒出变形兽面纹，鼓部为相对而立的一组象纹，并以云纹为地纹。铜铙形体厚重、巨大，是迄今所见商代最大的乐器，堪称商代青铜乐器之王。③

图 2-16　四羊方尊

图 2-17　兽面纹大铙

但更多的纹饰是中原地区同时期所未见的，具有鲜明的地方特点。春

① 牛世山：《中国古代青铜文化》，四川人民出版社 2004 年版，第 66 页。
② 牛世山：《中国古代青铜文化》，四川人民出版社 2004 年版，第 67 页。
③ 高至喜：《论中国南方出土的商代青铜器》，《商周青铜器与楚文化研究》，第 54 页。

秋时期中原地区的动物纹饰以蟠地纹较多，也有禽鸟纹，但不多见，蛙纹、鱼纹、兽纹更为少见。而在湖南出土的三件提梁卣上，出现了大量写实的动物纹，如鳄鱼、沙鳅、龟、蟹、蛙、蛇、水虫、鹤、水鸟、鹿等，一件文物上所饰动物达30有余，而且又不讲究对称，打破了商周以来中原地区那种庄严、对称、神秘的格调，而显得自由洒脱、生动活泼。这些动物大多是产于南方的水族动物，具有浓厚的生活气息。

江西发现的青铜器，最重要的地点是清江吴城文化遗址。吴城文化遗址在年代上相当于商代晚期，与商文化有密切的关系。该遗址的文化堆积分三期，一期的文化年代相当于郑州二里岗上层，出土了大量的铜戈、斝。斝为平底短柱，腰和腹部饰圆圈带状纹和变形云纹戈，为长援直内有栏，与商代二里岗期的器形和纹饰风格接近。二期与殷墟早期相当，其风格有商式和仿商式。三期相当于殷末周初，出土了铸铜的石范和一定数量的铜器，其风格接近于商代晚期，但具有浓重的地方特色，很可能是本地产品。

1989年，在江西省新干县大洋洲发现一座大墓，其文化时期相当于吴越文化第二期。墓中青铜器480余件，其中礼器50件、乐器4件、工具127件、兵器273件，其器形和纹饰都与商文化相似。墓葬中出土的虎耳虎形扁足圆鼎（见图2-18），外形像架在支座上的圆底锅，有两个便于钩提的耳，耳上各有一只卧虎，鼓目吊睛，双耳耸立，口露利齿，粗颈直腰，尾部上卷，呈卧伏欲起之态。虎身上装饰云雷纹，尾巴饰有鳞片纹，摄人心魄。鼎腹装饰兽面纹，双目突出，双目间有扉棱如同鼻梁。三鼎足扁平，也是虎形，以嘴衔鼎腹，尾略上扬支地，形成稳定的三点支撑。整器高62.4厘米，是我国已发现的扁足鼎中最大的一件。

同时出土的凤耳夔形扁足鼎（见图2-19）、形制与虎耳鼎大同小异，区别是在鼎耳上各卧有一只凤鸟，三只扁足为夔龙状。高冠华羽的凤鸟蹲伏鼎上，打破了商代青铜器流行的威严肃穆的气氛，具有浓厚的地方特色。凤鸟的装饰在商代的其他地区也可见到，这可能与商代的尚鸟习俗有关，卧虎则较为少见，可能是大洋洲地区特有的动物图腾。

图 2-18　虎耳虎形扁足圆鼎

图 2-19　凤耳夔形扁足鼎

江西清江铆狮脑的虎形扁足鼎和鸟形扁足鼎，与殷墟妇好墓出土的扁足鼎和小屯 M18 出土的 52 号鼎，都是折唇、浅腹、圆底、扁足，器形相同，说明其年代亦应相近。妇好墓和小屯 M18 均属殷商晚期，故可定在商代晚期。纹饰风格相似，是特殊的云纹和菱形纹，和当地陶器的花纹接近，具有地方性。出土于杭州余杭、江苏江宁的商代末期的以云雷纹为主纹的铜铙，多有圆圈纹框边和衬地，甬部无旋，而中原未见此类纹饰装饰的铜饶，应是吴越地区所产的特有乐器的纹饰。还有些铜斧上的横三竖四的线条纹，属于印纹硬陶文化的范围之内，也就是古代越族文化的地区。[①] 南方出土的青铜器与中原地区的商周青铜器纹饰比较，它们之间既有许多相同之处，也可以看出南方青铜器的地方特点：

一是相同部分由于与中原商代纹饰相近或相同，所以有些纹饰如兽面

① 牛世山：《中国古代青铜文化》，四川人民出版社 2004 年版，第 70 页。

纹、云雷纹、象纹、虎纹、羊纹、夔龙纹、凤鸟纹、鱼纹、“米”字形纹、弦纹、涡纹、乳丁纹等，南北无别。也有些仿商式纹饰似商而又异于商，如大禾人面纹方鼎、四羊方尊的纹饰。

二是地方特点为江南青铜器纹饰的特点，表现在只见于江南的青铜器纹饰上。以虎、象、羊等动物为造型主体的纹饰，动物形象栩栩如生，表现出浓厚的写实特点，[①] 这与商文化中抽象化、几何化、神秘化的特征有明显的区别，从而构成南方地区青铜器独特的文化风格。

西周末春秋初，楚国青铜器深受中原地区的影响，形制与中原器相似，如楚公蒙钟等。春秋早期的器物如湖北当阳赵家湖 8 号墓出土的 1 鼎 1 簋，形制上虽有自己的特点，但与中原地区西周晚期至春秋早期的同类器十分相似。春秋中期的器物如赵家湖 4 号墓、金家山 9 号墓和郑家洼子 23 号墓等所出土的铜器，与同时期的郑器极为相似，尤其是带盖的三足圆簋，形态几乎完全一致。到第二阶段，楚国青铜器已开始形成自己独创一格的风貌。这一时期重要的楚墓如春秋晚期的河南淅川下寺 1、2 号墓，战国早期的固始侯古堆 1 号墓、白狮子山 1 号墓和长沙浏城桥 1 号墓等，所出器物都极富特色。众多圆腹鼎，足细高而外撇。至战国初期时鼎腹更深，蹄足也更长而外撇，是中原地区所少见而楚国所特有的。此外，还有爬兽鼎（见图 2-20）、罐形鼎、尊缶和盥缶等，也是楚文化的典型器物；纹饰则多为繁缛的浮雕状花纹和立雕状的附加装饰，这种纹饰早于中原地区，已显示出楚器装饰的特色。此时楚国青铜器的铸造，无论是从装饰工艺上还是从造型上来看都显得更加成熟。装饰手法上的不断创新使得青铜器较前期有了更加丰富多彩的装饰效果。毫无疑问，春秋战国之际的楚国青铜器后来者居上，与其高超成熟的青铜冶炼铸造工艺

图 2-20　爬兽鼎

① 陈德安：《三星堆——古蜀王国德圣地》，四川人民出版社 2000 年版，第 11 页。

是密不可分的。张正明先生更是将楚青铜器的冶炼铸造誉为支撑“楚文化美轮美奂的高堂殿宇”的六根支柱之一。

东周时期是我国历史上的乱世时期，而正是这样一种动荡不安的社会环境，促使了楚国新的社会风尚、思想意识和审美情趣的产生。首先，开放性的政策是其有如此成就的原因之一，春秋时期的楚国是长江流域这块“蛮夷之地”上重要的诸侯国之一。在经历了数次讨伐征战之后，楚国从局促于丹阳一隅的“蛮夷”之邦成为一个强大的诸侯国。其疆域甚广，它在不断开拓疆土的过程中，对外族采用了一种宽容的态度和博大的胸怀。张正明先生也在其所著的《楚文化史》中说：“对于被灭之国，楚人的惯例是迁其公室，存其宗庙，县其疆土，抚其臣民，用其贤能。”正是有了这种开明的政策，所以在兼并的过程中，使得多个民族进行了融合，造就了楚国这样一个充满生机的国度。其次，西周初年，楚人在渡汉水而立国后，文化与土著文化相融合。虽受中原文化影响但并没有那么根深蒂固，但这并不能否认楚国对中原文化的崇尚。春秋时期楚文化才开始彰显自己的特色。正如张正明所说，楚人是“挟华夏的先进文明因素而来，犹如一颗良种落进了南土的沃壤”，之后便在这片沃壤里生根发芽，结出丰盛的果实。

东周时期的楚国孕育了至今都享誉盛名的“荆楚文化”。在青铜工艺上更是一朵奇葩，创造了独具特色的艺术风格。不仅影响了整个长江流域，更渗入到中原地区各诸侯国的青铜艺术中。张正明先生曾在其所著的《楚文化史》以“外求诸人而博采众长，内求诸已而独创一格”来概括楚国青铜器的发展状况。

东周楚国的青铜器物，大多属于楚墓葬出土所得。据考古专家认定，至今发掘的楚墓有枝江百里洲铜器群、信阳平桥铜器群、淅川下寺第三组墓（M1-M4）、淅川下寺第三组墓（M10）、淅川下寺第三墓组（M11）、举世闻名的曾侯乙墓、信阳长台关 M1 铜器群以及江陵望山墓、当阳慈化楚墓铜器群、蔡侯墓、襄阳山湾 M33 铜器群、襄阳山湾 M23 铜器群、江陵天星观 M1 和荆门包山墓等。楚墓随葬品中的青铜器数量之多、品种之繁、制作工艺之精巧备受世人瞩目。

以河南淅川下寺发掘的楚墓为例，仅 M2 就出土了大型青铜礼器 80 多件，器物的精美程度令人叹为观止。其中出土的云纹铜禁与蟠龙纹青铜鬲都是河南博物院的镇院之宝。从这一处的楚墓发掘情况，我们可以窥视整个楚国青铜文化的辉煌程度。

楚人立国之后，文化逐渐与土著文化相融合，并更加直接、更加广泛深入地受到中原文化的影响。西周时期曾国青铜器文化也较为发达，尽管曾器所反映的文化面貌也是对中原周文化的亦步亦趋，但是高出一筹的青铜铸造技术，对早期楚国青铜文化的发展有着至关重要的影响。也许正是因为受到曾青铜文化的影响，楚国在西周晚期开始铸造青铜器，并以青铜乐器为主要铸造对象。楚人铸造青铜器的准则主要不是模仿，而是创造。他们所追求的是：要按照自己的传统，根据自己的审美标准，来表现自己的青铜风格与气派。楚器春秋早期出土较多，尽管数量不多，但发出的信息却十分完整。“以簠代簋”是有别于中原的礼器组合形式，开始体现出楚国的文化方针和楚人的文化素养。再加上楚人求奇、求新的艺术审美追求，使得楚国青铜器更加繁缛华丽、精致生动。到春秋中晚期，楚国青铜器已经形成了自己独特的风格。

春秋早期长江中下游的楚国国势与郑国恰恰相反，发现的墓葬不仅少，而且规模也小。楚器虽已脱离“筚路蓝缕”的草创阶段，但仍势弱位卑。楚青铜艺术在春秋早期可以说几乎是中原文化艺术的回声，基本采用的是“拿来主义”的态度。但此时楚国在青铜器的组合上，仍能显出自身的特色。作为礼器组合的一部分，“以簠代簋”是楚器青铜器组合有别于中原的一个重要标志，年代稍晚的南阳西关铜器组和百里洲铜器组中的“以簠化簋”正说明楚器自身特点已萌芽的状况。如皮道坚先生所说：“以簠代簋……结果是大大丰富了青铜礼器组合的总体视觉效果，造型饱满的圆形铜鼎与由水平、垂直及斜线构成的、棱角分明的方形铜簠，形成节奏明快的对比。”[①] 而其他组合器物仍遵循中原礼制，总体来看，此阶段楚器还是受以中原传统文化为代表的郑器的影响较大。比较这一时期的郑器、

① 郭沫若：《殷周青铜器铭文研究》，科学出版社 1961 年版。

图 2-21　当阳赵家塝 M1　铜鼎

楚器可以看出，在造型上，该阶段楚器中出土的三足鼎均为直附耳、鼓腹、三蹄足，与太仆乡同时期的两件附耳鼎形式大致相同。当阳赵家塝 M1 中出土的铜鼎（见图 2-21）是半筒状原始蹄足作风，附耳风格较矮较宽，直口，口沿外有一周凸棱以承盖。深腹微鼓，腹下部收拢较缓，圆底。隆盖，盖中央有环形状握手，环侧有两周乳钉，环面饰透空的蟠蛇纹，连接环与盖顶的八根柱上部饰兽面纹，下部饰雷纹，盖和腹部均饰绳索状的凸弦纹，弦纹间饰盘蟠虺纹，斜方格卷云纹，焦叶纹。长方形附耳，饰三角卷云纹。矮蹄足，饰兽面纹。但器身较浅则不同于春秋中晚期楚附耳鼎的特征，它表现了鼎从柱足向蹄足过渡的形态。赵家塝出土的簋敛口有盖，直唇，簋盖上是短直的圈状抓手，相比同时期的郑簋差别不大，在春秋早期以后这种作风的同类器物中根本见不到。百里洲出土的水器盘（见图 2-22）与郏县太仆乡出土的盘具有相同的特征：附耳、圈足，饰有窃曲纹；百里洲的匜（见图 2-23）与郏县太仆乡的匜都具有一致的特征：深腹、半环形鋬，四蹄足，这与郑器没有丝毫差别。而这正是春秋早期的代表性形制的特征，以后鲜为少见。另外，百里洲的壶也都与郑器中同类型器差别不大。

图 2-22　百里洲　铜盘

图 2-23　楚嬴匜

春秋中期楚国历经数世纪经营，国力逐渐强盛起来，楚成王时“楚地千里”（《史记·楚世家》），至楚庄王时楚已确立了自身霸业，曾观兵于周郊，问周九鼎之轻重。基于此，楚器也得以茁壮成长，自身特色日渐鲜明。本阶段楚器的代表为淅川下寺 M7、M8 的随葬品，组合上基本已采用“鼎、簠、浴缶、盘、匜（M8 无盘有盉）”这一形式。作为典型楚器器物的盏、浴缶已开始出现并参与了礼器组合。淅川下寺 M7、M8 水器中的盘和匜与郑器相比有了自身特点，如盛水器：盘，楚墓出土的铜盘与郑器铜盘的不同之处主要体现在耳上。楚盘早期为圈足盘，如春秋早期枝江百里洲出土的铜盘。中期是三足盘，盘底无圈足，以三环钮形龙形足或蹄形足取而代之。淅川下寺 M7 出土了一件三足盘（见图 2-24），口大、腹浅、圜底，上腹两侧有对称的方环耳，底部有 3 个蹄足，蹄足上部铸有兽首状。而早期郑盘腹部较浅，圈足，壁直，两附耳直立。春秋中期郑器铜盘形式发生较大变化，腹浅，有三扁蹄足，双附耳由直立状改变为向外曲折。如郑器春秋中期前段出土的铜盘（见图 2-25），能够明显看出附耳向外曲折的特征。

图 2-24　淅川下寺 M7　铜盘

图 2-25　郑器　铜盘

另外，此阶段楚器中的鼎为束颈鼎，并一直延续到战国楚国灭亡为止。由立耳变附耳、由无盖变有盖的特点为人们提供了更好地使用的有利条件。该变化不能简单地认为是楚器影响了郑器还是郑器影响了楚器，总体来说，应看作二者在相同的时空不同的地域中共同演绎铜鼎的一个进化过程，该进化有着一个共同的目的——方便实用。

春秋中后期至战国时期，楚国以惊人的速度扩张，楚器也彻底摆脱了中原青铜文化郑器的束缚，走向了成熟。中原青铜文化以及周边地区的青铜文化再也不被楚人崇尚和模仿了。无论是在青铜礼器组合上，还是在青铜造型及装饰上，楚人不再拘泥于传统青铜文化，已开始按照自身的发展特色，用自己民族的审美观去创造独具一格的楚氏青铜文化。

此时楚器出土主要以河南淅川下寺墓 1、2、3、4 和湖北随州的曾侯乙墓为代表。春秋中段晚期楚器的基本组合形式为“鼎、簠、盏、浴缶、盘、匜”，春秋晚期演变为“鼎、簠、敦、浴缶、盘、匜”（襄阳山湾 M15 出土）。楚器已完全形成了自己的一套青铜礼器组合形式，春秋晚期该组合的食器盏为敦所代替，同时水器中浴缶的地位得以固定。楚器组合有别于郑器最鲜明的特点就是对水器的重视，因楚地处南方长江流域，是水乡泽国之地，水对楚经济与社会发展，自然特别重要，由此引发人们心理上、习俗上对水的特别重视。楚人重视水器的特点已明显有别于中原地区。本阶段楚器在器形与器类上不仅拥有了盏、浴缶，而且出现了球形敦、束腰平底鼎，这四者都是典型的楚器，它们的出现加上独具特色的楚器组合形式说明本阶段楚器已浑然自成一家。

盏是楚人创造的一个新器类，并广泛流行于楚中心地区，以淅川下寺楚墓出土的典型铜盏造器为例，下寺 M7 出土的春秋中期前段的盏，从器形来看下寺 M2 的盏与李家楼大墓的相同。由此可见，从形态上考察，下寺 M7 的盏要比新郑李家楼大墓的早，显然新郑李家楼大墓的盏比下寺 M7 晚出，所以表明新郑李家楼大墓的盏有受到楚盏影响的可能。楚浴缶（见图 2-26）又为“倗浴缶”，缶中心为三分式涡纹，周围为精细的蟠虺纹，是在西周罍的基础上又在春秋中期前段作为一种创新的楚器出现，并被郑所模仿。下寺 M2 的浴缶在数量上也多于新郑李家楼大墓。

淅川下寺墓中出土的带盖有顶圆鼎（见图 2-27），实为折沿束耳鼎，郑墓也与下寺相同，下寺 M2 出土有 3 对 6 件，成对相次。再如，湖北当阳赵家湖楚墓出土的铜鼎（见图 2-28），腹浅、附耳、壁近直、半筒状碲足，与新郑大墓鼎相比，两墓两鼎一个有盖，另一个无盖，不属一个型或式；再者，一个直附耳、直口、深腹、腹底弧度极小，另一个曲折附耳、敞口、腹底弧度较大，二者间的联系较少，因而可比性较小。

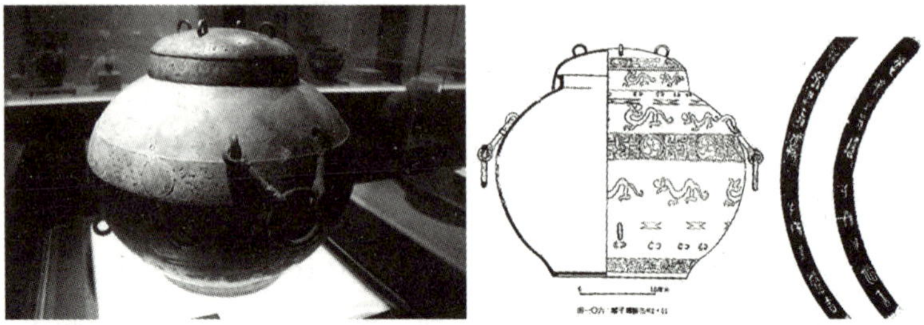

图 2-26　倗浴缶

图 2-27　淅川下寺 M2　束耳鼎

图 2-28　湖北当阳赵家湖　折沿鼎

在方壶上，下寺 M1 也出土了与新郑龙耳虎足方壶极为相似的龙耳虎足方壶（见图 2-29）。这件方壶附设的配件和花纹具有鲜明的时代特点。壶盖内外壁皆雕镂精细的蟠虺纹，盖体下缘的四个兽头正好卡住壶口边沿，设计精妙合理。壶之双耳加饰两条回首伏龙，圈足下为两只立体伏虎，浑圆雄壮，生动逼真。

通过对比，我们可以看出，下寺 M1 出土的龙耳虎足方壶壶体与新郑李家楼大墓出土的龙耳虎足方壶相同（见图 2-30），但两壶壶体的龙耳与虎足有些差异，如下寺 M1 的龙耳位置较高，龙首与口部齐，新郑李家楼大墓的龙首低于口部。其龙首冠饰也不同，下寺 M1 足部的龙首有高冠而新郑李家楼大墓无，下寺 M1 的龙首昂起承托壶体，而新郑李家楼大墓的龙首微下垂不承托壶体。

图 2-29 淅川下寺 M1

图 2-30 新郑李家楼大墓

从外观上看，下寺 M1 方壶耳上的龙首呈现为一种向上飞腾的气势，新郑李家楼大墓的则表现为一种向下滑落的态势。下寺 M1 方壶足部的龙作昂首前进姿态，新郑李家楼大墓的则垂直踞状作承载重物艰难前行状态。这一比较可以看出，下寺 M1 方壶和新郑李家楼大墓方壶分别展现出一种奋发有力的动态感和滞足不前的静态感。年代上新郑李家楼大墓略晚于下寺 M1 年代，所以新郑李家楼大墓的龙耳虎足方壶应是模仿了楚式方壶。

尤为值得关注的是，淅川下寺楚墓出土了一些在郑墓中原器物类型所没有的器形，并能够典型地代表楚器此时繁缛华丽的创新特点。如 1978 年河南省南阳市淅川下寺出土的用作尊、壶、卣类酒器器座的云纹铜禁（见图 2-31），其器身多层镂空云纹用粗细不同的铜梗来支撑，十二只龙形的异兽攀附于铜禁四周，禁下还蹲有十二只龙形异兽为足，此为铜器禁类之精品。另外，淅川下寺 M2 出土的王子午鼎平底束腰鼎（见图 2-32），鼎口有扣平盖，盖顶有桥形把手，两耳外撇，三足粗壮稳固。与其敦厚的造型截然不同的是，鼎的外部装饰纤巧奇诡，繁缛细致。这件鼎曾是楚国贵族传家之宝的重器，实属商周以来中原青铜文化与楚人奇思妙想的完美结合。同样，装饰青铜器的饕餮纹、夔龙纹、蟠螭纹和窃曲纹，在这件鼎上既有中原地区常见的范铸阳线，更有荆楚独特的浮雕与圆雕，并且使用前所未有的先进技术。环绕鼎腹的六条立体怪兽，则是由两条夔龙蜷曲盘绕而成的，采用失蜡法分别铸出，然后焊接于鼎身。六条兽头伸出鼎口，恰与鼎盖边缘的六个卡口相合，实用性与装饰性有机结合，完美统一。王子午鼎的“平底束腰”形态也恰恰印证了楚灵王“好细腰”的怪癖，这一形制特征成为楚国青铜器的特有标志。

图 2-31　淅川下寺　云纹铜禁

图 2-32　淅川下寺 M2　王子午升鼎

此时的楚青铜器在创新发展的基础上达到了鼎盛的局面。它在形态特征上体现了花样翻新、追美求奇的风格。此时期的楚器除了看重审美要素之外，也特别注重实用要素，一方面这与楚民族、楚地居民的传统审美心理有关，另一方面又与春秋中期社会制度的变化、礼乐制度的衰落而楚国国势强盛的时代特点有关。楚铜器之所以独创一格的原因正在于此。例如，鼎是礼器之首，乃王权的象征，贵族等级、地位的标志，楚在此时期则打破了这一凝重庄严的传统，创造出诸如平底束腰鼎一类的器形，这正是楚风俗审美观念在礼器上的体现。此时，楚器中出土了一系列郑器不见的楚独创器形，影响并流传至中原地区与周围受楚文化影响的地区，标志着楚青铜器的发展水平达到了登峰造极的地步，使楚这种新、奇、美的风格在此时期得到了完美的体现。

综上所述，郑器与楚器皆源于西周传统青铜文化。春秋初期是郑器的发生发展期，其以完善的青铜礼器组合、规整的器形有别于还处于学习模仿阶段的楚器，自身特征初露端倪。春秋中期，郑器进入鼎盛成熟时期，同时也注重吸收周边地区的青铜特色并不断创新。与此同时，楚通过对郑器的借鉴与学习，从器形组合上吸收中原青铜特色因素并创立发展出自己的一套独具一格的青铜文化特色。直至春秋中后期战国时期，楚器自身体系得以完整确立，礼器组合等方面达到鼎盛繁荣，反过来楚器的特征又影响着郑器的发展，出现一个相互借鉴和共同繁荣的局面。

楚国音乐在春秋时期已经很发达。楚国乐器有钟、鼓、磬、瑟、竽、笔和排箫等，种类齐全。这些乐器在湖北曾侯乙墓、湖南江陵、河南淅川下寺和信阳长台关各战国楚墓的出土乐器中均得到了印证。青铜乐器最具代表性的是钟。青铜钟分为甬钟、钮钟和镈钟三种，按一定的先后次序组合起来，称为编钟。1978 年，河南淅川下寺出土楚国编钟 4 套（50 余件甬钟、钮钟），石磬 3 套（每套 13 件）①。其音乐系列可奏出六声或七声音阶，其中 2 号墓出土的王孙诰甬钟一组 26 枚，是目前所见春秋时期规模最大的一套编钟，其音域宽广、音频准确、音律和谐。从淅川下寺出土的乐器看，春秋时期楚贵族的“钟鼓之乐”已有了成套的编钟，体现了 2500 年前楚国音乐文化的高超水准。

湖北随州曾侯乙墓中最引人注目的是乐器的出土，其各种质地的乐器达 124 件，管乐、弦乐敲击乐器俱全②，组成目前所见最大的钟鼓乐队。其中最有名的是曾侯乙墓编钟（见图 2-33），而曾侯乙墓编钟里还包含一件楚王赐给曾侯乙的镈钟，铸造的精工程度尤胜于曾侯乙编钟。③ 曾侯乙墓全套编钟音色优美、音域宽广、音列充实，但刘彬徽先生指出，“无论

---

① 楚文化研究会：《楚文化考古大事记》，文物出版社 1984 年版。

② 湖北省博物馆编：《随县曾侯乙墓》，文物出版社 1908 年版。

③ 刘彬徽：《楚系青铜器研究》，湖北教育出版社 1996 年版。

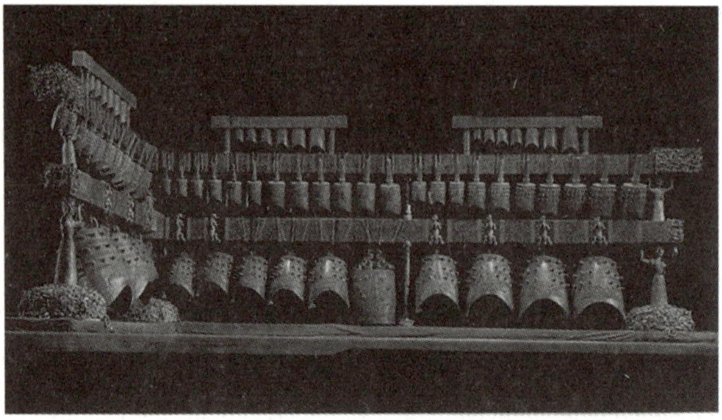

图 2-33　曾侯乙墓编钟

是形制纹饰，还是音律和律名，均承袭王孙诰钟而来”。[①] 曾侯乙墓的编钟，分三层架置，共 56 件，其上有 2800 多字的铭文，铭文记录了楚、曾和华夏各国阶名、律名和变化音名的相互对应关系，其中涉及失传的乐律学文献，相当全面地反映了先秦楚国乐学的高度发展水平。铭文中列举了楚与曾、周、晋诸国和申地之间律名、阶名、变化音名的对应关系。曾侯乙编钟是楚地音乐文化以及我国古典音乐文化高度发展的见证。楚国因以钟、鼓为主要乐器的音乐表演艺术的繁荣发展也被称为“钟鼓之乐”的兴盛期。

楚国是南方民族融合的中心，楚国音乐亦表现出了民族性和融合性的特点。“楚人是一个全民尚乐的民族，包括器乐在内的音乐活动，体现在国家和社会生活的各个方面”。[②] 这一记载，非常真实地反映了楚国这一音乐之邦，在音乐发展中，允许夷夏并存，雅俗共赏，从一个侧面展现了楚人的开阔胸怀和融夷夏为一体的开放精神。

综上所述可以发现，从青铜乐器发掘的数量及规模来看，楚国多于郑国，并且范围广泛，从乐器特征及影响力来看，郑楚音乐各具地域特色，楚音乐更体现了一种各民族的融合性。无论是“金石之声”的郑国

① 刘彬徽：《楚系青铜器研究》，湖北教育出版社 1996 年版。

② 李建辉、刘森森：《荆楚文化》，辽阳教育出版社 1995 年版。

青铜乐器还是“钟鼓之乐”的楚国青铜乐器，都充分反映了东周时期礼乐制度、青铜铸造技术、古音乐学、古乐器学、乐律学和科学发展的一个高度。

楚国作为春秋五霸之一和战国七雄之一，它的武库是当时最庞大而且最先进的。楚国的兵器数量巨大，种类也繁多。楚铜兵器主要有剑、戈、戟、矛、匕首等。但最多的青铜器主要是剑、戈、戟、矛等。而楚国剑在各类青铜兵器中数量又最大，同时铸剑的成就也最高。据不完全统计，在已发掘的3000余座楚墓中共出土600多把剑。

青铜兵器的数量最引人注目的当属楚国故都纪南城东门外的600余座中小型墓葬中有各种兵器571件，其中青铜剑172把、铜戈150件、铜戟7件和青铜矛15件，另有匕首、箭镞若干。数量之巨大、门类之齐全，简直可以称为楚国的兵器宝库。在曾侯乙墓中，出土的青铜器群总重量达10吨，其中有戈殳、三戈戟、矛和镞等多种精美的铜兵器，数量竟达4500余件，这充分反映了春秋战国时期楚国青铜铸造的生产能力和技术水平。河南南阳的楚国申县贵族墓地中也出土了大量青铜兵器和车马器。随葬大都是剑、戈、矛、镞等兵器，玉器较少，这可能是一处公共贵族墓地，极有可能是楚国“申师”的将士墓地。当阳赵家湖地区发掘的300多座中小型楚墓中，仅出土的青铜剑就有：当阳楚墓共出土铜剑70余件，赵家湖墓区共出土64件，枝江楚墓出土铜剑10余件。剑的种类很多，不同的民族有不同的剑式样。根据这些铜剑的首、茎、格、剑身等可分为春秋剑和战国剑。

图2-34　青铜剑

中国青铜剑制作始于商，盛于战国。东周时期战争频繁，剑得到充分发展。剑流行于春秋之南方，这一时期，剑的佩带要分等级。例如，“士”有上士、中士、下士之分，所以青铜剑也按长短重量分为上制、中制、下制三个级别。青铜剑是武器，属于短兵器，也是信物与礼品，其复合金属工艺二次浇铸成器及硫化铜防锈工艺为世界先进技艺。举世闻名的越王勾践青铜剑（见图 2-34）竟也出土于湖北江陵望山的 1 号楚国贵族墓（此墓距春秋时代楚国别都纪南城故址 7 公里）。越王勾践的青铜配剑剑身与剑鞘吻合紧密，拔剑出鞘，寒光夺目，并且丝毫无锈斑，剑刃锋利逼人。曾试之以纸，二十余层一划而破。剑身工艺纹饰十分精美，并刻有"越王勾践，自作用剑"八个鸟篆铭文字样。至于为何越王勾践剑会流落到楚国墓，学术界一直众说纷纭，但终归与楚、越两国的争霸问题是分不开的。楚墓大量青铜兵器的出现尤其是青铜剑的发掘，都表明楚国在东周时期国势的日益强盛以及制作青铜兵器的技术已达到了较高水平。

三、西南地区的青铜艺术

西南地区的青铜文化，主要分布在四川和云南。三星堆文化遗址位于四川广汉县城的西北部，遗址发现于 1929 年，于 1980～1981 年进行大规模的发掘。以三星堆文化遗址作为典型文化遗存的"三星堆文化"，其分布范围以成都平原为中心地区，西起汉源、雅安一线，东到长江三峡两岸，北到陕西汉中，南到长江两岸。这里曾是商王朝的"南土"。蜀族最早的活动区域在汉水上游，容易与商文化发生联系。蜀对中原王朝时叛时服之中，青铜器纹饰风格带有中原与地方特色是顺理成章的事。在广汉三星堆发现两个商代的大祭祀坑，其中出土了大批铜器，还有金器、玉石器、陶器、象牙制品等。铜器有人头像、跪坐像、人面像以及礼器等。风格特殊，大致属商代晚期遗物。与四川毗邻的汉中城固县，也出土了一批商代铜器，总数四五百件，有容器兵器、人面和兽面具等，年代相当于商末。

三星堆中的青铜纹饰尽管有中原的影子，但不少纹饰细部风格十分独特。如三星堆出土的青铜兽面像，在兽面的嘴下有条横贯的突出的纹饰，这在中原青铜器上是没有的。同地出土的鸟爪形人像，人的上半身及鸟尾以断残，双鸟爪突出，攫二鸟首而立，衣饰纹以云雷纹为地，依稀可见裙下摆的花边（见图 2-35）。半人半兽是中国史前图腾中最普遍的祖神崇拜，中原青铜器对这一主题没有突出表现，而蜀族青铜器上却多次出现。这些反映了蜀族青铜纹饰逐步摆脱了中原的影响，建立了自己独特的青铜文化。这些具有地方风俗的青铜器和纹饰，形制特别，纹饰奇异，其艺术水平可与中原媲美。

三星堆还出土了大量的“写实主义”的青铜器，与中原“神秘抽象”的特征迥然不同。这些青铜器以大量青铜立人像、人头像、人面像、兽面像以及铜神树为典型代表，形成了三星堆青铜雕像群。物之精、之奇、之妙、之美难以用语言来表达，现仅介绍其中之一二。

三星堆出土的巨型青铜面具（见图2-36）共3件，其中2件略小。比较大的一件堪称经典，其宽1.38米，高0.65米，重约80千克。人物面具略带微笑，显得很神秘。粗粗的眉毛，大大的眼睛，眼睛横着向外突出，高耸的鼻梁，阔宽的嘴唇，轮廓分明的唇形，微微上扬的嘴角，离奇的大耳朵，在正中额部、两侧部均有长方形穿孔。这样一个眼部突出的巨型面具，研究者会很自然地将其与蜀王蚕丛的形象联系起来。据《华阳国志·蜀志》说：“蜀侯蚕丛，其目纵，始称王，死作石棺，石椁，国人从之。故俗以为石棺椁为纵目人家也。”这段话的意思是说，此面具的制作是以夸张的手法塑造了蜀王蚕丛的形象，说明这个古蜀国的开国之王死后有着神一样的待遇，被人们敬畏和尊重。

图2-35　鸟爪形人像

图2-36　巨型青铜面具

三星堆出土青铜立人像（见图2-37）1件，通高2.62米，约重180

千克，真人高低相仿。该铜像与上述的人物面具相似，同样是浓眉大眼、高鼻阔嘴，但未刻眼珠，只用黑彩绘出瞳孔。他头戴高冠，双手举于胸前，呈持物状，身穿华丽的左衽长衣，赤足。对此人像的身份认定，学术界尚不一致，或认为是蜀王，或以为是巫师，或以为兼而有之。[①] 三星堆还出土了比例近似的数十件铜人头像，或戴冠，或露发辫，或平顶，或秃顶，还有的脸部戴金面罩[②]。部分可见彩绘，尚残留深蓝色的眉和眼眶、宽而长的朱唇。个个是浓眉大眼、大耳，神情肃穆。头像颈下中空，原当插于木质或其他质料的柱、柄之上，由此说明这些原本都是陈设于庙堂之上的神像。

三星堆2号坑还出土了青铜神树2株（见图2-38）。一株残高3.9米，枝分3层，每层3枝。树下有圆形底座，树干挺直，上爬一条头向下而尾朝上的龙，枝上各立一鸟，树上还挂有被研究者认为是文献记载的扶桑或若木的象征：铜铃、铜花、铜贝、金叶等物[③]。比如，《山海经·海外东经》就记载了扶桑的形状："有大木，九日居下枝，一日居上枝"，"柱三百里，其叶如芥……一日方至，一日方出，皆载于乌"。《淮南子·坠形训》说若木是"赤树，青叶赤华"，"末有十日，其华照下地"。扶桑在长沙马王堆汉墓帛画中的神话画像里也出现过。帛画右上角树枝柔蔓的扶桑，间有或隐或现的小太阳，顶上则有一个内栖金乌的大太阳，树间缠绕巨龙一条。三星堆的扶桑竟会与相隔千里、时差1000多年的长沙马王堆汉墓帛画中的如此相似，真是让人费解。那么这些扶桑或若木有何用呢？考古学家研究认为，它就是古代巫师通天的工具或阶梯，即沟通天地的媒介。

三星堆的这些青铜器及其纹饰同神秘诡异的兽面纹一样，具有帮助巫师沟通天地的重要作用。三星堆窖藏坑的这些造像展示了一个神的世界，说明当时的青铜冶铸业已经比较发达，其艺术造诣及人们的观赏能力已上升到了很高的水平。

---

①② 牛世山：《中国古代青铜文化》，四川人民出版社2004年版。

③ 张正明、邵学海：《长江流域古代美术——青铜器》（下），湖北教育出版社2002年版。

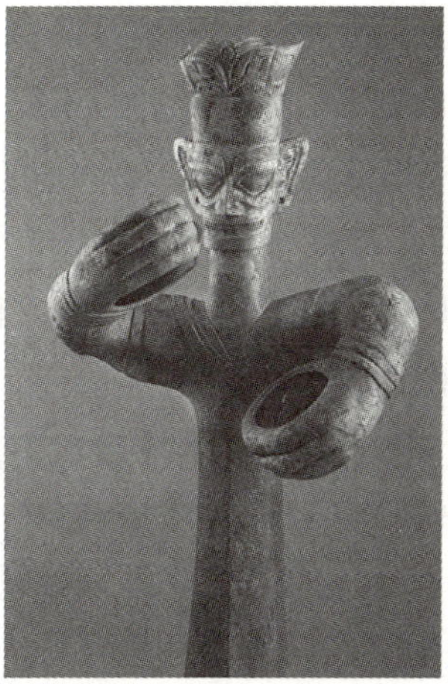

图 2-37　青铜立人像

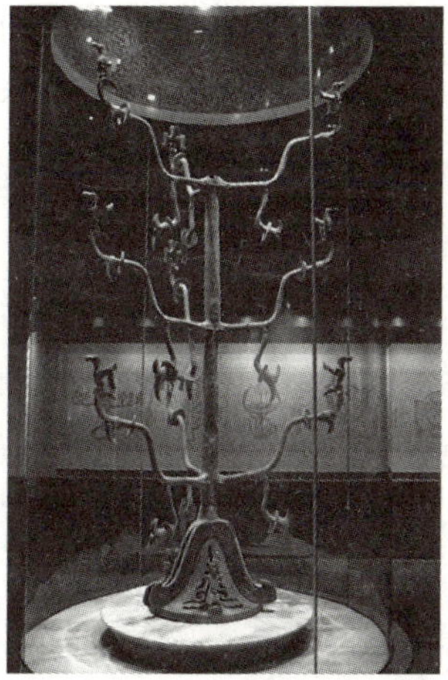

图 2-38　青铜神树

巴蜀是个尚武的民族，其兵器形制及纹饰，早期与中原流行的基本一致。至春秋时期，巴蜀兵器逐渐有了自己的演变脉络。在纹饰方面，除去象形符号，动物纹十分丰富，主要有虎纹、夔龙纹、兽面纹、鸟纹、蝉纹、人形纹、云雷纹等，还有蛇纹、蛙纹、蚕纹、虺纹、鹿纹等，纹饰或浅刻，或浮雕，形象鲜明，铸造精良，其中戈上，虎纹、夔龙纹、兽面纹往往被夸大头部，缩小身躯，使怒吼的神态或噬物的神情具有视觉上的冲击力①。

云南区域出土的青铜，具有浓厚的地方色彩和独特的民族风格，是我国青铜文化中一枝绚丽夺目的花朵。从出土青铜器的器形、纹饰及其所反映的社会内容诸方面分析，滇池地区已可构成一个青铜文化类型，我们称为“滇文化类型”，或简称“滇文化”，其时代大约从春秋晚期一直延续到东汉初期。② 云南地区出土文物的青铜器，概略统计，有 6000 余件。这些青铜器反映了云南古代社会生活的各个方面，广泛应用于农业、手工业、战争、祭祀、生活诸方面。

云南青铜器纹饰与中原一样，动物题材被广泛地应用，但这些动物具

① 王人道：《滇池地区的青铜文化》，载《云南青铜器论丛》，文物出版社 1981 年版。

② 李伟卿：《云南古代的铜铸艺术》，载《云南青铜器论丛》，文物出版社 1981 年版。

有明显的地域特色，如青铜孔雀（见图 2-39）、牛、虎、豹、鹿熊、狼、白鹭、水鬼、雄鸡等。其中牛和孔雀是最常见的素材之一。因为牛是奴隶主的主要动产，而且还充当过交换媒介，所以常被当作富贵的象征，也是衡量财富的标志。而“滇”人对孔雀有一种特殊的信仰，认为孔雀是吉祥的象征。“滇”人对虎也有一种特殊的信仰，不仅青铜器上多铸虎纹，贮贝器耳多铸虎形，而且在人物活动场面中也有虎的形象。其装饰手法不拘泥于对象的相似，往往省略了细节，而突出主要特征。如牛就夸张它的巨角和隆脊等，从而取得了形神兼备的效果。孔雀在不同的作者、不同的工艺、不同的器形中，分别采取了不同的艺术手法。

云南青铜器纹饰中的几何纹样，民族色彩非常鲜明。[①] 早期以弦纹、绳辫纹、云雷纹和网纹为主，后又有点线、锯齿纹、圆涡纹、栉纹、掏纹，还有模拟藤编工艺的复杂而秀丽的藤编花纹等。其中，有着多种变体的云雷纹，使用范围最广，也最有地方特色。除了几何纹饰外，还盛行雕塑艺术，而且完全是写实的，具有风俗画的性质。与中原地区高度的图案化、抽象化的青铜器纹饰不同。

“滇”人在青铜器上的装饰工艺方面也有独到之处。从造型来看，器物上附饰的立体人物和动物形象形态逼真、比例准确，器物本身也具有端正、对称的外形。从花纹来看，无论是几何纹饰还是写实性人物、动物图像，都刻铸得非常精细，且布局适当，无杂乱之感。特别是有些青铜器上，还要鎏金、错金、镀锡或镶嵌玉石，光彩夺目，令人叹羡。鎏金、错金的大多是一些铜饰牌。人物活动场面中主要人物如战争中的主将、监督奴隶纺织的女奴隶主也遍身鎏金，以显示他们的与众不同。经过镀锡处理的是部分兵器和器皿，既可美观，又可防止锈蚀。镶嵌玉石的是一些铜饰牌，将软玉、玛瑙、绿松石等雕琢成管状、珠状或片状，按其天然色彩不同相间排列，组成精美悦目的图案——圆形镶玉石铜牌饰（见图 2-40）。

① 刘敦愿：《谈谈中国古代青铜器艺术中的牛的纹样问题》，《考古与文物》1984 年第 4 期。

图 2-39 青铜孔雀

图 2-40 铜牌饰

铜鼓是我国南方特有的珍贵历史文物。在我国西南地区，铜鼓的地位与中原古代把钟鼎彝器看作“重器”“神器”一样，2000 余年来备受尊崇。[①]云南共出土铜鼓件，连同以铜鼓改作他用者 5 件，合计 48 件。[②] 云南铜鼓的“标准器”有晋宁鼓、祥云鼓、西盟鼓、江川鼓、贵县鼓、灵山鼓、西林鼓等。在这些铜鼓上饰以几何花纹，其中以三角齿纹、同心圆纹、切线圆圈纹、波浪纹、花瓣纹、栉纹等最为常见。云南铜鼓上的纹饰布局合理，主次结合，丰富多彩，具有强烈的艺术感染力，表现出独特的艺术风格。

四、西北地区的青铜艺术

在甘肃、青海和内蒙古等地也发现了商周时期的青铜器。这里多次出土商代铜器，风格和殷墟铜器相似，但也有明显的地方特色。其中，铜兵器如戈、剑、矛、戟对中原青铜文化的影响极大。

甘、青地区的青铜文化遗存有辛店文化、寺洼文化、四坝文化和沙井文化。寺洼文化最初发现于临洮寺洼山，主要分布于洮河、径河、白龙河流域，文化面貌与辛店有别。发现的铜器主要有兵器戈等，形式与殷周兵器相同，文化年代相当于西周早期。我国古兵器研究领域中，最热门的恐

① 李伟卿：《云南出土铜鼓源流考略》，载《云南青铜器论丛》，文物出版社 1981 年版。
② 孙英民、李友谋：《中国考古学通论》，河南大学出版社 1990 年版。

怕就是对剑的关注了。关注的切入点是我国古代剑的起源。《说文》曰："剑，人所带兵也，从刀，佥声。"这是一种随身佩带用于近距离格斗的武器。

辛店文化首次发现于临洮县辛店遗址。该文化主要分布于洮河、大夏河和徨水流域，发现的青铜器有铜矛、锥、刀、削、凿、匕、铃等，也有容器残片，还发现有粘铜渣的炼炉残片，这说明铜器属当地产品。据测定，辛店文化年代距今约 3000 年，相当于西周早期①。广河县出土的一件青铜匕（见图 2-41），长 14.3 厘米，宽 2.2 厘米。匕身呈长舌状，下端为圆弧形，手握处渐收分变窄，无明显的柄部，背面有桥形钮。匕首为一圆形浮雕人面双目圆睁，两耳外耸一耳断缺，鼻梁高直贯额伸至发际，厚唇凸出而微张。轮廓分明，表情神秘。②匕为古代习用的一种食器，兼有后世匙子和刀子的功用。青铜匕后来沿着割、刺功能两个方向发展强化，演变为短刀类武器加长匕柄并将前端扩凹为桃形，成为专用食器勺。早期的青铜匕仿自骨匕，故为平直的扁条形，匕身与柄没有明显的界线，此匕即为早期青铜匕的代表性器形。匕形虽然简朴，但以浮雕人面像装饰匕首，却是一种奇妙的设计。

1983 年出土于庄浪县水洛乡川口柳家村的一柄寺洼文化铃首短剑，通长 24 厘米，腊长 12.5 厘米，茎长 8 厘米，宽 2.5 厘米。剑身呈柳叶形，突起棱脊。扁茎为长枣核形，中部镂四孔，最中间两孔较大，略作长方形。腊茎间向前斜出两齿如翼，剑首镂空为六格圆铃，中有铜丸。全剑一次铸成，造型规整，保存完好，至今血槽分明，剑刃平直锋利③。

四坝文化因 1956 年首先发现于山丹县的四坝滩而得名。主要分布于河西走廊的中西部地区，东起武威一带，西面直入新疆哈密盆地，北涉黑河下游，南及疏勒河中上游④。四坝文化的青铜制作，是马家窑文化、齐家文化青铜制作的直接继承和发展⑤。四坝文化青铜器最著名的代表作是四羊首权杖饰（见图 2-42）。高 8.5 厘米，宽 7.2 厘米。呈罐形，有圆梁以

①② 祝中熹、李永平：《青铜器》，敦煌文艺出版社 2004 年版。

③ 祝中熹、李永平：《青铜器》，敦煌文艺出版社 2004 年版，第 14 页。

④⑤ 祝中熹、李永平：《青铜器》，敦煌文艺出版社 2004 年版，第 12 页。

纳柄。中部四面饰对称的四只圆雕羊首，双角下弯，形象生动。从羊首方向判断，这应是权杖下端的饰物，旧称“杖首”欠妥，似应称杖柄饰。羊首系用复合模具分铸，镶嵌于杖饰主体而成。这是迄今所知我国时代最早的青铜镶嵌铸品①。

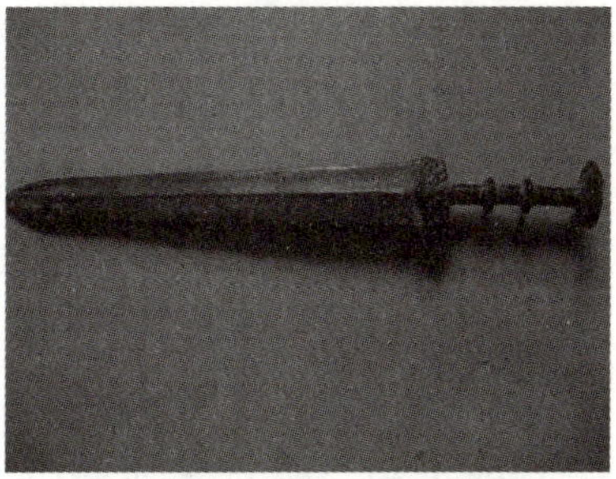

图 2-41　青铜匕

图 2-42　四羊首权杖饰

四坝文化的青铜短刀则与二里头早期遗存出土的铜刀形制相同，这说明和中原文化也存在着某种联系。出土于民乐县的一件青铜戚，纵 15.2 厘米，横 6.8 厘米，厚 2.2 厘米。器身狭长，基部略宽，渐收分至刃部，刃呈弧形。中部起长三角形棱脊，基部连管式銎，銎背有窄条形突起如内。二里头文化已有青铜戚出土，戚身也为长舌状，但无銎。此戚是目前所知我国最早的有銎戚，应为后来商周时代斧类兵器的祖型②。

沙井文化发现于甘肃民勤沙井，主要分布于河西走廊一带。文化遗存了铜刀、链、铃扣及鹰头形、鹿形、犬形、铲形、轮形、连珠形等铜饰件，明显带有北方草原文化的风格，不同于其他文化。

永登县树坪乡榆树沟村出土的青铜卧犬纹饰件，高 9.1 厘米，宽 4.5 厘米。上部为镂空的云头状图案，下部为正圆形，以圆周为轮廓浮雕犬纹。犬身硕壮，作首尾相接式的蜷卧，躯体恰将圆面占满，只在颌下及足腹间镂有三处小空，使浮雕显得丰满而不呆滞。背面内凹，下方为桥形

① 祝中熹、李永平：《青铜器》，敦煌文艺出版社 2004 年版，第 11 页。
② 祝中熹、李永平：《青铜器》，敦煌文艺出版社 2004 年版，第 19 页。

钮。沙井文化居民以畜牧业为主要经济形态，而犬历来是畜牧民族忠实的伴侣，人们对犬怀有极深的感情，故以犬的形象作为铜饰的母题，是很自然的事。此种饰件同地出土了23枚，当为一种多枚相连的串饰。

图2-43　首权杖饰

同地出土的还有4件首权杖饰，其中的一件（见图2-43），高5.5厘米，宽5.2厘米。设计者以极其夸张的艺术手法塑造了雄鹰的头部形象，特别突出了圆睁的巨目和硕大的弯喙，着力表现了鹰的锐敏视觉和攻啄习性。勾云状耳与鳞形羽瓣则线条简练，不作精镂细雕。以鹰颈为圆梁，上细下粗，略呈喇叭口状，梁两侧又有对称的小方孔，采用梁、穿结合的固柄方式。造型生动且富有情趣，轮廓圆浑却不失力度，个性鲜明，铸工精巧。悠久的岁月未能销蚀雄鹰桀骜的气质神态，而斑斓的锈色反倒给它增添了新的艺术魅力，是古代西北地域性青铜文化中难得的佳作①。

商代早期已有钺，最初的钺多为素面，后来纹饰渐兴。商钺一般无梁，靠内和穿固柄。商后期至西周早期，钺的数量剧增，并出现了一些造型与纹饰均较奇特的异形锁，有銎钺也开始多起来。出土于崇信县于家湾的一件有梁钺，高20厘米，宽9.5厘米。形援呈梳背状，两端内弯如钩。援基整齐排列等距的7个正圆形孔，孔沿凸起。援背为椭圆形管状銎，銎前后两侧各有等距排列的7个横长方形穿孔，恰与援基的7个圆孔相对应，美观大方，极具装饰效果。

銎背正中有一菌状钮，可能是用以系结饰物的。此钺应为商后期或西周早期器，但其形制与商周方内钺截然不同，颇有北方草原青铜文化的特

① 田广金、郭素全：《鄂尔多斯式青铜器》，文物出版社1986年版。

色。管銎类斧钺本来就不是中原青铜文化的产物，这种多孔管梁锁，在中原地区极为少见，商周管梁武器是在草原青铜文化影响下才逐渐流行的。

五、北方鄂尔多斯地区的青铜艺术

鄂尔多斯青铜文化分布于北到内蒙古鄂尔多斯草原，南至陕西关中平原北缘，是具有北方草原文化特色的青铜文化，不仅与东北地区和西伯利亚地区诸文化有一定联系，由于地近中原，与商文化也有很多联系。

在器形上，作为铜礼器的鼎、觚、爵、卣、罍、斝、觯、尊、鬲、甗、鸽卣、盘以及双翼铜链、匕等武器和工具，这些都是安阳殷墟商文化的常见器类，造型几乎与安阳殷墟的同类器物相同。其中铸有铭文尤其是族徽铭文的铜器与安阳殷墟及其他商文化遗址所出土的几乎完全一样，而且后者中数量更多。研究认为，以这些族徽铭文为代表的族属是商王的臣属，此类器物出现在当地，令人深思。

在纹饰上，鄂尔多斯青铜纹饰以动物纹为主。其中，以鸟纹和兽头纹最多，其他动物纹还有鹿纹、龙纹、羊纹（见图 2-44）、蛇纹等。其纹饰的发展顶峰期在春秋时期。

鸟纹是鄂尔多斯青铜动物纹的重要母题之一，大体可以分为两种表现形式：一是写实的，表现鸟的整体和头部，这种大多装饰在兵器、工具和装饰品上，如青铜短刀和青铜刀的柄部以及竿头饰件和冠饰之上，写实性的鸟纹以圆雕的手法为主。二是图案化的鸟纹，主要表现在头部，在鄂尔多斯和毛庆沟均有出土。有的除喙、眼清晰可见外，身躯很难辨认，有的由数个鸟头组成一个图案，其鸟身由涡状纹表示，这种鸟纹多装饰在箱饰上（见图 2-45）①。兽头纹也可以分为两种形式，凡装饰在兵器、工具和其他器物的柄首和顶部者，大多为圆雕。如抄道沟、白浮村和鄂尔多斯等地出土的青铜短剑、铜刀上和饰针等凡是以个体出现的兽头纹，多为浮雕。如在桃红巴拉、毛庆沟和鄂尔多斯发现的小件兽头纹饰，有的有耳，

① 田广金、郭素全：《鄂尔多斯式青铜器》，文物出版社 1986 年版。

有的无耳，多以圆孔表示眼睛，仅具象征性，难以辨认出动物种类。[①]

图 2-44　鄂尔多斯青铜纹饰

图 2-45　鄂尔多斯青铜纹饰

图 2-46　卧牛钮蹄足鼎

最有意思的是那些似商式又非商式的青铜器及纹饰。如 1988 年太原市金胜村赵卿墓出土的卧牛钮蹄足鼎（见图 2-46），属春秋时期，高 11.3 厘米，耳间距 14.5 厘米。覆钵形盖，正中有环形钮，钮中有一圆环，为捉手。周围置有等距三头立雕卧牛，牛头前昂，角、耳、鼻、眼清晰，躺卧在地，悠闲自在。鼎体弇口，唇内敛，方形耳，腹壁微鼓，平底，三蹄足，足微外撇，空心。盖鼎环钮和圆环饰绹索纹，牛身饰锥刺纹，似牛毛，正中心饰涡纹和三角回纹。盖和鼎身饰宽窄两周“C”形蟠螭纹带。蟠螭头带角，身相互纠缠，十分紧密。蟠螭身饰三条平行线。鼎身正面线刻“S”纹，侧面饰勾云纹。鼎腹部在两组纹样中用凸弦纹为界纹，足根线刻兽面纹，但形制异于典型的商式铜鼎。保德林遮峪的带铃豆，浅盘，高圈足，圈足上有“十”字形镂孔，圈足内带铃，外形近于安阳殷墟商文化的陶豆，殷墟尚

① 田广金、郭素全：《鄂尔多斯式青铜器》，文物出版社 1986 年版。

未发现铜豆。清涧解家沟和石楼桃花者的直棱纹簋，形制、花纹均与安阳殷墟有别。桃花者的三足盘，浅腹，三高足，殷墟不见此种盘。桃花者的铜卣，形似商式扁壶，但有提梁。这些青铜器依商式青铜器原形仿制并有所改进，大概是在本地铸造的。① 本地这些商式、仿商式的青铜器的发现绝非偶然，是本地青铜文化逐渐走出中原的影子、自由生长的结果。

第二节　中原青铜文化对周边地域的传播与影响

夏商周青铜文化成为中国古代青铜文化的中心不是偶然的，这不仅因为其所在地的中原青铜文化起源较早、发展较快、水平最高，还因为夏商周王朝的更替没有割断原有的文化传统，又不断注入新的活力，推进到新的水平，使中原青铜文化对其他青铜文化具有强大的凝聚力，其他青铜文化对中原青铜文化才有强烈的向心力。中原青铜文化在其自身发展的过程中，与周边地区的青铜文化保持着文化交往关系。一方面，给予这些地区的青铜文化以影响，另一方面，也不断吸收这些地区的先进因素以丰富自己的文化内涵②。

一、中原青铜艺术与周边地区艺术的交流

夏、商之际，随着商人灭夏，商文化迅速向四周扩展。据考古发现，早商文化的分布范围，东到山东中部，西达陕西西部，北至河北中部，南到长江沿岸。早商文化可分为五个地域类型，其中以河南省和河北省南部的郑州二里岗遗址和湖北盘龙城遗址为代表。二里岗主要是先商文化吸收融合部分夏文化发展而成的。盘龙城是一座镇抚南方的军事重镇，留下了

① 田广金、郭素全：《鄂尔多斯式青铜器》，文物出版社 1986 年版。
② 李伯谦：《中国青铜文化体系研究》，1998 年版。

像李家嘴这样有丰富随葬品的墓葬，出土铜鼎、觚、斝、盘、钺、玉戈等重器（见图2-47）。盘庚迁殷后，国家进入中兴时期，商王朝及其文化随之呈现扩张态势，对外影响增强。现在，通过对安阳殷墟卜辞和考古发现的综合研究，使我们对商文化的扩张、影响及其与周邻文化的互动关系有了更为深入的认识。

图2-47　盘龙城遗址青铜器

从考古发现看，在东方，商文化已越过泰山，逼近潍河一线，此前这里是以岳石文化为代表的东方夷人的腹心地区，随着商的东进，岳石文化及其后继者退居山东半岛。据统计，山东商文化遗址和墓地已发现多处，经发掘的有益都苏埠屯、菏泽的安丘堌堆、藤县前掌大、邹县南关、泗水尹家城、济南大辛庄、桓台史家、寿光古城等余处，通过这些众多遗址的研究，可知商人经略东方的大体情况。

据有关发现，山东地区的很多商文化遗址延续时间都较长。如济南大辛庄遗址面积达上万平方米，时代从早商的郑州二里岗时期延续到晚商时期的安阳殷墟三期，还有一些遗址的时代偏晚，延续到商末、西周早期。这些情况说明商人通过长期经营，在东方建立了比较稳定的统治，这还可通过当地发现的晚商时期的重要遗址及其现象来说明。

山东益都苏埠屯，向东不远就是潍河，这里在晚商时期已是商王朝东方边境地带。当地发现一处墓地，清理出大墓座、中型墓座和车马坑座。1 号大墓相当于安阳殷墟四期，是一座有墓道的大型墓，出土了鼎、斝、钺等铜器。最为引人注目的是两件大型铜钺，钺身透雕人面纹，阴森恐怖，其中一件两面铸有“亚丑”族徽铭文（见图 2-48）。大墓形制、规模、墓中使用的殉人和人牲等现象与安阳西北冈的商王陵墓无别，研究认为这是商的诸侯墓葬。在南方的安徽江淮地区，夏代时当地有斗鸡台文化。自早商开始，这里的文化风格陡然变为商文化，遗址出土的文化遗物与典型商文化风格无别，一些遗址晚到安阳殷墟三、四期，说明这里长期为商人的势力范围。当地出土了不少精美的青铜礼器，阜南润河出土的龙虎尊（见图 2-49），以立雕的龙和虎衔人为饰，颇具艺术感染力。湖南省出土的晚商青铜器，在制作、纹饰、造型方面，较中原青铜器毫不逊色。安徽屯溪所出的青铜器，也有一些奇异花纹，如一件铜簋编织纹，很像南方的竹编器，这在中原地区是看不到的。[①] 这些都是中原青铜器传播到当地，与当地民族文化相结合的结果。吴城文化是受到商文化强烈影响并吸收融合了部分商文化因素的一支青铜文化。其第一期相当于郑州二里岗上层商代早期，第二、第三期相当于殷商晚期。

① 李伯谦：《中国青铜文化结构体系研究》，科学出版社 1998 年版第 123 页。

图 2-48　钺身透雕人面纹

图 2-49　龙虎尊

在西方，同江汉地区一样，商文化很早就进入了陕西关中，并留下了西安老牛坡、铜川三里河、耀县北村、扶风壹家堡、岐山京当、王家咀等遗存①。但安阳殷墟二期以后，商文化很快退缩，出现的真空被以先周文化为代表的本土文化填补。在四川省有巴蜀文化的青铜器，这也是一种在中原文化影响下的少数民族文化。巴蜀文化的青铜器有独特的花纹，也有独特的器种。如高达两米多的大型青铜立人像和众多的青铜面具等，不仅使人看到了商代晚期蜀人高超的青铜工艺水平，而且显示了其与众不同的文化特色。

在北方，早在夏代，先商文化的影响已达河北保定地区，如下岳各庄文化中有相当数量的先商文化风格的器物。河北藁城台西遗址的发现说明，早商文化已达河北中部，定州北庄子的商墓显示，这里的晚商文化已比较繁荣。北京平谷刘家河、河北卢龙县东闸各庄出土的商式青铜器显示，这些文化也受到商文化的很大影响。内蒙古西拉木伦河畔克什克腾旗的天宝同，所出土的一件商代铜甗，其形制、纹饰与殷墟出土的相近似。由于商朝在北方有深远的势力，北方草原游牧民族青铜器的若干因素也影

① 牛世山：《中国古代青铜文化》，四川人民出版社 2004 年版。

响了商人的青铜器。如有銎的板状铜斧，兽首柄的铜匕、铜削，都可以在殷墟出土品中看到。

综合商文化的演进发展看出，以商人灭夏为契机，商文化迅速向四周推进，呈现强大的进攻态势。商文化在传播的过程中会不断与所迁徙地的地方文化融合，其文化内涵可能在不断的融合中逐渐为当地文化所替代，从而在新的基础上产生新的文化。

但进入晚商，商文化的分布地域并无大的拓展，在安阳殷墟一、二期即武丁前后，商文化的分布大体维持早商以来形成的格局，而安阳殷墟二期偏晚即武丁死后，形势发生了很大变化，很多地区商文化的地域迅速内缩，周边文化随之兴起。

二、中原青铜艺术对周边地域艺术的辐射性影响

河南地处中原，是中国古代青铜文明起源与发展的中心地区，是青铜艺术的"大宗"。新中国成立后，发现了大量的商周遗址和墓葬，出土了大批丰富多彩的商周青铜器。这些青铜器纹饰被打上了浓重的中原青铜文化烙印，代表了中国古代青铜器的"主流纹饰"。中原青铜纹饰以抽象化、神秘化的兽面纹为主，龙纹、凤鸟纹、云雷纹也是常见的纹饰，这些纹饰在其他地区的青铜纹饰上也广泛出现，其形式大多与中原形式相同或相近。一些被认为具有地方特色的明显是本地铸造的器物，如果隐去出土地点，也几乎无法与中原器确凿地区分开。

在南方，尽管人们公认江西新干商代大墓出土的青铜器整体风格地方特色浓郁，但主要器物显示的仍是中原特色，如大方鼎，形制、工艺、带状花纹都像河南郑州二里岗上层的器物，从细部看，两地的同类器口沿均有两个圆拱形外槽，槽内加凸棱纹立耳，均斗形方腹平底，柱形足，中间有兽面纹带及两侧下部饰乳钉纹等。此外，两地出土的大型圆鼎（见图2-50）的形制花纹也以近似或相似为主①。饰大量兽面纹，其形式除鼻与目外，多

① 熊建华：《长江流域古代美术——青铜器》，湖北教育出版社2002年版。

衬饰云雷纹，与郑州二里岗上层的兽面纹虽有小异，但相同点更多，尤其是鼎等带足器的足表饰兽面纹的风格，几乎没有什么区别。

江苏靖江吴城文化遗址中，常见的青铜尊（见图2-51）和斝，均与河南商代的器物纹饰相同或相近。吴城文化中大量的铭文铜器，从文字的风格到内容，均与中原相似，发现的文字与符号已达140个，形式结构能从二里头、二里岗、殷墟等中原王朝之地找到渊源。商、西周时期的铭文器物一般风格划一，与中原器没有任何区别，这部分器物显然要么是中原南下的同时代工匠的作品，要么是本地工匠根据中原南下贵族的意旨铸造的。

图2-50 江西大型圆鼎

图2-51 吴城文化青铜尊

在西南方，常见于西周早中期的典型的螺旋状转尾动物纹即蜗身龙纹，也在四川出土的青铜器物上有充分的表现。从纹饰的表现方式看，与中原青铜器一样，早期一般没有地纹，而商代晚期到西周早期，有的器物上不仅有地纹，而且在浅浮雕等的装饰上还有装饰纹样，形成与中原同时代器物相似的三层花、复层花，纹饰繁复。① 另外，还有一类特征鲜明的纹饰，频繁地出现在南北各地的青铜器上，不管是中原特色浓厚的器物还

① 中国社会科学院考古研究所：《殷墟的发现与研究》，科学出版社1994年版。

是地方特色突出的作品。如被称为圆纹或火纹、圆涡纹等的纹样，在目前所见的被认为是夏代的器物上已经出现，河南郑州出土的商代早期的铜翠上继续流行，而长江北岸的盘龙城的同时代铜锁等器物上也采用。后来，这种纹饰往往与龙纹组合，有的学者就称其为“火龙纹”[①]。商代晚期到春秋时期的青铜器上，火纹或火龙纹十分流行，出土于长江流域的、很有地方特色的铜器上也大量见饰这种纹饰，而且在江湘一带的所谓越式鼎上一度成为装饰主题。

滇池地区的青铜文化是极富地方和民族特色的，但其发展仍受到汉文化的深刻影响。在汉武帝设置益州郡以前，滇文化受汉文化的影响还不大，出土的器物主要体现了地方特点，但也有汉文化的因素。我们看到，在湖南宁乡黄材所出商代晚期的玉环、玉玦与滇文化墓葬中常见的玉镯内沿有唇边的一种玉耳环完全一致。湖北铜绿山古矿遗址所出春秋晚期的铜斧（见图 2-52）[②] 与滇文化墓中所出方銎铜斧相近，滇文化中的戈及一些器物上装饰的云雷纹也显示了商周青铜文化的影响。这些大概是当时通过交通贸易的渠道辗转影响的结果。秦汉之际，滇文化和汉文化的联系，文献上曾有明确记载，《史记・货殖列传》曰：“秦破赵，迁卓氏……致之临邛，大喜，即铁山鼓铸，运筹策，倾滇、蜀之民。”《汉书・地理志》云：“巴、蜀、广汉本南夷，秦并以为郡，土地肥美……南贾滇，僰僮，西近邛、莋马旄牛。”商人把四川的铁器运销滇池区域，把滇池区域的奴隶贩入四川。另外，这一时期内地也有人口迁入，《史记》中记载的庄蹻入滇是最多的一次[③]。鄂尔多斯青铜器是我国北方地区的草原游牧民文化，由于地近中原，与中原地区文化也很密切。鄂尔多斯青铜器的早期遗物，在山西北部、陕西北部和河北北部经常有与商代青铜器伴出的情况，说明鄂尔多斯青铜器在商代就与中原文化有着密切的联系。而且，商代青铜器纹饰的风格在这些器物上也有明显的体现。

---

① 马承源：《商周青铜器纹饰综述》，载于上海博物馆青铜器研究组：《商周青铜器纹饰》，文物出版社 1984 年版。

② 石文：《湖北铜绿山春秋战国古矿井遗址石奴隶创造历史的光辉见证》，载《文物》1975 年第 2 期。

③ 《史记・西南夷列传》。

首先，工具中的铜斧等，器物造型与商代铜斧几乎完全一致，均为长条形兵器类的铜链，基本上是在中原早商时期铜链的基础上发展起来的。其次，从鄂尔多斯青铜纹饰看，早期出现的兽头纹、鸟纹，尤其是虎纹均与中原一致。这些纹饰有的后来消失了，有的逐渐变成了具有本地文化特征的纹饰（见图 2-53）。鄂尔多斯青铜器纹饰中最有特征的“S”形双鸟纹牌饰，可能就是中原地区流行的虺龙纹与鸟纹的结合形式。[①] 可以看出，中原周边各地区的青铜器纹饰具有浓厚的“中原影子”，“中原因素”既明显地反映在完全中原风格的器物上，又反映在有明显地域风格的器物上。这与中原强大的青铜文明、高超的青铜冶铸技术是分不开的。

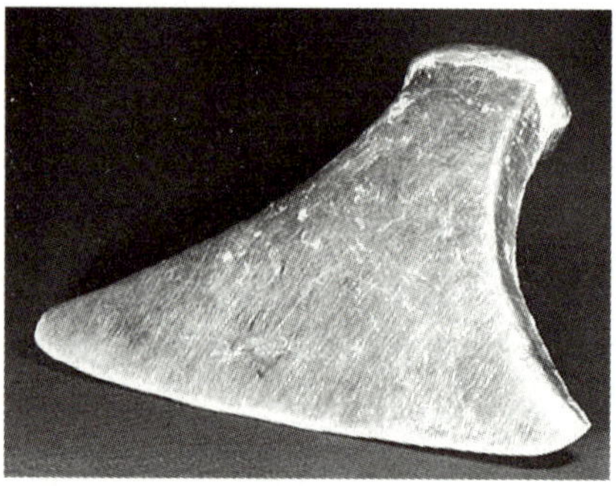

图 2-52　春秋铜斧

图 2-53　鄂尔多斯青铜鸟纹牌饰

第三节　周边地区艺术对中原青铜艺术强大的反作用力

随着商文化的发展及向周边的扩张，水平较高的商文化对周边乃至更远的文化渐次产生影响，并在商文化周边形成一些青铜文化的中心，这些

① 田广金、郭素全：《鄂尔多斯式青铜器》，文物出版社 1986 年版。

中心如长江下游的江西吴城文化、湖南沅湘流域青铜文化、四川盆地青铜文化以及鄂尔多斯青铜文化等。在这些文化中，商文化的影响通过各种形式尤其是青铜器表现出来，产生了一些商式特别是仿商式器物，这是周边文化吸取商文化先进成果的具体反映，从而也形成了以商文化为中心的更大的青铜文化圈。同时，周边青铜文化也反过来给商文化以不同程度的影响。文化间的这种互动关系，将中国青铜文化不断推向更高阶段。

《左传·宣公三年》有段很有名的周王孙满回答楚庄王的话，“昔夏之方有德也，远方图物，贡金九牧，铸鼎象物”，也就是说，夏代中原王朝在铸鼎时，参考了边远地区提供的资料，使用了边远地区进献的青铜。无疑，中原地区一开始大规模地铸造青铜器，艺术对象便十分广泛，就与边远地区有紧密的联系。夏代中原王朝出土的器物也不能排除有来自远方所贡之物的可能，事实上正是这样。

簋是西周确定等级身份的标志性青铜器，铸造复杂、纹饰精美。城固有一件铜簋，耳上的兽头能明显看出是牛头，颈部及圈足饰斜角雷纹，腹部饰乳钉雷纹，乳钉雷纹的构图方式是在两个菱形雷纹的相交处设一乳钉，这种纹饰在殷墟中晚期的器物上十分流行，长江流域的同类纹饰比中原出现得早，谁影响谁，不言而喻。

南方的青铜乐器对中原青铜器铸造形成了极大的影响。从大铙的演变规律，可以明显看到大铙向角钟演变的轨迹。而另一种东周广泛使用的乐器青铜镈，也最先出现在南方地区。“钟鸣鼎食”是三代以后王室贵胄奢华的生活方式，这种生活方式对古代政治文化产生了深刻影响。1978 年，湖北随县曾侯乙大墓出土的编钟，总数为 64 件，总重量达 2500 公斤，被誉为古代世界的“第八大奇迹”。

第三章

先秦青铜艺术的形态之美

青铜器的出现和发展，是继新石器时代彩陶之后，我国文化发展史上的第二个高潮。特别是商周时期的青铜艺术，品类齐全，纹饰精美，工艺高超，世所罕见。春秋战国时期，所普遍使用的金银错、镶嵌、鎏金等工艺，使青铜艺术更加光彩夺目。

第一节　青铜器物的纹饰之美

一、纹饰概说

（一）装饰纹样的出现和发展

自夏商周时，“纹”的观念和意识开始生成和发展起来，并向着艺术性的表现方向发展，人在这一过程中能体验到人对于这类纹象创造的主体性意义，在这种意识的基础上，对纹的勾画和创作成为人的一项自觉的、有意识的活动，“纹”的形式表达成为人在语言之外的又一表述语言，并标志着人能有意识地运用这种表达方式去勾画图形来传情达意，在这一历史进程中，表达对象的方式逐渐成熟起来，而“纹”的艺术诸如纹样、图式符号也在这一过程中逐步产生。考古表明人类有意识地刻画线一类的符号已有几十万年的历史，在德国哈勒地区曾出土了一件35

万年前的刻有平行或交叉线条的兽骨，在我国北京猿人的遗址中也发现用于刻画的雕刻器，这种发生于上万年甚至几十万年前的可称为有意识的“纹化”活动的刻画线纹，标志着原始先民们一定的思维能力与构形能力。

李砚祖教授认为，纹样最初的表述形式是建立在对自然物象摹写的基础上的，后又逐步异化为具有神性的各种符号，都出于一个共同的动机和目的，即人对于自身生存的保佑和祝福，是生存努力的一种形式，在远古先民的卜兆行为中表现出的对“纹”的迷信崇拜心理和特殊观念感情，成为其后蕴藏在一切装饰纹样中的生命生存意识。原始先民在陶器、工具、用具等物上刻画符号和绘制纹饰，都是带着对“纹”的迷信，带着对兆纹吉相的信任和希望而精心刻画的。他们相信，有纹样装饰的器物具有神性，纹样装饰在这里成了生存的保证和象征，具有生命生存的意义，也正是在这种观念意识的支配下，人们能够克服无数困难，热心于物的装饰，把纹样绘满全身，这绝不是为了美观，而是为了与生存相关的神圣目的，这是装饰的根本动机，在这一本原性的基础上，淡化其宗教神秘性而将生命保障的形式世俗化、表象化的结果。先秦时期的青铜器纹样最初始于人对装饰的喜好。青铜器最初是一种实用的工具，现已发现的最早的青铜器大多纹饰简洁，没有后期所特有的宗教气氛，显然更多的只是承袭原始彩陶时期的对器物装饰美化的传统。到商及周前期，社会发生了较大的变化，思想文化领域宗教巫术极为浓厚，青铜器所扮演的角色也发生了变化，纹样出于祭祀、占卜目的，装饰纹样多充满神秘的宗教气氛，纹样程式化且具有一定的符号意义，具有较明确的社会功能。及至周晚期，装饰纹样的宗教性功能明显弱化，纹样装饰意味日显突出，纹样形式变化多样，内容不再以商代的饕餮为代表的动物纹样为主，代之以柔和而富于节奏和动感的窃曲纹，形式感很强。再到春秋战国时期，装饰纹样进一步形式化、表象化，美化和装饰的倾向非常突出，战国时期的镂金错彩、雕绘满眼的饰纹表现出明显的世俗化、装饰化特征。

1. 多元富丽的郑国青铜器的装饰纹样

春秋早期，郑器还基本采用西周晚期的盛行式样，多是满饰花纹，纹饰呈粗犷风格。大多是以粗线条如重环纹、垂鳞纹、窃曲纹和环带纹为主，器物装饰纹样线条较粗犷，其形状似龙形，应为龙纹的一种变形纹样。如太仆乡出土的江小仲母生鼎颈部纹饰为重环纹；两件附耳鼎颈部饰有窃曲纹环绕一周，其下饰垂鳞纹；出土的青铜甗腹部纹饰线条也较为粗犷，风格上和立耳大鼎、簠以及罍上的纹饰有着总体的一致性；另外，太仆乡出土的盘、匜及唐户 M9 的壶等均满饰纹饰，器形也基本是对西周晚期形式的继承和发展。

春秋中期郑器物的纹饰同造型一样或多或少也受到了周边地区的影响，呈现多元化风格，尤其受楚器纹饰的影响，由粗犷变得更加繁复细密，由前期的“C”字和“S”字形的粗疏蟠虺纹演变成较多的方形单位，逐渐形成一种华丽的纹饰风格。在新郑出土的很多铜器上，器物不同部位的纹饰都采用这种繁复细密的蟠螭纹方形单位排列而成，比如在牢鼎（见图 3-1）的颈部、耳部、胸部（见图 3-2）就装饰此纹样。

图 3-1　牢鼎

图 3-2　牢鼎颈部、胸部、腹部

后期郑器在纹饰上延用蟠螭纹的同时，蟠虺纹也有所发展，郑器纹饰则与西周青铜器的重视铭文的习性有所不同，不仅出现了大面积细密的蟠螭纹，并且在这个时期鸟纹纹饰、兽面纹纹饰、兽耳饰、兽形足造型也都普遍有了新的发展，形成一种富丽的纹样风格。“在处理这些形象之时，古代匠师总是选择其最具典型特征的一个角度，或从正面或从侧面去表现它们，并经过变形处理，使之构成适合纹饰，在形象创造过程中揉入了很多成分，例如，给象添加上角，赋予某种神性。”① 这一时期纹饰特征的发展为由前代铜器注重表现躯干的宏伟壮观逐渐演化成用其主体装饰物来表现器物整体形象的修长以达到委婉连绵的状态。这种纹饰的特征在新郑李家楼大墓出土的蟠虺方壶（见图 3-3）上有突出的体现。

图 3-3　新郑李家楼大墓蟠虺方壶

蟠虺方壶的壶盖上装饰有细密繁复的蟠螭纹镂空的雕饰，器物的外壁也饰有带状细密双“8”字蟠螭纹，方壶的颈部分为上、下两部分：上部和下部分别饰为山形的蟠虺纹和带状双钩凸线蟠虺纹，以蟠虺纹为主，上下都有部分的“C”字转尾虺纹作为搭配。方壶的胸上方用“十”字带划

① 李松、贺西林：《中国古代青铜器艺术》，陕西人民美术出版社 2002 年版。

分为左、右两部分呈盾形并装饰有双钩凸线的蟠虺纹纹饰，整个器物运用龙形为装饰物的部分很多，比如其颈部的左右两边都各饰有一个大型的龙耳饰，另外，在此方壶的足下前后两方都各有一伏龙装饰物，从这些虎形龙饰的装饰物中我们就可以看出本时期纹饰的这一特征。蟠虺方壶就是用由龙纹发展而来的用蛇状龙纹来表现其器物的一种委婉的整体风貌。另外，此墓中还出土了一种方壶，名叫蟠龙纹方壶或称鸟盖方壶，方壶上的龙形装饰形态均匀、龙身的比例相似，这些龙形装饰的龙背、龙首及蟠纹的方式都呈统一对称状。另外，一些小的装饰物构思也十分精巧，耐人寻味。比如，壶底左、右两侧下方的两个龙纹，其龙首极为巧妙地运用兽首和鸟首相结合的手法。据说这种鸟兽相组合的手法是受了外来因素的影响而发展成的。这些小细节都能很好地体现出当时郑器物的纹样装饰特征。方壶顶盖周围雕有莲瓣形的蟠龙纹纹饰，这在蟠龙纹方壶中是又一次鸟兽合体的纹饰，使整个方壶显得纤巧绮丽。

2. 繁缛华丽的楚器的装饰纹样

春秋初期，楚器“与中原地区青铜器的纹饰也没有什么两样”[①]。此时期楚器出现窃曲纹较多，并与中原同类型纹饰同为一种风格。窃曲纹是西周晚期盛行的一种装饰纹样，《吕氏春秋·适威篇》中曾描述窃曲纹“周鼎有窃曲，状甚长，上下皆曲”。容庚先生所著的《商周彝器通考》中按《吕氏春秋》之说，对窃曲纹进行了总结分类，列出了 15 种窃曲纹纹样，成为近代学者确认并研究窃曲纹的重要依据。容庚先生后来又在《殷周青铜器通论》中对窃曲纹进行了重新的整理归纳，只保留了其中的 3 种纹样，并认为“窃曲纹中多含有目形和兽角的形状，故知其从动物形状变化而来”。[②] 后来在《商周青铜器纹饰》中，马承源先生对这一观点又有了进一步的论述。楚国出现的窃曲纹纹样与西周晚期中原地区基本相同，春秋早期的楚嬴盘的腹部装饰了窃曲纹。枝江百里洲铜盘腹部的窃曲纹（见图 3-4）均为此形式，变化不大。再如南阳西关出土的 2 件铜壶，颈上部饰环带纹，下部为窃曲纹，颈两侧各有一兽头衔环，环饰窃曲纹，也与同阶段郑

---

① 张剑：《从淅川下寺楚墓谈对楚文化的认识》，《文物》1980 年第 10 期。

② 容庚、张维持：《殷周青铜器通论》，科学出版社 1958 年版。

器上的同类型纹饰为同一种简约质朴的风格。

春秋中期，楚器在装饰上以精致多变、纹路复杂的蟠螭纹为主，纹样风格繁缛，细小又密集的蟠绕龙纹成为本阶段郑器和楚器的代表纹饰。蟠绕龙纹由侧视龙身卷曲而成，由两条以上的龙相互缠绕组成一个单元，形成二方连续或四方连续的纹样。纹饰整体效果相对比较复杂。经过演变发展后成为了当时运用最多的一种装饰纹样，这是从春秋中期起南北各地最流行、最常见和最主要的一类纹样装饰，一般称为蟠螭纹，由于大多数的纹样龙口中伸出长舌，有学者名曰“吐舌蟠螭纹”，也有不吐舌的。蟠绕龙纹也包括我们所说的蟠螭纹。这里蟠螭纹所指的是蟠绕龙纹，包括有角的龙。因为龙相互缠绕，因此称为蟠绕龙纹。在楚墓淅川下寺 M7 墓中出土了装饰有蟠螭纹的青铜器（见图 3-5）。其中在铜匜上出现了三条龙相互缠绕的蟠绕龙纹。

图 3-4　百里洲铜盘腹部窃曲纹

图 3-5　淅川下寺 M7 出土的蟠螭纹

从图 3-5 中我们可以看出，此时的蟠螭纹中龙角已做了艺术化处理，形成圆卷云模式的龙角形状，龙身由三条较细的阳纹组成，并在其中加以刻纹。工艺制作精细，装饰纹样也比其他器物复杂。这一墓中还有另一种变形龙首的蟠绕龙纹（见图 3-6），纹路复杂精致，丝毫不失次序感。在淅川下寺 M8 的铜簋上也出现了蟠绕龙纹，有三条龙盘绕在一起，龙身较粗大，其中两条龙身躯是由四条阳线组成的；另一条龙身饰有卷纹，整个纹饰装饰饱满丰富。这种纹饰“立体感极强，既写实又抽象，亦幻亦真，凸显神秘的气质”。[①] 东周中后期的楚器中，纹样装饰繁缛，形成自成一家

① 田自秉：《中国工艺美术史》，东方出版社 1985 年版。

的华丽风格。除了继续沿用蟠绕龙纹、蟠虺纹、蟠蛇纹以及从西周时期夔龙纹演变而来的盘曲龙纹之外，还出现了一种独具特色的尖浮云龙纹纹饰，这类纹饰其实仍是蟠绕龙纹的一种，由于其立体装饰表现方式的不同，这里单独列出讨论说明。它是把蟠绕龙纹从平面的二维空间转移到一个三维立体空间里，平面与立体交错为纹，呈现出一种眼花缭乱的动态效果。这类龙纹通过或高或浅的浮雕形式，细密地分布在青铜器表面各部分，远观似斑点状，触之凹凸不平，并有棘手之感。在淅川下寺 M2 王孙诰甬钟（见图 3-7）上发现了最早的尖浮龙纹。通过以上青铜器物装饰纹样的发展演变，我们不难看出，此时的楚国正在经历着蓬勃发展、国力日益强盛的态势，亦反映出楚人丰富的想象力和精湛的青铜工艺水平。

图 3-6　淅川下寺 M7 出土的蟠绕龙纹

图 3-7　淅川下寺 M2　王孙诰甬钟

综上所述，春秋早期，处于长江流域的楚与北方的郑在青铜器物装饰风格上呈简约质朴作风，纹饰特征保持一致，基本相似；春秋中期后，纹饰有了新突破，新的装饰之风开始于楚出土的青铜纹饰，繁缛华丽的夸张纹样风格形成并在战国早期达到顶峰，影响南北各地区，处于中原地区的郑器纹饰上也在这种时代之风的影响下，出现富丽多元化的装饰风格，但总体来说，楚器纹饰比郑器更胜一筹。

（二）青铜纹饰的历史渊源

中国古代青铜器上的纹饰，始于夏代晚期，最早出现在容器上的是实心的连珠纹。二里头出土的两件兵器，一件戈的内部饰有仿玉器的齿缘形式，另一件戈饰有简单的动物变形纹。因为夏代晚期的青铜容器至今还发现得很少，纹饰的资料还不丰富，但从夏代晚期的陶器和玉器的装饰形式来看，是以动物组合为主的，与青铜兵器同墓出土的玉柄形器上已有多叠层的兽面纹装饰。而偃师二里头遗址出土的陶器上已有动物的头部和龙的浮雕。夏代晚期的青铜戈上已有变形动物纹出现（见图 3-8），动物纹是中国青铜器纹饰的主体，它们在青铜艺术中占有大约 1500 年的统治地位。可以说中国青铜器的纹饰从一开始就是以动物纹为主要内容的，而在中原地区青铜器上最早出现的动物都是以图案变形的式样来表现的。以线条表现的动物作为变形的纹饰，它的渊源还要更早。就纹样结构而言，可以追溯到遥远的石器时代。1965 年，在山东省日照两城镇龙山文化遗址中发现了刻画动物形纹的黑陶片，这种动物的目纹和早期青铜器上的目纹没什么两样，黑陶片上变形动物纹身上的横条勾曲形的刻线与商代早期动物纹的兽体线条非常相似。兽面纹的装饰不仅在龙山文化的陶器上有，龙山文化的玉器上也有。日照两城镇出土的玉斧正背的兽面纹，其形象较为完整，它的特点是，兽面的双目均有一个圆圈为重点，旁边围以多条抛物线状与眉部相连，成为两圈似蚌壳形的目框。但两个兽面的构图是不同的，一个有冠，一个没冠，在玉器上表现为两个有蚌壳状面颊的怪人头。同样的纹饰在良渚文化的玉器上，特别是玉器上极为流行。这种兽面纹饰通常表现为两类：一类是蚌壳框目的兽面，它的目框是多条的；另一类则是比较简单的构图，有一对圆圈小目，用一条短线表现内外眼角。良渚文化、龙山文化以及商代早期青铜器上的兽面纹，轮廓线不清楚，表现的形象也不知所指，其共同的特点都是具有变形的风格。还有比较复杂的兽面纹，其两侧都有鸟纹作为配置。兽面纹两侧配置鸟纹，商代早期青铜器虽然没有发现，但商代中期的青铜鼎、青铜大口尊上已发现多次。兽面纹这种构图特点的相似，大概也有其渊源关系。就形式而言，兽面纹代表哪些动物，反映了当时人们何种崇拜的内容，当然已无法准确推知，但有些纹饰就形式而言，在各种考古学文化中都有反映，与古代历史文化的融合和延续性是有一定联系的。例如，以龙为题材的商代青铜器的纹饰，是很主要的纹饰，它的图像在商代以前的文化中曾多次出现，如红山文化和龙山文化都有。1971 年，在内蒙古境内出土的玉龙（见图 3-9），卷体，吻部前伸，口紧闭，形象生动，属于红山文化，距今五六千年。山西省陶寺遗址中出土的龙山文化陶盘，盘内有一龙纹，龙的体躯上有鳞节，龙口吐出多刺状的舌条或信子。这类文物说明，至少在公元 2500 年前，龙的这类神话已经广为流传了。

图 3-8 虎纹

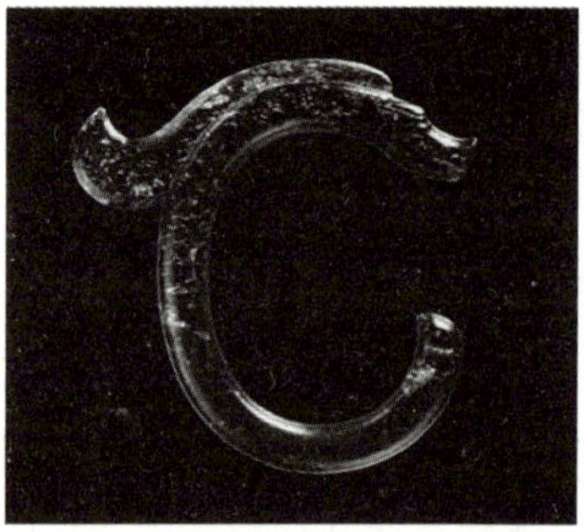

图 3-9 玉龙

商代青铜器上的兽面纹或者爬行龙纹的形象可追溯到荒古的时代，并且不止一种文化留有它的迹象。商代的这些纹饰是对它之前许多文化中这一模式的选择、融合、继承和发展而体现出的面貌。从考古实例看，它的主体脉络是存在的。这些事实表明早期青铜器的纹饰虽然是古代文明的产物及其重要表现，但它不是突然崛起的，而是吸收了远古时代各种新石器时代文化，经过长期融合、选择而产生的。

（三）先秦装饰纹样的类型

先秦青铜器的装饰纹样类型繁多，分类历来有多种说法，本书按其形态特征和表现内容分为动物纹样、植物纹样、自然景象纹样、几何纹样、人类社会生活纹样共五类。

1. 动物纹样

夏代考古发现的青铜器数量较少，其装饰纹样也较少，主要是在继承与发展新石器时代陶器彩绘纹样的基础上，根据当时人们的审美观点和习俗，在青铜器上装饰各种纹样。夏代动物纹样较少，目前只有兽面纹和乳钉纹两种。其中兽面纹均在青铜牌上，特点为有首无身，面部器官不完整。乳钉纹系代表兽目，其面部器官更不完备。

商代考古发现的青铜器装饰纹样繁复多变，而且非常注重与器皿造型相结合。这一时期青铜纹饰种类和数量多，题材也十分广泛，其中以动物纹样的数量为最多。在大多马首纹、羊首纹、象纹、犀纹、鸟纹、鸡纹、凤纹、蝉纹、龟纹、蛙纹、目纹中以兽面纹数量最多。这些纹样远远超过了前代的动物纹样，有许多动物纹样是青铜器上的主要纹饰，也有少数是作为烘托其他纹样的。在这一时期的同一种纹样中，也是变化多样的。如龙纹，有单体和双体之分，又有虎首、鸟首、兽首之别，还有尖角、之角之异，饰纹变化多样。同一种纹饰，因时代早晚，也有发展变化的。兽面纹的装饰纹样是非常复杂多变的，有的学者将它分成四种类型共 40 式，而且四种类型的早晚变化都是有规律可循的。其中第一种类型分 12 式，1 式只有一对代表兽面的乳钉（有的增加兽鼻或眼眶），兽面轮廓清晰，纹饰变化复杂多样。12 式为简化兽面纹，面部器官也不完备，它在殷末周初屡见不鲜。这一时期的同一种动物纹样，因地区不同也略有差异。

西周时期的许多青铜器皿上都装饰着动物纹样，而且形式多样，主要有兽面纹、龙纹、夔纹、牛纹、象纹、虎纹、狼纹、兔纹、兽纹、蝉纹、蛇纹、龟纹、鱼纹、凤纹、鸟纹、龙涡纹等，它们大多作为青铜器皿上的主要装饰纹样，只有极少数作为陪衬的纹样。以下是一些主要动物装饰纹样的简单介绍：

饕餮纹（见图 3-10）：青铜器常见纹饰，为一种图案化兽面。一般表现为横眉裂口，宽鼻瞪眼，形象怪异。有的双眉直立，有的眉作兽形，有的像正面的牛头形。构成多数以眉为中心，做成对称形。常饰于鼎的腹、腰部及口下。商、西周前期作为装饰主纹，多以云雷纹作底纹。西周后期逐渐失去主纹的地位，常用作器足或器耳的纹饰。

龙纹（见图3-11）：商周青铜器上的龙纹，基本形似蛇，作蟠曲状，有耳、无角、无足，龙身排列有两列规则鳞纹，常饰于尊、钟、鼎、彝，盛行于商及西周初期。属于龙纹的还有蟠龙纹、蛟龙纹、两尾龙纹等。

图3-10 饕餮纹

图3-11 龙纹

凤鸟纹（见图3-12）：青铜器上的凤纹，为羽毛丰丽的鸟形，鸟头上有上翘或下垂的羽冠。有的羽翼飘举，作飞翔状，也有的翼、尾皆作三重，冠向前绕。变化众多。鸟纹一般长翎垂尾，或长尾上卷，作前视或回首状。

图3-12 凤鸟纹

夔纹（见图3-13）：一说为龙纹、蜗身兽纹，图案表现是近似龙的动物。主要形态近似蛇，多为一角、一足、口张开、尾上卷，是雏形龙的侧面形。有的夔纹已发展为几何图形。常饰于盏、卣、瓤、尊等器皿的足、口的边上和腰部做装饰。

象纹（见图3-14）：一般长鼻、象牙表现明显，象身饰螺旋纹，四周填云雷纹。常作主纹应用。

虎纹（见图3-15）：一般构成侧面形两足，低首张嘴，尾上卷，也有以双虎做成适合纹样的。

蛇纹（见图3-16）：有三角形或圆三角形的头部，一对突出的大圆眼，体有鳞节，呈卷曲长条形，蛇的特征很明显，往往作为附饰缩得很小，有人认为是蚕纹。个别有作为主纹的，见于商代青铜器上。

图 3-13　夔纹

图 3-14　象纹

图 3-15　虎纹

图 3-16　蛇纹

鱼纹（见图 3-17）：商代的鱼纹，脊鳍和腹鳍多有两个，鱼的形状较为呆板。

蝉纹（见图 3-18）：蝉体大多作垂叶形三角状，腹有节状条纹，无足，近似蛹，四周填云雷纹；也有长形的蝉纹，有足，也有云雷纹作底纹。盛行于商末周初，主要装饰在鼎、爵的流上，少数瓤、个别盘上也饰有蝉纹。

蟠螭纹（见图 3-19）：图案表现为一种没有角的龙，张口、卷尾、屈身。有的作二方连续排列，有的构成四方连续纹样，一般都作主纹应用，盛行于春秋战国年代。

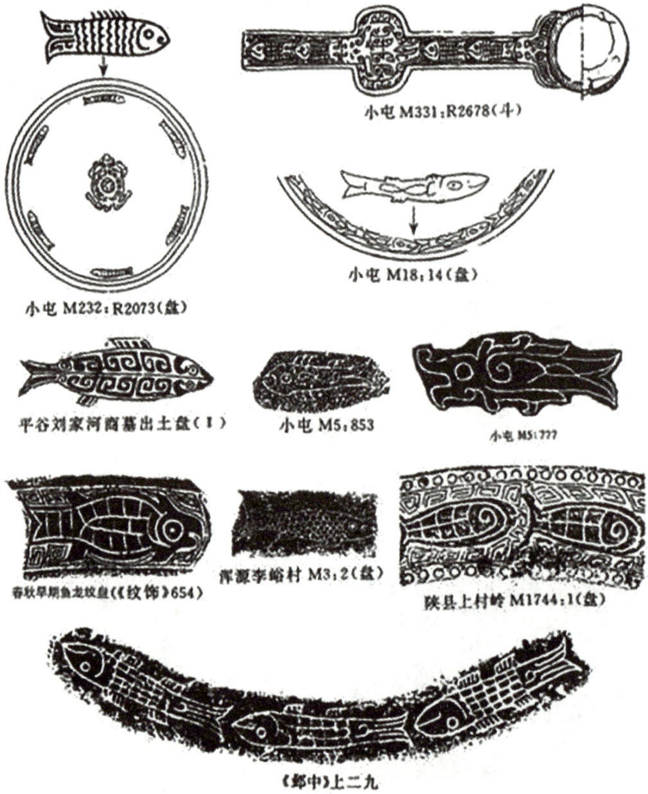

图 3-17　鱼纹

图 3-18　蝉纹

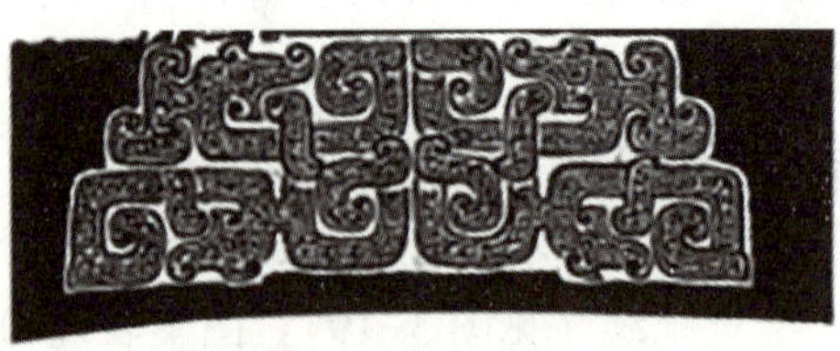

图 3-19　蟠螭纹

2. 植物纹样

这类装饰纹样极少，仅见于商代及春秋战国时期。商代植物纹样极少见，主要有神树、四瓣花纹、涡纹四瓣纹、叶脉纹四种。这些装饰纹样为这个时期始见，而且有些还是青铜器上的主要纹样，也有的是起烘托其他主要纹样的作用的。春秋战国时期略有增多，主要有茶花纹、四瓣花纹、莲花纹、四叶纹、蕉叶纹、卷叶纹、花叶纹、叶脉纹、花朵纹、桑树纹、树纹等。由于目前发现的数量较少，同一植物纹样及其早晚的差异尚难分析。但是不同地区的统一纹样，仍有区别。如蕉叶纹，随州曾侯乙墓铜鼎下腹的蕉叶纹，与河南辉县琉璃阁墓中出土的铜鼎下腹的蕉叶纹，就存在明显的差异。当然这类装饰纹样在青铜器上，绝大多数是起烘托作用的，只有极少数是作为主要装饰纹样的。

四瓣花纹（见图 3-20）：又称四瓣目纹，中心为方形的丁，周围组成四个花瓣，有的四周填以雷纹。一般构成二方连续图案，作边缘装饰。也有涡形四瓣纹：中心作圆圈形，四周作旋形四花瓣，构成二方连续形式。盛行于战国时期。

3. 自然景象纹样

商代这类装饰纹样主要有涡纹、雷纹、云雷纹、云纹和波状纹五种，虽然它的种类较少，但单类数量很多，在这个时期的青铜器上也很常见。同一种纹样因时代早晚也有一些变化。如雷纹，商代早期的为镂孔雷纹，商代晚期却为斜方格雷纹与百乳雷纹，变化较明显。这些纹饰一般都是烘托主要装饰纹样的，极少数作为主要装饰纹样。

西周时期主要有斜三角云雷纹、带形雷纹、“T”形云纹、波曲纹和涡纹五种。这些纹样在这一时期的青铜器上较常见而且绝大多数只是起烘托作用，雷纹的纹样也不尽相同。春秋时期这类装饰纹样种类较少，主要有波折纹、云纹、雷纹、窃曲纹、重环纹五种。同一种纹样也有一些变化。如云纹，有三角云纹和卷云纹之别。又如雷纹，也与勾连雷纹不尽相同。这些纹样一般都不是主要装饰纹样。战国时期主要有云纹、卷云纹、“山”字纹、涡纹、雷纹、波浪纹和波折纹等，同一种自然景象的纹样也有一定差别。如“山”字纹既有肥瘦之异，又有字的倾斜角度大小之别，更有将

“山”字一边延长与相邻“山”字的底边相接的不同变化。此外，以“山”字为主纹，其底纹也有较多的变化，但由于数量种类较少，难以做更多的分析。这类装饰纹样，除极少数是作为青铜器上的主装饰纹样外，绝大多数作为底纹。

云雷纹（见图3-21）：作为青铜器上的一种典型纹饰，基本上是以连续的“回”字形线条所构成的，有的作圆形连接构图，称为“云纹”，有的作方形连接构图，称为“雷纹”。云雷纹常作为秦铜器上装饰的底纹，用于烘托主体纹饰。

图3-20　四瓣花纹

图3-21　云雷纹

勾连雷纹（见图3-22）：有近似“T”形的线条互相勾连组成，在填以雷纹，故名。

三角雷纹（见图3-23）：外廓作三角形，中填以雷纹，一般构成二方连续图案，作边缘装饰。

图3-22　勾连雷纹

图3-23　三角雷纹

波形雷纹：波形以连续折线构成，中填雷纹，线条较粗放；两折线之间，填以细线之雷纹，也形成折线波状。

斜角雷纹：以两斜角相对构成，首端作适合形雷纹，一般构成二方连续图案，作边缘装饰。

目雷纹：中作目形，四周填以雷纹，以目与雷纹组成，故名。

卷云纹：以“S”、“6”为基本线形，通过粗细、疏密、黑白和虚实等对比手法，组成各种卷云纹，故名三角云纹：以三角形为骨式，中填适合形云纹，上下颠倒排列，构成二方连续纹样。

环带纹（见图 3-24）：环带曲折如波浪起伏，故又称为波曲纹。纹饰构成以波线为基础，双线相垂作带状，多数在上下填二环，通常组成二方连续纹样，饰于壶、茎的腹部，作主纹，也有饰于器物底部的。

重环纹（见图 3-25）：由略成椭圆形的环组成纹带，环有一重、两重、三重，环的一侧形成两直角或锐角，有时也与其他纹饰相配出现。

图 3-24　环带纹

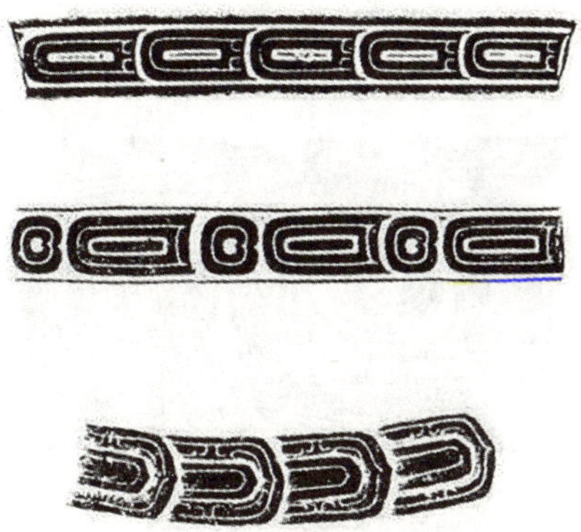

图 3-25　重环纹

窃曲纹（见图 3-26）：由两端回钩的或“S”形的线条构成扁长形图案，中间常填以目形纹。

4. 几何纹样

夏代主要有“十”字纹、网格纹、弦纹三种，依据青铜器器皿造型特点，分别装饰于铜鼎、钱和圆形铜器上。一般为单环带纹的几何纹样饰于器皿上，个别为两种纹样组合饰于器皿上。商代这个时期的铜器纹饰中几何纹样较少，主要有斜方格纹、菱形纹和连珠纹三种。一般都单独作为陪衬纹样，还有一些与其他纹样结合作为主要装饰纹样。西周时期主要有三角纹、方格纹、斜方格纹和菱形纹四种，这类纹样数量较少，而且一般都不是青铜器上的主要装饰纹样。春秋时期较少见，主要有三角纹、斜方格纹、斜线纹、“S”形纹和几何纹五种，主要作底纹。战国时期主要有菱形纹、三角形纹、“T”形纹、圆圈纹、圆点纹、星点纹、弦纹、“S”形纹、连弧纹和几何纹等。这些几何纹样已较常见，而且大多数饰于青铜器表面。其中只有极少数半浮雕花纹，大部分是凹凸线条的几何纹样。这些由点、线、面组成的几何纹样，同一种纹样不仅在同一时期变化多样，而且因年代早晚也发生了变化。当然，这些青铜器上的几何纹样大多只作为底纹。

圈带纹（见图 3-27）：也称圆圈纹、连珠纹，纹样排列成带状圆圈，圆圈中有的有一小点儿，有的没有。饰于器物的肩上或器盖的边缘等部位，或作为饕餮等花纹的边饰。

图 3-26　窃曲纹

图 3-27　圈带纹

弦纹（见图 3-28）：纹饰为凸起的横线，一般一道至三道，有时单独出现，有时作为其他复杂化纹的衬托。

直线纹：其形为若干平行垂直线纹，饰于器腹，直线有的较粗，有的较细。

斜线纹（见图 3-29）：其状以斜线作均匀排列，呈“八”字形向左右展开。

图 3-28　弦纹

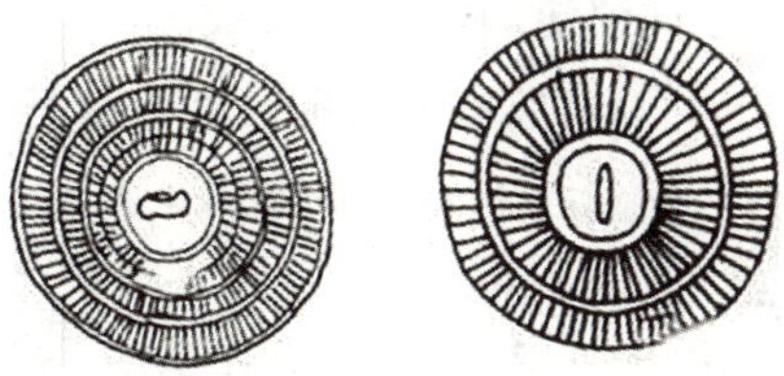

图 3-29　斜线纹

5. 人类社会生活纹样

商代青铜器上的人类社会生活纹样，发现的数量较多，如四川广汉三星堆发现的立人像、跪坐人像、人头像、大目面具、人头鸟身像、人头像等，湖南宁乡出土的虎吞人卣以及江西新干大洋洲出土的双面神人头像，河南安阳小屯 5 号墓出土的双虎争食人手纹钺，新干大洋洲出土的人面纹锁、人面纹戈等，这些装饰艺术都达到了很高的艺术水准。

西周时期的人类社会生活纹样种类和数量都不多，这类纹样主要有圆雕刻和阴线刻画或半浮雕两类，目前所见的这类装饰纹样多为圆雕刻。如陕西宝鸡茹家庄 1 号墓出土的铜人、7 号墓发现的铜人饰件，河南三门峡发现的人首铜辖，都是采用这种方法。还有极少数为阴刻或半浮雕，如陕西宝鸡茹家庄 1 号车马坑出土的兽面纹铜车饰件。其人首为圆雕刻，身体与四肢均为半浮雕，身体上的纹饰则多为阴线刻画而成。这类装饰纹样虽然种类与数量都较少，但装饰效果较佳，并达到了较高的艺术水平。春秋时期亦较少见，而且种类不多，主要有狩猎纹、燕射纹、车马纹、人形纹和人面鸟身纹五种。这些纹样中，人形纹和人面鸟身纹显而易见是承袭了西周时期风格的，狩猎纹、燕射纹和车马纹则是这个时期新出现的纹样，它是真正反映人类社会生活场面的纹样，而不是商代和西周时期那种单体的人物造型纹样。这种新出现的装饰纹样在青铜器中的装饰效果较好，装饰艺术水平也较高，代表了这个时期青铜器装饰艺术的最高水平。

战国时期青铜器上装饰的人类社会生活纹样，无论是在题材的范围还是在数量的多少上，都是以前所无法比拟的。主要有狩猎纹、水陆攻战纹、猎人逐兕纹、宴乐射猎纹、宴乐水陆攻战纹、宴乐渔猎攻战纹、采桑纹、礼仪活动纹、神人纹、武士纹、武士斗兽纹、人面纹等（见图 3-30）。这些纹样大致可归纳为两类：一类是圆雕刻的纹样，主要有人擎铜灯、佩剑武士俑、胡服俑、人首柱等，这类纹样造型别致，形象栩栩如生，装饰艺术效果极佳；另一类是阴线刻画的纹样，主要有狩猎纹、水陆攻战纹、采桑纹、宴乐射猎纹等，这些纹样真实地反映了人类社会生活的

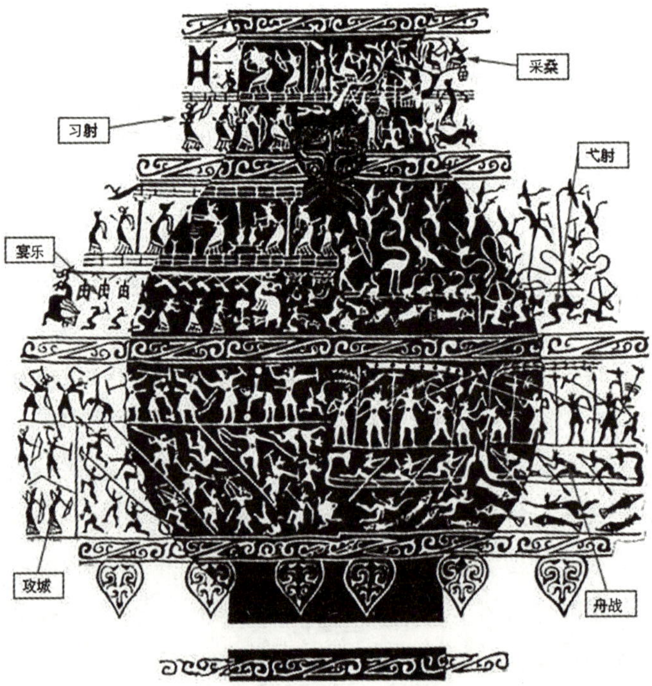

图 3-30　采桑、宴乐、射猎、攻战纹铜壶

各个方面，场面宏大，具有较高的历史研究价值；而且有些阴线刻画的花纹细如毫发，整个画面布局有序，反映出当时青铜装饰艺术已达到很高的水平。

采桑画像纹：生动地反映了古代人民采桑育蚕的境况，一般都饰于壶上。

攻战画像纹：形象生动，场面大，气氛热烈，有的画面由二三百人组成，真实生动地表现了当时惊心动魄的水陆攻战的战斗场面。一般饰于壶、鉴中。

弋射画像纹：一般表现为数目不等的射手，张弓向天以矢射鸟，画像中矢皆系有线，常饰于壶、鉴、豆上。

宴乐歌舞画像纹：记录当时奴隶主贵族钟鸣鼎食骄奢的生活情景。

狩猎画像纹：常见表现猎手持弓箭或矛等武器，围捕牛、羊、犀、象等禽兽。

（四）纹样装饰方法和工艺技术

先秦青铜器的装饰手法和工艺因时代不同而有所差异。夏代青铜器的装饰纹样中，未见写实的装饰纹样，只有几何纹、兽面纹和乳钉纹等装饰纹样。它们主要是从青铜器皿的实用功能和装饰美的结合出发，采用变形和夸张的手法。这些纹饰的装饰技法主要有范铸法和镶嵌法两种，乳钉纹、网状纹、弦纹、几何纹饰都是采用范铸法制成的。而兽面纹和“十”字纹则是采用镶嵌绿松石的方法制成的。这两种装饰技法被后期的青铜器装饰技法所一直沿用，尤其是范铸法的应用更为广泛。镶嵌法则随着时代的推移而不断发展，后来不仅有镶嵌绿松石的，还有镶嵌琉璃、红铜和玉等材料的。

商代青铜器上繁复的装饰纹样，其装饰手法主要有写实与变形夸张两种。一些动物纹样、人类社会生活纹样以及植物纹样中的神树等内容采用写实的装饰手法。如三星堆出土的青铜立人、跪坐人、人面具等，注重写实，还有大目面具、双面神人头像等，虽不失为写实，但也用了一些夸张的手法。又如一些动物纹样中鱼、龟、鸡、龙、虎、象等，注重于写实。

还有一些夸张的手法，如龙纹中的双体龙纹、双头龙纹、虎头龙纹等，在写实的基础上加以变化夸张，它在总数中所占的比例不多。绝大多数的装饰纹样都是采用变形夸张的手法。它是依据器皿造型的特点，将装饰纹样中最主要的、美好的和有意义的部分进行变形夸张，以加强其艺术效果。商代青铜器装饰纹样的制作技法，在继承夏代制作技法的基础上又有进一步的发展。这个时期主要有范铸法和镶嵌法，并以范铸法的应用最为广泛。范铸法又可分为范铸法、模印范铸法等，其中以模印范铸法较为普遍，许多器皿的颈、腹部的装饰纹样大多采用这种技法。镶嵌法使用极少，一般情况是在兽面纹样中镶嵌绿松石。

西周时期，青铜器上的装饰纹样仍然继承了商代的手法，有写实与夸张两种。如铜象尊、牺尊、鸟尊以及象纹、蛇纹、兔纹、龟纹、鱼纹、牛纹等，基本上都是采用写实手法。将兽面纹、鸟纹、凤纹、联羽纹、云雷纹、云纹及几何纹样等装饰于青铜器的不同部位，并注意与器皿造型的和谐统一，以达到最佳的装饰效果。西周青铜器纹样的制造技法基本上继承了商代的制作技法，主要仍为范铸法和镶嵌法，在范铸法中又以模印范铸法较为普遍。当然，这个时期的装饰技法也有一些发展，如一些青铜器上的立鸟、四足铜人等，就是采用嵌铸法的新工艺，它使器皿造型富于变化，显得更为美观。自春秋中叶至战国末年的青铜工艺，郭沫若认为是青铜时代的“中兴期”，从形象学角度来观察，又可称为“新式期”。春秋时代青铜器的纹饰雕刻趋向工整细致，出现模印法与失蜡铸造等新工艺，流行繁缛的纹样，一些美丽的新纹饰取代了呆板的旧纹饰，造型也日趋清新。

春秋战国时期青铜器的装饰纹样已进入印纹阶段，商周时期在器模上还是雕纹，这时又出现失蜡熔模、铸镶红铜、镶嵌金银、鎏金银、金银错、刻纹和贴金银等新工艺，这些工艺为青铜器装饰艺术提供了一定的技术支持。其他常见的青铜装饰工艺还包括外渡金属的工艺、髹漆的工艺、包金银与贴金的工艺等，这是工艺装饰的一大改革。印纹就是用一块印花的模子，刻出基本花纹，然后趁模胎尚未全干时，用印模在上面盖出花纹。一模多用，连续使用，既省时省工，又能取得统一的艺术效果。春秋中晚期以来，青铜工艺在新的技术方面有新的发展和新的创造。一是青铜器的器身和附件分别运用了分铸法，花纹运用了方块模印法。这种把整体铸造改为分体铸造的结果，不仅便于产品越来越规格化，而且便于处理形制极为复杂的铸件。这些铸造方法可以从春秋冶铸遗址所出土的陶范中得到印证。二是湖北曾侯乙墓出土的青铜器，铸件工艺运用了多种技术，技术水平也很高，尤其失蜡熔模铸造工艺的运用是一个突出的进步。失蜡法是我国古代金属铸造和铸件装饰史上一项伟大的发明，它用蜡制成器形和装饰，内外用泥填充加固后，待干，倒入铜溶液，蜡液流出，有蜡处即为铸造物。出土器物中的尊和尊盘是一件艺术珍品，从透空附饰铸作的精致、齐整来看，失蜡法技术已相当成熟。

郑、楚两国青铜器物的丰富华丽纹样离不开装饰工艺技术的支持。纹样种类的丰富和纹样形式的越来越复杂繁缛也说明了工艺技术的逐步提高。很多装饰工艺往往采用结合的方式来制作。比如将髹漆与磨错工艺结合，铜器往往不在錾槽内嵌金银，而是填漆，有的既嵌金银又在未嵌金银处填漆，然后磨错光平之后再增加青铜的纹饰色调。已出土的楚国铜器中有精美的髹漆工艺存在，如“属于战国中期的湖北江陵望山2号楚墓出土的铜樽，腹周与盖面均錾刻有纤细流畅的变形龙纹，在刻线内填漆并经过磨错，出土时器呈黑灰色，嵌错部分略呈灰白色，不注意即会认为是金银错，同墓所出铜缶腹部饰有圆涡纹，也采用了错漆装饰法”。[①] 还有直接髹漆与素面铜器表面进行附色。这种手法的功能一是给颜色较为单一的铜器加绘装饰，使其更加艳美华丽，二是能防止铜器表面产生锈蚀，使其经久耐用，这在战国时期已有使用，如“战国早期的曾侯乙墓出土了钟架，中层和下层各有三个佩剑铜人，铜人身上髹漆着色，同出土的悬挂下层编钟的挂钩做虎状，也髹漆为饰”。[②] 再如“信阳长台关2号楚墓出土的两枚漆器铜镜，其中一枚镜背在朱地上绘有黑、银灰和黄三色，盘结在一起的虺纹，另一枚镜背有朱色绘制的云纹”。[③] “湖北江陵雨台10号墓出土的一枚

① 湖北省文物考古研究所：《江陵望山沙冢楚墓》，文物出版社1996年版。

② 湖北省博物馆：《曾侯乙墓》，文物出版社1989年版。

③ 河南省文物研究所：《信阳楚墓》，文物出版社1986年版。

方格卷云纹漆衣铜方镜，该镜系铸刻后彩绘而成，其背面在桥钮的四周，先以黑漆铺底，再在黑漆地上用红、黄两色漆绘方格和卷云纹，四周边环用红漆绘带纹，给人以鲜艳亮丽的美感”。①“湖北荆门包山二号楚墓出土两枚漆衣铜镜，一件错金银铜樽，器内髹红器，一件人擎灯，铜人头挽右髻，发髹黑漆”。②

春秋时期新兴工艺中的镶嵌法也为这一时期青铜器的发展提供了一个良好的平台。在镶嵌工艺中，根据不同的镶嵌材质，又分为不同的工艺。铸镶法是红铜作为镶嵌材料时常使用的一种工艺手法。使用这种铸镶法制作的楚国青铜器中，现已知的有淅川下寺楚墓出土的一些铜浴缶等器物。还有一些工艺则完全为实用而装饰。“有些立体的动物装饰或加于盖顶成为捉手，或置于器足部分，势之更具有使用的功能”。③ 如新郑莲鹤方壶顶盖的鹤和置于壶底足部的虎都具有实用之功能。春秋前期郑国的“郑义伯缶”（见图 3-31）的捉手采用立体兽形作装饰，造型庄重大方，纹饰十分肃穆，有着西周晚期青铜器的遗风。东周时期开始以类似绘画形式装饰于青铜器上。鎏金、彩绘等表面装饰新工艺，使青铜器出现了全新的写实艺术风貌。所以，从装饰工艺这方面来看，工艺技术的复杂程度也说明了纹样的多样性。

图 3-31　郑义伯缶

据初步统计，中国早期铜器发现地域主要集中在黄河上游的甘青地区和黄河中下游的河南、河北、山东、山西、内蒙古和京津等地区。

① 湖北省荆州地区博物馆：《江陵雨台楚墓》，文物出版社 1989 年版。
② 湖北省荆沙铁路考古队：《包山楚墓》，文物出版社 1991 年版。
③ 朱和平：《中国青铜器造型与装饰艺术》，湖南美术出版社1991年版。

但从考古遗址分布看，中原地区尚未发现铜矿开采和冶炼的遗址，各种文化遗址中出现的也仅是铸铜作坊，规模相当大。虽然一些文献如《史记》有“黄帝采首山铜，铸鼎于荆山下”的记载，但这些地名已无从考证。中原的青铜原料究竟来源何处，从我国矿产分布看，铜锡矿主要分布在长江中游、云南和甘肃金川等地，夏商周时代的中原地区及周边地区的铜锡资源就比较匮乏，所以中原发达的青铜文明背后，一直存在着一个铜源之谜。据研究发现，中原地区的铜锡原料一部分有可能来自江南地区。《尚书·禹贡》曾记载，九州各地区上贡特产给禹，扬州（今东南大部）和荆州（今长江中游）进奉中原的供品竟是“金三品”，《诗经》《越绝书》等也都有大量关于江南金（铜）锡的记载。据研究，中原地区获得江南铜矿的矿原料，主要是通过各地纳贡、战争缴获、赠送和进献、民间非法贸易等方式。用战争的手段来获取江南铜材铸造青铜礼器是中原诸侯们的“惯用手段”。而当中原王朝开始衰败，诸侯不来朝贡时，王室常常动用武力征讨的方式，强迫各诸侯国或战败国继续贡铜，这在众多青铜器铭文如“过伯簋”“史墙盘”等中都有确切的记载，这些通过武力征讨而获得的大量“俘金”地区基本都在江南。譬如殷墟妇好墓有6件青铜器，经铅同位素分析法证明，其原料可能是来自湖北铜绿山古铜矿区。而新郑大量的考古发掘也仅仅是青铜手工业作坊遗址，这些充分说明了中原地区铜矿的匮乏。

考古发掘资料表明，西周时期楚器数量虽少，但到了春秋时期，尤其是春秋中期以后，楚国青铜器数量大量增加。如楚国当阳赵家湖楚墓群，其春秋早期的甲类墓元士（上士）阶层墓中已有了青铜器陪葬，说明这一阶段楚国的青铜制造业已开始有了一定程度的发展，上士阶层已用青铜器陪葬，这表明原料的来源已逐渐丰富起来。春秋早期至春秋中期早段乙类墓（中士、下士或庶民较富有者）都没有青铜器陪葬，只有陶器陪葬，但从春秋中期晚段开始，这类墓葬中就开始有了青铜器陪葬。这说明春秋中期以后，楚国庶民中的富有者已有能力随葬青铜器，可见当时楚国青铜业的发展及原料来源的丰富程度。

楚人墓葬中随葬青铜器增加这一现象与文献记载楚国占有江南古铜

矿区，在时间上也是吻合的。《左传·僖公十八年》记载：“郑伯始朝于楚，楚子赐之金，既而悔之，与之盟曰：‘无以铸兵，故以铸三钟。’”是指公元前642年，楚成王将铜赠予郑国之事。春秋时期，战争频繁，诸侯割据，而青铜兵器的质量及数量是决定当时战争胜负的重要因素之一，楚国青铜器数量的增加必然是以原料的丰富为前提条件的，铜陵出土兵器与楚兵器的相似，说明最迟在春秋中晚期楚国已占有皖南古铜矿的一部分或大部分。据考证，楚国生产青铜器所用的金属铜原料主要有湖北大冶铜绿山、湖北阳新港下、江西瑞昌钢岭、安徽铜陵金牛洞、安徽南陵江木冲以及安徽繁昌等地的江南古采铜矿区遗址。“铜绿山是先秦时期具有世界先进水平和较大规模的采矿和冶炼遗址。”[①] 孙淑云先生分析了湖北当阳赵家湖楚墓的14件青铜器，其中有6件青铜器中含有硫化物夹杂成分，分析结果表明其中含硫。目前发现的大冶铜绿山、阳新港下、瑞昌铜岭和铜陵金牛洞等古铜矿基本上都属于这种成分的矿体，所以青铜器中含有硫化物夹杂成分不仅说明了东周时期楚国采用氧化矿炼铜这一事实，也说明了当时楚国使用的铜原料来自江南古铜矿产区的事实。“晚期的炼炉以湖北大冶铜绿山采矿区附近发现的最为丰富，在该古矿区发现的八座春秋竖炉表明中国当时冶炼铜矿石的技术水平很高”。[②] 叶学贤等学者还分析了曾侯乙墓编钟的化学成分，发现编钟化学成分中的微量元素含量与湖北大冶铜绿山古矿井中出土的孔雀石等铜矿中的微量元素含量十分接近。历史上楚国最负盛名的关于楚庄王“问鼎中原”的“九鼎”，并非一般普通器物，而是周朝的国家社稷。楚王所问并非出于好奇，而是显示他对周王朝的蔑视，暗示将取而代之之意。“问鼎”一词后来也就成为觊觎他国权力或试图取得权威的经典之说。楚庄王的“问鼎中原”让天下人都知道了楚国当时的实力，他的这份自信应该来自他拥有大量的铜矿山作坚强后盾。楚国在熊渠之时就独占了铜绿山（今大冶县铜绿山一带的鄂地），当时铜矿的多寡与国家的强弱成正比。因为称雄称霸，扩大疆域，必须通过战争，战争就需要大量青铜来

① 徐文文：《青铜文化考——青铜冶炼工艺之探讨》，武汉理工大学硕士学位论文，2008年。

② 刘诗中：《中国青铜时代采冶铸工艺》，江西科技出版社1997年版。

打造武器。熊渠之时开拓疆域并占领铜绿山，打开了铜原料的来源，这也正是楚国逐渐强大的原因。

春秋中晚期还出现了两种新兴的青铜工艺，一种是线刻工艺，就是在铸好的铜器上，用极锐利的锋刃刻画出细如发丝的线条。这种工艺盛行于战国早期和中期。另一种是金银错工艺，或称错金银，是在铜器上用金银丝或金银片镶嵌成各种图案花纹，用错石再磨错平滑。春秋战国时期青铜兵器更加轻便灵巧，其中吴越兵器的制造水平名闻天下。到战国时期物质文化已进入铁器时代，铁器逐步取代青铜器成为主流。

（五）青铜器铸造技术与工艺的比较

装饰工艺的发展对青铜器艺术风格的形成有着极其重要的意义，有些装饰工艺与青铜器的铸造技术密切相关，就目前考古发现，商代青铜器已运用了合范、模印、分铸、铸合、焊接、镂刻、填漆、包金、镶嵌绿松石和镶嵌红铜等诸多种装饰工艺，这些工艺方式为西周和东周青铜器装饰所沿用。

春秋早期，郑、楚两国所用的青铜铸造方法仍然与中原地区保持一致，以范铸法为主。范铸法（或称块范法）是商周时代最先采用的，也是应用最广泛的铜器铸造法。此时期无论是郑国还是楚国器物，其铸造方法基本和中原地区一样大多使用范铸法铸造而成。

春秋中期以后，日益衰落的旧礼制逐渐消除了对青铜工艺的束缚，各诸侯国的经济发展振兴了青铜铸造业的发展，青铜艺术面貌更新日渐显露。在铸造工艺上，楚人不断提高水平，制作工艺也日趋精湛。而此时的郑国在青铜铸造技术上相对保守，缺乏创新，更多的是引进借鉴楚国的铸造技术。楚人最常使用的青铜器制造工艺有陶范法、失蜡法、铸镶法。陶范法是一种采用陶土制作铸型（范）的方法。河南信阳长台关楚墓中出土的两套共 26 枚编钟，在青铜编钟表面有陶范铸造时的铸缝痕迹。曾侯乙墓出土的 19 口钮钟，同信阳楚墓编钟一样采用陶范铸而成。失蜡法则是熔模铸造青铜器的一种方法。失蜡法的出现，标志着青铜铸造工艺迈进了一个新的历史时期。失蜡法的应用，打破了西周以来中原青铜铸造式样大一统的局面。就目前所知，楚国运用失蜡法的历史可能追溯到春秋早期，甚至上溯到两周晚期。所谓的失蜡法，就是制作一个略小成品的黏土模型，在上面涂一层蜡，在蜡上雕刻花纹后，再加一层黏土，然后整个进行加热，蜡熔化后留下空隙，然后将铜液注入空隙。古希腊、古埃及都曾用这种方法铸造青铜器物，我国失腊法仅见于楚国。如曾侯乙墓出土的舆尊、盘、建鼓座、编钟虡座附件就是典型的失蜡铸件（见图 3-32），是迄今所知最早的失腊法铸件。这些充分反映出春秋中期我国的失腊法已经比较成熟。经鉴定，1000 多件商周时期的青铜器可以确定使用失腊法铸造的不过 10 件，并均出自于楚墓。虽然楚失蜡法较之两河流域稍晚，“但由于青铜冶炼生产高度发展，有着雄厚的物质和技术基础，从春秋开始应用失蜡法铸造青铜器有着自己的特色，并影响着周边地区，如日本于公元 4 世纪的仁德天皇时代就利用失蜡法仿铸汉镜。很快，中国古代的失蜡铸造法就接近了世界其他文明古国所达到的高度，并形成了自己的特色”。[①] 铸镶法是将纹饰用铸造的方法镶在青铜器表面。如河南淅川下寺 2 号楚墓中出土的铜浴缶，其盖与身均镶有红铜的夔龙纹和云纹，盖上 4 条龙，腹部分两组，共 18 条龙。红铜纹饰先采用铸造成型，经修整后再与器物本身铸接在一起。

东周晚期，随着青铜礼器的世俗化，青铜器原来所具有的宗教意味越来越淡，追求样式的新奇和纹饰的美观成为这一时期的首要任务，在铸造工艺上，郑楚两国的失蜡法、分铸法、焊接法、镶嵌法等青铜铸造技术得到广泛发展和应用。因此，郑、楚两国都极尽可能地使用多种装饰手法，综合运用多种工艺技巧，以达到青铜式样和纹饰绚丽多彩的视觉效果。此时的失蜡法已进入了一个相当成熟的时期，如 1979 年出土于河南淅川下寺楚墓的铜禁，整个器物玲珑剔透，24 只龙形异兽造型十分灵动。该墓所出土的一些其他青铜器中，如铜盏、升鼎饰件和“倗矛”等，均都采用失蜡法铸造。

另外，分铸法和焊接法也在此阶段得到充分发展。分铸法和焊接法先

① 刘诗中：《中国青铜时代采冶铸工艺》，江西科技出版社 1997 年版。

图 3-32　曾侯乙墓青铜失蜡铸件

是根据与所要铸造物件相似的几何图样来选择要制作母范的材料，比如木、石等，然后再把所铸物体的主体物与装饰物件的母范分别制作出来。装饰物件也采用单独铸造的方法，把它们分开铸造，先制作出来然后再焊接在主体物器上。使用焊接法时，主体物器体上都预留榫头，然后在装饰物件的空腔内灌入那个时期特有的一种焊剂（低温铅锡制成），直接焊接成一个整体。通过专家学者考证，新郑郑公大墓青铜器器群中的主体器物都是采用三块之上的外范和一块底范合铸而成的。淅川下寺楚墓中方壶的龙耳也是采用焊接法铸造而成的。通过这种工艺的运用，能把整体分成多个小局部进行分铸，这样既能使铸造难度降低，也能丰富器物的造型，提高了青铜器的艺术视觉效果。

综上所述，春秋战国时期，周天子势力衰微，列国兴起，所以各地经济、政治都发展起来，青铜铸造技术也有了新的创新和发展，形成了青铜发展的第二个高峰。青铜业之所以能取得如此卓越的成就，要得力于当时先进的采矿、冶炼技术和高超的铸造技术与工艺。相比郑国保持中原传统铸造技术，楚国的青铜铸造技术是高峰中的高峰，是春秋战国时代青铜铸造技术高度发展的代表。

二、构图要素

从形态心理学观点来看，构图是研究画面和其中形态配置的相互关系的。青铜器装饰纹样不同于一般平面图形，纹样的背景就是青铜器立体造型，它附于器身上，器物立体形态是影响装饰纹样形态、位置、布局的关键因素。

（一）青铜器形态与构图特点

青铜器的装饰画面是青铜器造型本身，是在立体画面上做整体的布局和图形搭配，“画面”要复杂得多，造型变化较多，特别是一些不规则性器物。但总体上来讲，青铜器物形体主体结构多严谨、工整、对称，形体有较强的节奏感。商周时期的方鼎，主体为立方体形态，而更多的是圆柱体或其变体，这些纹饰赖以存在的媒质自身结构特点，对纹饰组织布局产生规范和影响。格式塔理论认为每一个心理活动领域都趋向于一种最简单、最平衡和最规则的组织状态。合理配置形态，保持整体力场的均衡必须综合考虑画面形态。可见，画面形态对构图有重要影响。平面的画面形态最为常见，如油画中有正方形、黄金矩形，国画有立轴和长卷（长方形）、团扇（圆形）、扇面等。青铜器的造型比上述平面画面要复杂得多，但无论形体如何复杂多变，人的视知觉是不会改变的，视觉美感的一般准则同样适用于青铜造型。在青铜器的纹饰布局结构中，非常强调整体规则均衡，有极强的秩序性，这也反映了在立体的实用器物上构图的特点，它毕竟要受到器物的造型、功能、工艺技术和经济性等方面的制约，构图往往简洁规则，和器物造型结构紧密结合，而不是像常规的平面性构图如绘画、现代平面设计那样天马行空，随意发挥。总体来说，青铜器的构图呈现出一种严谨、规则的特点，秩序感强。

商周以来的青铜纹饰布局绝不像后世的陶瓷器彩绘纹样轻松随意，显得极为严谨、富有理性，青铜器适合纹样大多顺沿器物结构线走向。比如沿唇边或圈足饰以环带式纹样在器物中屡见不鲜。大多数圆柱体变体的饪食器和酒器，如爵、斝、觚、觯、尊、兕觥、卣、盉、方彝、罍、壶、勺以及大部分乐器纹样的分布都是环绕器身，与底平行的适合纹样；也有部分用了以中轴线为中心向周围辐射的布局（如蝉纹、蕉叶纹的布局）；不规则器袋足上常沿袋足中间饰以斜纹；不规则的匜口沿装饰也顺沿了其走向；方鼎或其他方形器多沿器物转折处饰纹，如司母戊大方鼎（见图 3-33）、兽面乳钉纹铜方鼎（见图 3-34）都是沿器身转折的棱线设置装饰带。即使是不规则动物仿生器物，纹饰也多是紧密配合主体部件的造型，因势因形而设置布局。青铜器的这种构图特点强化了器物造型的结构，既显得简洁美观，又严谨有章法，井然有序。

图 3-33　司母戊大方鼎

图 3-34　兽面乳钉纹铜方鼎

（二）构图形式

青铜纹样构图主要包含如下一些形式：

1. 环带式

环带式是装饰纹样呈带状环绕青铜器身的构图形式，在青铜器中最为常见。由于大多数青铜器造型是中轴对称的，器身横截面是一种规则的几何形体，环带式的装饰方法适应了这种青铜器造型结构。现在所见的青铜器中，多是沿唇边、颈部以及圈足上部饰以环带纹样。周代的窃曲纹、环带纹、重环纹，多以这种构图方式装饰青铜器（见图 3-35）。先秦三代还有很多作为底纹的装饰纹样如云雷纹、几何纹样，也常以环带方式装饰于器物，一般是以一种或几种不同的纹样为单元，以头尾相接的顺次反复或颠倒反复为秩序，构成带状图案。这种构图样式多处于青铜器身转折处，强化了青铜器造型的节奏感，显得严谨、庄重。

2. 发散式

发散式构图是以青铜器中轴线为中心，纹样沿器身向四周呈辐射状排布的构图形式。与器身形态配合，突出青铜器形特征，如商代的蝉纹、蕉叶纹。

3. 充满式

充满式是纹样布满于器身的构图形式，包含一些不规则的形体，如仿生形的尊等（见图 3-36）。纹样以一种自由的方式结合器形充满于青铜器。纹样打破规整的章法，不讲究对称，也不围绕一个中心，画面构图比较灵便活泼，多见于春秋战国时期。

图 3-35 环带装饰青铜器

图 3-36 仿生形的尊

4. 对称式

对称的图案布局需有一条中轴线，这种轴线可以实际上并不存在，也可以实际上存在，甚至可能是图案中的一部分，如楼餐的鼻梁、器物的折边、扉棱。中轴线两边的图案形状相同，方向相对。对称构图的美感效应主要在于均衡，给人一种稳重、整齐、匀称的美感。

三、图底关系

图是画面主体形态，而底则是用来衬托图的背景。图与底本身是一个相对的、互为的概念。在某些情况下，两者难以分清，比如著名的鲁宾杯，空白部分和黑色部分都可视为图，也可视为底，也因此会得到完全不同的视觉印象，这反映了图底关系的相对性。格式塔心理学家把重点放在整体上，这并不意味着他们不承认其独立性。事实上，格式塔也可以是指一个分离的整体。格式塔心理学家认为，一个人的知觉场始终被分成图形与背景两部分。图形是一个格式塔，是突出的实体，是我们知觉到的事物；背景则是尚未分化的、衬托图形的东西①。人们在观看某一客体时，总是在未分化的背景中看到图形。但重要的是，视觉场中的构造是不时地变化着的。当人们连续不断地扫视环境中的刺激物时，种种不同的客体一会儿是图形，一会儿又成了背景。图形与背景关系的这类变化，不仅在知觉中起作用，而且在学习和思维中也起作用。先秦三代中商代装饰纹样有比较明确的图底关系，盖因其底常采用底纹装饰。图案纹样是以单独适合形纹样为主，这种单独纹样多以饕餮纹为主体，有时也有其他类型的动物纹样，纹样面积较大，采用浅浮雕的形式，而底纹则通常为各种形式的云雷纹，采用平雕式，纹样细密较浅，制作精美。周代的装饰纹样不用底纹，而是直接在器物上刻以主体花纹，因此，总的艺术风格质朴洗练，疏朗畅达，富于韵律感和节奏美。它常是一个母题，组织成带状连续反复，产生一种秩序美感，如窃曲纹、波状纹、垂鳞纹。春秋战国时期，在图底关系上基本承袭周制，无底纹、主纹之分，只是主纹在形式上更自由，内容更生活化。

四、形态要素

任何视觉形态都是由基本的形态要素所组成的，形态如要充分加以解

① ［美］鲁道夫·阿恩海姆：《艺术与视知觉》，腾守尧，朱疆源译，四川人民美术出版社，第302页。

析，当可分为形、色、质感（肌理）三方面视觉要素，其中形又可分为点、线、面、立体、空间等要素。先秦青铜器装饰纹样形式多样，不同时期有不同时期的风格。当我们解析这些纹样的基本形态要素时，可以发现，它们的基本形态要素存在着共同的特征，尤其是同一时期的青铜器纹样。我们在探讨青铜器的形态要素时会把要点放在形上，对青铜纹样的研究是把它作为一种独立的平面形态来研究的，因为形的要素变化最复杂，也最有研究的价值。基于上面的考虑，我们把青铜器装饰纹样分为点、线、面几大要素。这些要素都存在着浓厚的时代个性特征，正是由于这种形态“基因”的共同特性，才构成了先秦时代独特的形式语言特征。

（一）点

点在青铜器纹样中出现不多，变化也远不如线、面多。三代动物纹形体中动物眼睛是一个突出的点，多呈正圆形，如不少龙、凤、鸟纹，有的则近似于平行四边形的椭圆形，如商代的饕餮纹（见图 3-37）突出的巨目即为此例。此外，眼睛中央通常有一负形眼点，有种巨眼圆瞪的感觉。此外还有如下形式：阵列式——乳钉纹中的点；点整齐排列成线——连珠纹由点连缀成线；由点到面——蛙纹，用点的排布将蛙体的柔软丰肤表现得淋漓尽致（见图 3-38）。

图 3-37 饕餮纹

图 3-38 蛙纹

（二）线

线造型是中国传统形态的突出特征，中国的绘画艺术尤其强调用线造型，山水花草、鸟石虫鱼，形体的表现都无不突出线条。传统人物画的衣纹更有十八描之分；我国书法艺术是特有的线的艺术形式，书法经历了从形象到抽象的演变，成为纯粹的线形结构的艺术；而中国的传统雕像，并非纯粹的体造型，形体中常交织着流畅的线条，如衣纹、须发等。呈现在我们面前的中国古代造型艺术常有一种行云流水、骨力追风的线条之美，有如音乐的旋律，从中可以看出中国传统造型思想对于线条美的重视。应该说这和中国特有的那种追求自由境界的审美观有关，线意味着灵动和自由。回顾中国造型的历史，最早在彩陶时期就已出现流畅的线纹装饰，庙地沟型的鸟纹、半山型彩陶圈纹都表现出典型的线造型风格，这种造型传统在青铜纹饰得到进一步的强化和确立。线以各种不同的形式广泛存在于先秦青铜纹饰中，线元素是青铜器装饰纹样中最基本的形态要素。青铜纹样的线有曲有直，有粗有细，多样而又有序地交织在一起。商代的装饰多采用主纹和底纹的结合，底纹常以云雷纹（见图 3-39）作为背景。这种纹样早期脱胎于陶器的拍印，后期则运用刻花的方法，而这种刻花在后期已达到细致精巧的程度。这也使得线条的表现非常丰富，多采用三层花纹，即除底纹和主纹外，还在主纹上再勾画出细线，这些线贯穿于主体形态之中，表现为主体纹样中的负形线纹，使整体形态层次感非常鲜明。

周代流行的窃曲纹（见图 3-40）、波曲纹，形态进一步抽象化，造型的装饰性更强，但纹样的线性特征得到发展和强化，线条更为柔和流畅，S 造型窃曲纹，连绵起伏、波纹状的波曲纹都反映这种特点。这与商代的纹样风格形成鲜明对比。先秦三代常用作底纹的装饰几何纹样多是简单的线刻纹。它们由几何形的线条组成有规律的纹饰，纯属形式变化和结构的美感。青铜器上属于几何纹的形式比较多。几何线纹大致有弦纹、直条纹、横条纹、斜条纹、云雷纹、勾连雷纹、三角雷纹、网纹等。

图 3-39　云雷纹

图 3-40　窃曲纹

（三）面

商周时期的很多动物纹样的主体纹样都粗大突出，我们把它视作面，但事实上，很多动物纹样的组成形体表现出线条的特性，如饕餮纹的角，凤纹（见图 3-41）的冠、羽、尾、喙，龙纹（见图 3-42）的足、角都呈长曲形，夔龙夔凤纹（见图 3-43）主体修长，线性特征很强。商代及周前期最流行的动物纹样，以饕餮纹为代表的动物纹表现出很强的程式化特点，垂直形略带导角的弯折成为其典型的造型语言。纹样弯折处都采取近乎垂直的角度，使整体形态显得刚硬稳固、严谨庄重。商代的夔纹、龙纹、凤纹亦反映了这一特征。

图 3-41　凤纹

图 3-42　龙纹

图 3-43　夔纹

周代纹样中面的特征表现为方中寓圆、刚柔相济，主要纹样的转折多采用圆滑过渡形式。春秋战国时期，出现许多表现当时社会生活的纹样。代表性的是其中的人物画像，其轮廓线早已摆脱商代那种严谨庄重、程式化的特点，而是用流畅的线条，结合绘画和雕刻手法，描绘各种景象，如宴饮、弋射、采桑、狩猎、攻城、水战等，形态活泼生动。

五、构形关系

（一）抽象与简化

艺术的抽象是把对象中某些本质上升为美的观念加以显现。抽象形态并不是不以表现对象为目的，而是以对象为素材，以构成为原则，在设计中创造出新的、符合美的规律的形态。抽象形态的设计也是由客观具体物象的形、色，即由其物理现象、生态现象和美学法则相结合而构成的，如对于明与暗、强与弱、轻与重、刚与柔、动与静、聚与散、疾与徐、抑与扬等形态构成因素的抽象表现和对于情感方面的崇高、优美、悲壮、滑稽、喜悦、哀郁、欢快等的抽象表达，都构成了抽象的形态属性。人们的知觉不可能纯客观地反映外界事物，总要有主观的参与。因此，造型不应该也不可能局限于如实地描绘客观对象，必须留有让观众主观参与的余地，抽象的形态具象性减弱了，但其内涵更广泛了。青铜器上的云雷纹，据《梦溪笔谈》记载，来自云和雷的象形，这说明云雷纹是天象的反映，是取自然物象加以抽象整理的图案。由此看来，动物纹也该是“观鸟兽之文”而得，而又揉进了人为的想象、幻觉和抽象变形的图形。抽象与简化是装饰纹样的普遍规律。青铜时代的艺术家已经具有高超的写实才能，那些栩栩如生的各种动物尊就是明证。从纹饰来看，也有不少动物纹样是刻画得相当逼真生动的，如雁纹（见图 3-44）、鹿纹等，但作为纹饰，不可能完全追求写实的效果，纹饰是图案，它需要将表现对象适当加以变形，使之规整化，从而构成图案特有的审美韵律。这种形势的简化固然出自美化的需要，事实上还有简化加工的考虑。工艺美术的加工形态是根据装饰对象的部位、空间以及功能、视觉效应、绘制条件等来决定的，并不是随意穿插、模仿自然而形成的。加上考虑到生产、复制的方便，必须采用简练、概括的意象变形手法。不抽象、不简化就不能装饰到青铜器有限的空间上。工艺生产从古至今都必须考虑降低成本、提高效率，这是工艺生产的经济性原则。

（二）气势、动态的抽象

青铜纹样抽象的一种形式是客观物象气势、动态的抽象，以形传神，纹样的外形、动势同构于客观物象，使人睹形而会意，有意无意中都把形象的内力运动变化感受为生命活力，这是艺术通感的必然结果。夏、商、周三代很多动物纹样都是这种抽象化的结果。青铜器上的虎纹常以活动的形态出现，如安徽阜阳出土的龙虎尊（见图 3-45），肩部有一虎，虎口中咬一怪人。又如西周中期的四虎钟上的虎纹，张口卷尾，造型生动，气势逼人。西周早期的貂子卣上饰鹿纹，鹿体侧身，腿前屈，鹿头回顾作卧状，形体生动可爱，似乎警觉着周围的动静，一有敌害，便一跃而起，逃之夭夭。春秋战国时期的人物画像形态优美，人物动态栩栩如生，如宴乐、弋射、采桑、狩猎等活动，还有徒兵搏斗、攻城、水战等战争场面。人物形象摆脱规律化对称形，采用流畅的线条，人物形象没有客观写实，而是抓住其气势、动态作夸张、抽象、变形，这种形式的表现是以后传统绘画艺术的先驱。

图 3-44　雁纹

图 3-45　龙虎尊

（三）节奏、形体结构的抽象

纹样节奏、形体结构表现物象的外在特质，格式塔异质同构论是抽象的理论基石，节奏构造的抽象清楚地反映了这一理论。抽象大师蒙德里安曾创作了作品《苹果树》，他抓住了树的造型节奏，由客观写实一步步抽象到面目全非，但树形的节奏、构造特征犹在。青铜纹样普遍存在着这样的抽象，我们选择其中的典型范例做一说明。鸟纹，在商代早期和中期就已出现，自然界的鸟种类繁多，形态各异。青铜器上的鸟纹只抓住了鸟的一些基本形体特征进行描绘，这是对现实中鸟造型节奏、结构的抽象。鸟形体用了富有时代特色的程式化造型语言，形态显得神秘而庄重。史载"天命玄鸟，降而生商"，商人把玄鸟看作本族的祖先，可见鸟在商人心目中的地位。对鸟形态做有意的抽象、夸张，使之具有神异之气，是商人玄鸟图腾情结的反映。鸟纹中绝大部分的鸟喙是闭合的弯钩形，个别有张开的。

鸟纹都有角或毛角，角的形式大致有弯角、长颈鹿角和尖角。鸟纹体躯大多只是一个禽体的外形，没有羽翅，有时因图案结构需要，鸟纹有作长条卷尾形的，类似鸟首龙体，垂尾和分尾几种形式。长尾鸟纹，鸟的尾部变化较多，有的长尾鸟的尾部是整个体躯的三倍，可谓极度夸张。垂尾，因尾部较宽而作下垂状。分尾，是因构图变化，使尾部和体躯分离。

弯角鸟纹（见图 3-46）：在鸟的后脑有一弯角，角跟较宽，向下弯曲，角尖向上。弯角鸟纹盛行于商末周初。

长颈鹿角鸟纹：鸟头上长有长颈鹿角，这与兽面纹所见长颈鹿角相同，但作横向安置。

角鸟纹、尖角鸟纹：鸟的角跟粗大，上端尖锐如尖耳状。

鳞纹（见图 3-47）：是以龙蛇体躯上的鳞片排列而组成的纹饰，排列的方式有连续式、重叠式、并列式三种。连续式是完全相同的鳞片，按纵向交错排列，铺开一个很大的面。重叠式的鳞纹排列方式如鱼纹相叠，也是纵向形式。并列式由大小相同的或大小相间的鳞片横置作带状，也有作二层横列。总之，这种装饰形态完全取自自然形体的造型节奏。

图 3-46 弯角鸟纹

图 3-47 鳞纹

猫头鹰纹（见图 3-48）：猫头鹰的眼睛用四个圆圈构成，夸张地突出了猫头鹰的形体特点，又强化了形式美感。

蝉纹（见图 3-59）：用简洁的线条突出其造型特征，可以说是图案造型的精品，即使放在今天，也当为上乘之作。

图 3-48 猫头鹰纹

图 3-49 蝉纹

六、形态组合

（一）连续反复

连续反复是将相同或相似的单元形作规律性的重复排列，达到整体的统一性，连续反复在视觉上产生一种节奏和韵律之美。在装饰纹样的组合形式中，连续反复是用得最普遍的一种方法，这在几何纹样中最为常见。多采取有规律的排布方式，产生节奏与韵律的美感。在先秦青铜器上最常见的连续方式有二方连续和四方连续。二方连续亦称“带状图案”，是一个纹样单位能向左右连续可上下连续成一条带子一般的图案。排列连续的方法很多，如均齐的排列、平衡的排列或混合式等。四方连续是一个纹样单位能向四周重复地连续和延伸扩展的图案，又可分梯形连续、菱形连续、四切（方形）连续等格式。商代的云纹，其表现形式有单个同一方向的旋转和两个“C”形及“S”形旋转等多种。商代早期已有用连续带状云雷纹作主纹的青铜器，属于典型的二方连续。勾连雷纹，作斜的“山”字形线条，用斜线相勾连，斜的“山”字形为重复单元。一般“山”字形作粗线条，所填雷纹为细线条，也有“山”字形作虚线、雷纹作阴纹的。又如越王勾践剑上的菱形纹（见图 3-50），这是在春秋战国兵器上采用较多的装饰纹样。菱形纹也用到了连续反复的方式。此外，亦有不少作主纹的动物纹样采用重复方式以环形饰于器身上，如蝉纹、鱼纹、鹿纹等。周代装饰纹样不设底纹，但主纹装饰格式运用了二方连续的带状纹样，它常是一个母题，组织成带状连续反复，总的艺术风格是质朴洗练、疏朗畅达，富于节奏美和韵律感。这种格式与当时的文学作品《诗经》有相似之处，《诗经》多运用“一唱三叹”的反复形式，以增强

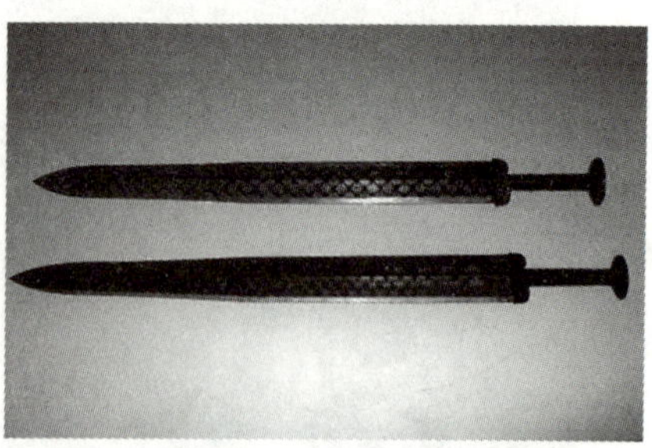

图 3-50　越王勾践剑上的菱形纹

所表达内容的印象，产生一种韵律感。而青铜器的花纹则用连续反复来表达其有条不紊的秩序和规律，这种秩序和周代的礼治要求有一种间接联系，也反映了古代图案艺术的形式法则。

春秋战国时期青铜器的纹样采用模印的方法，在刻花模时就要考虑四周相互衔接，上下左右盖印后产生整体效果。如果说，商代的装饰风格是单独纹样，而且运用中轴对称，周代则进而为左右连续反复的二方连续纹样；春秋战国则是构成上下左右连续的四方连续纹样，这种格式和特定的装饰方法有关。它统一而不单调，繁复而不凌乱，反映了这一时期的装饰特色。在装饰纹样中，春秋时期流行的纹饰主要是蟠螭纹与蟠虺纹。蟠是缠绕叠压，螭是一种没有角的龙，虺是一种小蛇，形成蟠屈纠结、穿插缭绕的纹样。以四方连续的构成方式组成大面积的装饰，没有凸起主纹，在青铜器表面组成犹如锦缎般繁密的图案。前人习惯上将此类青铜器纹饰中形体较大的称作蟠螭纹（见图 3-51），形体较小或屈曲较自由的称为蟠虺纹（见图 3-52），实际上都是龙、蛇一类。这类纹饰的流行与当时的青铜器铸造工艺采用印模方法有关。这种方法是在制作泥胎时，以设计好的单元图案模子连接压印而成。为了保证图形的周密完整，需要有精确的设计与计算。

图 3-51　蟠螭纹

图 3-52　蟠虺纹

（二）异形同构

异形同构的方法是基本结构、骨格不变，而运用不同的形态元素去表现。取A的骨格，套B的形式元素。从视觉心理上来说，不论B形式如何变化，整体形态感觉仍然是A。格式塔心理学认为任何视觉形体都是一个“格式塔”，即完形，它是经验中的一种组织或结构，而且与视知觉活动密不可分，人看到的形态不是各个部分的机械相加，而是各部分形体所表现出来的整准性结构或相关方式。如三角形，其基本骨格为三条边首尾相连而成，而这三条边既可以是三段钢笔画的线，也可以是三根木条，还可以是彩色的纸条。但不管采用哪种形式，我们对这种形态的认知仍然是三角形。

格式塔的这一理论普遍存在于我们的视知觉领域中，青铜器饕餮纹上的很多纹样对此做了最好的注脚。这种构形方法，一方面，使形式显得多样富于变化；另一方面，程式化的结构在人们的知觉印象里具有统一性。这种形式的构形在商代流行的兽面纹上得到了鲜明的反映。

典型的如兽面纹即饕餮纹，宋人将表现兽的头部，或以兽的头部为主的纹饰都称为饕餮纹，实际上，这类纹饰是各种各样的动物或幻想中的动物头部正视的图案，后来不少著作中称其为兽面纹。

饕餮纹基本上采用了相同的结构，其特点以鼻梁为中线，两侧作对称排列，上端第一道是角，角下有目，形象比较具体的饕餮纹在目上还有眉，目的两侧有的有耳，多数饕餮纹有曲张的爪，两侧有左右展开的体躯或兽尾，少数简略形式无兽体兽尾。所有饕餮纹基本都是按照这种模式创造的，结构程式化，但是在表现形式上多种多样。

如角的变化，有环柱角形、牛角形、外卷角形、羊角形、内卷角形、曲折角形、龙角形、长颈鹿角形等。

环柱角形饕餮纹（见图3-53）：角作半环形，中间有一段柱与额顶相连。

牛角形饕餮纹（见图3-54）：这类角都类似实际的水牛角，角根横向，角尖上翘而内卷。

图 3-53 环柱角形饕餮纹

图 3-54 牛角形饕餮纹

外卷角形饕餮纹：与饕餮纹已有较大的区别。

内卷角形饕餮纹：类似牛角形，但其角回环多转，这是牛角的变化形式，但又不是真正的牛角。粗大的角根横置于兽头的额顶两侧，角尖上伸后再向内弯曲。

曲折角形饕餮纹（见图 3-55）：角作“U”形的曲折状。角根向下，向上折曲而下，再向外弯曲而上翘，弯曲之处，皆作方折形。

龙角形饕餮纹（见图 3-56）：这是一种较为奇异的饕餮纹，兽角使用完整的龙形来表现，龙体也作曲折或扭曲形。

图 3-55 曲折角形饕餮纹

图 3-56 龙角形饕餮纹

长颈鹿角形饕餮纹：角作上小下大的瓶形体，在实际动物中只有长颈鹿才有这种角，是较晚出现的角形之一。又如头形的变化，有虎头形、熊头形、龙蛇集群形等。

虎头形饕餮纹（见图 3-57）：真实的虎双耳竖起但并不大，青铜器纹饰中的虎头纹双耳竖起，相当夸张。虎耳作一形，和内卷角的形式有些近似，区别在于内卷角的耳根肥大，角端尖锐，虎头的耳部置于额顶角的地位，两端都是圆势的。

熊头形饕餮纹：这种纹饰的额顶有很夸张的宽而长的耳，和虎耳不同，面目也相当雄壮。

龙蛇群集形饕餮纹（见图 3-58）：饕餮纹在西周晚期已完全衰落，至春秋早期已无所见。但在春秋晚期至战国早期的部分青铜钟的鼓部，重新出现了饕餮纹的构图，兽头的眉、额、面颊和口等各个部位，都是以卷曲缠绕的、小的龙蛇组成的，变为龙蛇群集式饕餮纹。

图 3-57　虎头形饕餮纹

图 3-58　龙头群集形饕餮纹

（三）意象合成

由于认识水平低下和缺少科学的意识，先秦时代人们的思想意识受到比较少的科学理性的束缚，对客观事物的认知常融合了感性知觉和浪漫想象，一切在现代人眼里是匪夷所思、不可理解的事物形态，在他们那里显得如此自然和真实。无所拘束的浪漫想象从来都是产生艺术的温床，先秦的装饰纹样（青铜器物造型亦然）表现出来的自由不羁的想象和动人心魄的艺术魅力，让人赞叹不已。

意象，原为中国古代文艺理论术语，指主观情意和外在物象相融合的心象，所谓感物而生象，这种“象”属于“人心营构之象”，和“天地自然之象”之间既有联系，又有区别。意象实际上是主观的意念接触到客观的物象时，激起了主观意念中的经验，并以一种经验的、具体的、可视的“象”来表现抽象的不可见的“意”。意象合成的方式是按照人的感觉和意图，把游离分散的物象整合成一个既假且真的整体形象，借以抒情与达意，所以意象形态多为现实中不存在或现在不存在的形态。这种纹样在先秦时期各种动物纹样中并不鲜见，如兽面纹、龙纹、凤纹，都是自然中并不存在的，都用了自然中几种动物的综合构成。

（四）打散构成

以单一的自然形（或变形）为原形，将其自由分解，拆成部件、部分或作规则切断，其性质可以不再是自然形，也可以不再具有原来的功能，以此为造型元素（使用全部或使用其一部分）组成新的形象或画面，称为打散构成。我国著名形态理论专家姜今先生最早系统提出打散构成理论，它通过对中国古代传统装饰纹样做系统研究后，提出了打散构成的思想。这无论是对研究传统图案还是对进行图案设计都有很好的指导意义。因此这里所论的青铜纹样构成法则是以姜今先生打散构成理论为基础，结合青铜纹样具体形态进行分析的。

1. 打散

打散，从表面上来看是一种破坏，实质上是一种提炼的方法，将原来形态中的元素分解开来。打散是一个分解的过程，分解不仅有利于了解结构，而且对艺术造型来说，更能深刻了解事物的内在美，了解到局部变化对形态的影响。它将完整的自然形态进行分解，找到它的比例美、节奏美、线条美、块面空间美、纹理结构美，这不仅仅停留在打散上。通过分解，可以找到各种美的规律、形态、元素。

在中国远古装饰艺术中，就可以看出打散的手法，如果从彩陶规律研究，它的打散所分离出来的花、叶、枝、蛙腿、鱼头、鱼尾中，能得到一个重新组合变异的形态元素。在青铜器上这种手法用的也很多，如西周早期的凤尾卣上的凤鸟纹（见图 3-59），它将凤的原形分离出来，装饰到另一空间中，使装饰纹样显得非常饱满，形成这种纹样格局：凤尾向下垂而凤背上的三个“E”形装饰都是凤的打散后迁移的尾花。凤头后的装饰——四个小龙头即为凤冠，以及垂尾下另一似小鸟的装饰，也是凤头打散后的搬移，从而突出了纹样的变异，产生了强烈的装饰效果。在青铜器上存在很多相类似的形象元素。例如，饕餮纹的目、口、耳、鼻形，都是类似云形的装饰，都是打散的产物，它安置在饕餮、夔龙、夔凤的各个部分，在眼部就是目，在壶的两旁就是耳，在铜器的下部就是脚。散点开来，就是半圆形的云形钩子，作为装饰底纹，可以因物而异，变化丰富多彩。在青铜器中还有夔龙、夔凤这种带方形回纹的形态，为了适应装饰空间与部位的变化，凤与龙几乎难分，可谓意匠变异，异常精妙。

图 3-59　凤鸟纹

2. 变异

形态在打散的基础上逐步异化成为新形态是我国传统纹样创造的一个规律。例如，虎耳扁足铜圆鼎的扁形虎足正好与立耳上的虎相呼应，构成完美的结合，使虎鼎看上去具有和谐的美感。猛虎形象是新干青铜器的特色。有学者认为这种造型是一种流行的动物纹饰，是沟通天地神人的中介；将虎装饰在器耳等醒目部位，可能与当地人的习尚有关，目的是让神祇看得更清楚，以便能起到沟通神人的作用。半坡彩陶鱼纹就蕴含一种渐变过程，文物工作者从出土的各种装饰中整理了递变的系统，这对设计艺术来说，是非常可贵的。但有学者怀疑它的系列装饰是不可靠的，但事实是在同一地点或地区、同一时期、统一类型的器皿上，发现了它的递变的规律性，这是科学的、可靠的。它首先将鱼头与鱼尾分开，进一步又将鱼身分裂与鱼鳍配合，变成一种新的形式，鱼的原形渐渐消失，构成取得主导地位，形态转向抽象的概念。从形态的基因中，保持了美的旋律，突出了变异的特性。

（1）单鱼形逐渐变异。最后向三角形发展，转化成抽象几何形。

（2）双鱼逐渐变异。由鱼并列连体向圆形转化，部分保持三角形特点。如马厂蛙形的变异，蛙在古代民间艺术中是常见到的。马厂蛙形，它也表现了递变的过程。由于蛙的腿形和动态的特征突出，所以马厂的蛙形转化为两种元素，一种是“万”字纹，另一种是波折形，组合变化很丰富。从这种演变中，可以形象地看出这种形态创造的技法。到先秦三代，这种上古时期积累起来的构形经验在青铜纹饰中得到了发扬和体现。周代不少的抽象装饰纹样均出自兽形纹样的变异。我国著名青铜器专家马承源先生将其称为兽体变形纹。他认为：“（兽体变形纹）是由体解型的兽面纹发展而成的。这类纹饰的特点是不辨角型，或只有象征性的无定状的角型，亦没有明确的兽体。除了目纹（有时很小）之外，其余都是一些无意义的、对称的横和竖的弧线，中间有两条退化了的鼻准线，兽耳和兽爪都不作描绘，但从整体来看，仍可依稀辨认出是兽面纹。”① 这种纹饰的具体类型有：兽目交连纹、波曲纹、羽翅纹、兽体卷曲纹等。兽目交连纹为两

① 马承源：《中国青铜器》，上海古籍出版社 2003 年版，第 320 页。

兽的某一部分相互连接，所接触之处有一目相连接。其表现形式有两兽的头部相连接，连接处是目纹，有两兽体躯相连接，还有两尾上下相连接或左右相连接，连接处均为目纹。这种纹饰亦称穷曲纹或窃曲纹。兽体变形纹是动物体躯组成的各种图案，这些动物的头部都省略了，体躯也随着图案而变形，成为波曲纹（见图3-60）、鳞纹、羽翅纹等。

3. 构成

这里的构成是指对打散后的元素进行重新组合。先秦青铜纹样采取了分解的方法。这里的“分解”是将完整的形态进行分解，找到它的比例美、节奏美、线条美、块面空间美，这就不仅是停留在形的打散上。通过分解，找到各种美的规律、形态、元素，这里包括形象、位置、结构、韵律等。比如饕餮纹的分解构成：西周双耳壶（见图3-61），从整个纹样来看，只有下部分有饕餮眼形特征，其他都已打散组合变异，构成一种含蓄的相似云形，每一个云形的连接转折分离都能相互适应，产生一种和谐的韵律美。这种美已超越了饕餮的凶相而转化为柔和抽象之美，显得舒展、有节奏、有变化。此种处理的手法，在打散重新组合后，达到相当高的艺术境界，它的规律、构成方法及其变异，值得我们深入地研究。

图3-60　波曲纹

图3-61　西周双耳壶

4. 对称与共用形

对称是事物造型的基本形式和特征，是简单直接的平衡形式。它象征和表现稳重合理性的观念，具有庄重、高贵、安定、朴素、简单、条理等情感特征，使事物具有静态感。青铜器物造型多为一种对称结构，为适应器形，青铜器装饰纹样广泛运用了对称图式。商代青铜酒器最普遍的构成为适合纹样的对称式，即以器物的中轴线或装饰面的中心线为界，左右对称地安排纹样。它强调的是秩序与规律具有很好的安定及均衡感。这种庄重、强劲的纹饰反映了商人试图用于领悟和创造秩序、美和完善性的观念，是启发后来中国古典艺术的渊源。关于这种对称的格式，也有几种解释，有人认为这是与人们在长期狩猎和放牧的生活中的观察有关，因为兽类在生存竞争中，当遇到外敌进行抵御时，总是用头正对前方。所以兽面纹往往是正面对称的形象，象征威猛、勇敢。有人认为对称的采用是和商代流行的“中剖为二”“相接化一”的两分倾向的世界观有关。他们说：“二分社会是研究殷人社会的一个关键”，与“殷礼中的二分现象与王室之内分为昭穆两组似乎有密切关系”。实际上，对称格式的应用，一方面是由于特定形式可以更好地表达内容的要求。在图案格式上，均衡的格式往往产生活泼感，而对称的格式则产生庄严感。兽面的正面对称表现，可以更强烈地衬托出青铜礼器的肃穆威严的气氛。另一方面对称格式的应用也与器物的制作和成型有关，青铜器用模块制作花纹，运用左右对称的方法更能做到准确和工整。值得注意的是，饕餮纹的对称布置有时并非安排在一个平面上，而是在方形转角处，饕餮纹的鼻形构成鼎的边角起伏状，加强了鼎的厚重感，而四方形的正面（或侧面）只能看到半个兽面，却转化成一只变形的虎形，只有观赏者在角上看到两边时，才能看到完整的饕餮纹。在夏、商、周三代的青铜器纹饰中，伴随对称出现的还有共用形的现象。共用形是两个或多个形态存在共用部分，常表现为形态作并列叠置，造成其中一部分形为两个或多个并列形所共有。因为同一区域既属于甲，又属于乙，而显得自相矛盾，并失去了明确性，使事物处于一种模糊不清的状态。由它控制整体组织结构，使形与形相互共存，从而构成独特的有机组合体。它完全脱离了自然的生长形式，却没有失去对象的特征，能够用不合逻辑的形象表现合乎逻辑的寓意。

这种共用形的构形技巧既有形式美感，又突破呆板的写实方法，显得俏皮、生动、活泼。我国民间工艺中也多用这种手法，如我国年画中的“四喜”，四个童子两个头，四只胳膊四条腿，其造型手法都是使部分形体与对方连接，相互利用“共用形”构成一个迷人的旋转运动着的组合形象。类似地，河北民间的玩具胖娃娃，六只手共用一个头，好像是三个胖娃娃的幻化感觉，又像是一个胖娃娃在爬行、翻滚，生动、活泼、巧妙，别有趣味。

商代的饕餮纹多是有身躯的。司母戊鼎腹上下装饰带的饕餮纹就是以中央的飘棱为界，两侧各为夔龙纹。这种处理手法在青铜器上屡见不鲜，如龙虎尊的虎、西周牛纹晕的牛、作册大方鼎的龙，都是一首双身，构成了庄严的形态和狞厉的美。

七、面饰与雕饰

青铜器装饰的空间表现形式并非平面装饰纹样这么简单，在现已发现的青铜器中，相当多的青铜器装饰纹样除平面性形态外还有立体的形式。有些青铜器上的装饰由平面纹样发展成了高浮雕形式，有些则是对器物的构件进行装饰加工，使之成为兼具实用与美化功能的雕饰部件。这些不同形式的立体装饰形式在这里称为雕饰，与前面讨论的平面饰纹相对应。面饰与雕饰往往相互结合，浑然一体，使青铜器显得精美华贵。线刻、浅浮雕、高浮雕综合运用面与体的有机结合，使青铜的装饰显得富有层次感、秩序感。有些立体雕饰形体就是平面纹饰的立体化，如商周时代不少鼎足本身就是夔纹的形象，又如西周时期的何尊（见图 3-62），它的主体装饰的饕餮纹，眉与目纹突出，角卷曲外伸，有很强的浮雕效果，边缘的扉棱向外突出，形态类似雷纹的重复单元。西周时期许多青铜器腿部上缘的兽面纹亦采用了浮雕形式，以立体的形式造型。再如周代的簋的把手上缘为一兽体的头部，兽张嘴下衔一把手，这种形式颇为常见，如湖北盘龙城出土的兽面纹簋、陕西临潼出土的西周利簋（见图 3-63）等。与此相似的是，先秦青铜器物中提梁部分的两端也通常饰为动物头部形象。

商周青铜器上的浮雕装饰有两个优点：一是与器形配合得极好。中国古代的青铜器艺术家很善于结合器形的特点作装饰，如将器物的提梁塑成蛇形、龙形，将器物的盖塑成鸟形或兽首形，将器物的柱塑成伞形或鸟形等。器物的四角突出部位，更是青铜器艺术家大显身手的地方，许多青铜器的角部被加上了浮雕式的饕餮或其他神异动物的头部。二是浮雕部分的装饰与平面装饰往往连缀成有机的整体，不少青铜器的装饰是这样处理的：浮雕部分为动物的头部，平面部分为动物的身子。夏、商、周三代的仿生形青铜器形态因势象形，生动有趣，整体形如一雕塑艺术品。但有些局部形体则直接用面饰加以表现，如妇好鸮尊、太保鸟卣的羽毛、眼睛都采用了线刻方式，这代表着我国雕塑艺术的特点，平面纹饰与体造型相结合，与西方一体的观念造型是不一样的。事实上，将平面造型与立体造型相结合，这是中国青铜器装饰的一个显著特色。

图 3-62　西周何尊

图 3-63　西周利簋

商代青铜酒器的装饰构成，反映了那个时代对世间万物的复杂思考，对完善的追求。繁复的纹饰尽管让人费解，但绝非是胡乱地刻画，而是古典传统文化的产物。正如一位哲人所言："中国古代青铜器花纹都是经过神圣的美的沉思，再经过科学处理的一般法则。"换言之，是智慧与理性的结晶成就了这些绚丽的纹饰。

第二节　青铜器物的造型之美

如果把青铜器上的纹饰、铭文比作衣裳，那么青铜器的形体就是穿衣裳的人的躯干。青铜器的形体就是纹饰、铭文所得以附丽的基础。青铜工艺的器形变化丰富，这些器形是适应着一定的使用目的而创造的。器形的多样说明当时贵族生活的繁杂的要求，也说明工匠高超的艺术创造力，富于变化的各种造型给人以多样的印象，有挺拔、茁壮、稳重、秀美等不同的艺术感觉，这里重点说说青铜器的立体造型。

一、艺术特征

从社会学角度看，青铜器造型是奴隶时代的产物，事实上，从原始社会进入阶级社会，统治阶级的特殊政治需求和生活需求都对青铜器造型的设计提出了迥别于原始社会的要求，为了适应统治阶级的需要，工匠艺术家们在造型设计方面，在承续部分原始陶器造型设计的基础上，创造新的造型，设计新的式样。从今天我们所看到的青铜器上，可以看出其造型设计十分丰富多样，不仅有时代风格，也有地区的不同风貌。也正因为如此，简单和过于绝对的描述难以反映先秦青铜器造型的艺术特色。仅就其形态而言，有大有小，有方有圆，有曲有直，有繁有简，但站在一个较为宏观的角度，也能看出先秦青铜器共有的美学特征。

（一）拙与巧

先秦早期的青铜器物混体的古朴、稚拙，掩藏着某种原始的、天真的、朴拙的美，著名美学家李泽厚把它称为“童年气派的美丽”。其形制单纯质朴，甚至有些粗陋，从造型设计上看，青铜鼎、青铜扁等饪食器是从新石器时代的陶鼎、陶高的基础上发展而来的，其造型和功能都继承了陶器的一些特点。这与后期繁饰之风形成鲜明对比。这些形体的简陋稚拙乃出于社会历史的必然，是人类幼稚时期智慧、精神、力量的真实反映，也正因为如此，那些简单朴实的作品才显得如此真实、自然。中国民间的传统艺术、非洲土著人的木雕、印第安人的服饰，都透出人类初期的稚拙与天真，这是今天我们无法刻意模仿的。社会越发展，文明越进步，人们也才越能欣赏和评价这种美。比如商代的人面纹大钱，铺身作镂空人面纹，眉、瞳、鼻突起，龇牙咧嘴，面目粗陋而可怖。又如商代的双面人头铜神器，此器为一中空的扁平形双面人首造型，额部宽，领部窄，呈倒置的等腰梯形。两面均有内空的圆突目，竖耳上部尖，肥鼻，有双孔，高颧骨，张口，两侧口角上翘，露齿，上四下八，除下犬齿外卷似獠牙外，其余均作长方的铲形。头顶正中有圆管，两侧各出一角，角端外卷，饰阴线卷云纹，下有方翠，整个形象夸张、神秘，同时又显得简单朴拙，给人以粗犷、稚拙的艺术感受。

再如陕西长安普渡村出土的斜纹扁（见图 3-64）、河南偃师二里头袋状空锥足斝、湖北黄陂盘龙城出土的兽面纹盖，都带有一些原始的质朴气息，形体明显继承了彩陶时期的造型特征。随着创作技巧、工艺水平的提高，青铜器形态越来越成熟，出现大量构思奇巧、结构复杂的青铜器物。商代中后期至西周，青铜艺术出现一个高峰，造型大方周正，严谨庄重，与充满狞厉诡异之气的纹饰有机结合，成为那个时代最有代表性的青铜斜纹造型特征。器物无论是整体还是局部形态的处理都非常到位，风格统一，其中不乏局部形态运用精巧的立体雕饰的青铜器。商周时期的仿生造型巧妙的因势象形，将美的生物形态与器物的实用功能完美结合，反映了那时人们的巧妙构

图 3-64　斜纹扁

思和丰富想象。春秋战国时期由于铁器的出现，青铜时代逐步向铁器时代过渡，青铜器物也逐步脱去了其神秘崇高的外衣，逐步世俗化、生活化。样式较商周时期有较明显的变化，造型不拘泥于程式化的传统形式，装饰趋于华丽与繁复，尤其是战国时期，各种奇巧富丽的结构与形式争奇斗艳，将青铜工艺水平发挥到了极致。这就是郭沫若所谓的青铜器发展的“新式期”，指出新式期之器物“轻灵而多奇构，纹缋刻镂更浅细……器之纹缋多为同一印版之反复，纹样繁多，不主故常。”[①] 湖北随县曾侯乙墓出土的铜尊盘以及河南淅川下寺出土的春秋时代云纹禁，是其中的典型代表。

（二）庄与谐

“庄”与“谐”代表着先秦青铜器不同时代的造型风格。庄者，庄重严谨，沉雄端丽；谐者，清新活泼，灵巧生动。从先秦器物造型的发展流变来看，器物造型风格经历了由“庄”逐步向“谐”的演化。青铜器物造型的这种变化与当时社会文化风尚的变化有密切关系。夏商之世，中国古史经过尧舜禹的二头军长制到夏代“传子不传贤”，开始进入一个新阶段，虽然仍在氏族社会结构基础之上，但早期宗法制统治秩序在逐渐形成和确立。在上层建筑和意识形态领域，以“礼”为旗号，以祖先祭祀为核心，具有浓厚宗教巫术性质的文化开始了，它的特征是：原始的全民性的巫术礼仪变为部分统治者所垄断的社会统治的等级法规，原始社会末期的专职巫师变为统治阶级的宗教政治工具。当时的巫、尹、史是统治阶级中一批活跃的“思想家”，他们“格于皇天”“格于上帝”，在宗教的外衣下，为统治阶级的利益考虑未来，出谋划策，作为宗教活动的重要道具，青铜器在他们眼里必须能够体现早期宗法制社会统治者的威严、力量和意志，必须要有一种震慑人心的作用。以饕餮为代表的青铜器纹饰被当作一种规范性符号，具有极为重要的神圣意义和保护功能，这种符号在幻想中含有巨大的原始力量，因而它是神秘、恐怖、威吓的象征。所以，各式各样的青

① 郭沫若：《青铜时代·彝器形象学试探》，中国人民大学出版社 2009 年版。

铜器物特征都在突出这种神圣的原始力量，突出在这神秘威吓面前的恐惧、残酷和凶狠。器物造型风格庄严凝重，神秘诡异，无论是形制巨大的司母戊方鼎，还是较小的兽面纹尊；无论是商代的云雷纹锁，还是仿生形的司母辛方鼎，都体现了这种风格。

到周代，商代那种严酷的社会政治环境逐步趋于缓和。周的文化，是一种重礼、待人较为宽厚的文化，它提出了“德”的观念，所谓“皇天无亲，惟德是辅”。同时周文化也比较看重现实，强调“礼治”，大行周礼。礼的特点是等级和秩序，它反映在周代的各个方面。从工艺美术的角度看，青铜器的制作都反映了等级差别，适应了礼制的需要。因而工艺制作的式样常有固定规格。由于商代奴隶主阶级对人民极端残酷的剥削和压迫，商朝最终灭亡，取而代之的周朝统治者看到人民反抗的力量，更为自觉地采取了利用原始氏族公社的传统和风习来缓和阶级矛盾、维护奴隶主统治的重大措施，制定了系统的宗族制度，由愚昧的崇拜鬼神、残暴的役使人民，转到提倡“敬天保民”。这一时期特别是西周后期，青铜器造型风格在庄重大方中亦显出端丽华美之气，周代纹样打破了商代以直线为主的特点，一般都组成“S”形，线形趋向柔和，方圆相济，器物的立体造型亦反映了这种倾向，局部出现曲线造型形式。天津艺术博物馆的西周晚期克钟（见图 3-65）用了大量曲线的钮透雕，周代的乙公簋三足采用了卷曲的形式，这在商代是很少见的。春秋战国时期是青铜时代的解体期，社会在发展，文明在跨进，生产力在提高，铁器和牛耕大量普及，保留了大量原始社会体制结构的早期宗法制走向衰亡。工商奴隶主和以政刑成文法典为标志的新兴势力、体制和变法运动代之而兴。社会的解体和观念的解放是连在一起的，殷周以来的巫术宗教传统在迅速褪色，失去其神圣的地位，再也无法用原始的、非理性的、不可言说的狞厉神秘来威吓和统治人心了。中国古代社会在意识形态领域进入一个理性主义的新时

图 3-65　西周克钟

期。郭沫若所谓“开放期”和“新式期”即为这一时期，它代表着一种新的趣味、观念、标准和理想在勃兴，旧有的巫术宗教观念在衰退，这正好折射出当时新、旧两种体系、力量和观念的消长兴衰，反映着旧的败亡和新的崛起。尽管它们还是在青铜器物、纹饰、形象上变换花样，但已经具有了全新的性质、内容和含义。这种美在于宗教束缚的解除，是现实生活和人间趣味更自由地进入作为传统礼器的青铜领域。如果说周的青铜风格脱去了几分沉重和神秘，那么春秋战国时期的青铜器物则进一步生活化、艺术化，不再那么神秘莫测、恐怖狰狞。器形由厚重变得轻灵，造型由严正变得奇巧，特别是战国时期的车马、戈戟等，统统以接近生活的写实面貌和比较自由生动、不受拘束的新形式进入青铜领域。

（三）真与幻

先秦青铜器物造型奇特，想象丰富，体现出亦真亦幻的艺术特色。其中不少模仿了动物形态，器物因势造型，形体夸张而且加入了想象的成分。其中有客观现实的影子，更多的是主观创造的真实，真象与幻象交织，真真假假、虚虚实实，在似与不似之间赋予形体诡异神秘之气，具有无穷的艺术张力。这里特别值得提出的是楚文化及楚系青铜器。楚文化是东周时期位于江、汉、淮水之间的一种古老而发达的史前文化体系。楚地主要位于长江中游地区，我国古代对南方民族总称为蛮、蛮夷或南蛮。商周时期对长江中游地区的民族称之为荆蛮、楚蛮或荆楚。后来周成王封荆楚的一支首领熊绎于荆山丹阳，这标志着楚国的开始。西周后期，王室衰落，诸侯兴起，楚国逐渐强大，战国时期的楚国已成为“战国七雄”中拥有疆土最为广阔的大国。

荆楚地区在20世纪70年代之后不断发现特色鲜明的春秋文化遗存，这说明大约在春秋中期前后，以荆楚民族为主体、以楚国为中心的楚文化体系已经形成。楚地处长江流域，偏离当时文化中心中原地区，较少受到北方中原文化的浸淫，有其独立的渊源和体系。春秋战国时期，南方原始氏族社会结构更多地保留和残存，依旧强有力地保持和发展着远古传统。在意识形态领域，仍然弥漫在一片奇异想象和炽热情感的图腾神话世界中。在文学方面，以屈原为代表的楚诗人开创了我国诗歌的浪漫主义传统，屈原的诗闪射着炽烈的情感和浪漫的想象，集中代表了一种充满浪漫激情、保留着远古传统的南方文化体系。在工艺美术方面，楚漆器艺术可以说是中华民族造物史上不可或缺的一页，是楚人巧夺天工之作。楚漆器表现出充满神奇幻想的巫术观念和道家审美意识，充满了奇禽异兽和神秘符号的浪漫世界。它以其原始单纯的造型涵盖宇宙万物的精神气韵，以其象征的意象赋予形体以虚无缥缈而又万象常新的神秘气质。楚地的青铜器物亦如漆器，在造型当中保持其特有的气质与风格，特别是其创造的动物形象，亦真亦幻，通过超现实的模拟而使形象更具艺术张力。具有这种艺术特色的青铜器不乏其例。

湖北随县曾侯乙墓出土的鹿角立鹤堪称代表，鹤长喙上翘呈钩状，引颈昂首伫立，两翅展开作轻拍状，拱背，垂尾。鹤首两侧插有两支铜质鹿角形枝杈。鹤的头、颈和鹿角上有错金几何纹饰，其他部位有铸成和镶嵌的云龙纹。此器造型别致，是一件独具风格的青铜工艺精品。鹤和鹿是长寿和吉祥的象征，把鹿角插入鹤头，将二者置于一身，可称为“瑞鹤”。古人把仙人乘车叫“鹤驭”“鹤驾”。此器出于墓主人棺侧，可能是反映死者成仙升天的思想。

图 3-66　青铜鸮尊

中原地区亦有这一类器物，著名的有象尊、鸮尊、鸭尊、兽形豆尊、虎尊等。殷墟妇好墓出土的一对青铜鸮尊（见图 3-66），整个尊形似意志昂首挺胸呈蹲踞状的鸮鸟，鸟仅为双足，设计者巧妙地通过鸟尾的下垂作支点，形成三足鼎立之势，不仅显得稳重有力，亦充分显现出大鸟的雄壮强悍之气。鸟外形总体上仿照了自然真实的形态，但又满足了器物的功能要求，看上去只有并拢的双翅、粗壮的双腿，很清楚地显示了鸟的形体特征。鸮头顶高冠，突目宽喙，头部后面开了一个半圆形的口，上面有盖，盖前端有一站立的小鸟，鸟后有一站立的龙，这些细节又使形体显得亦真亦幻，处于似与不似之间，使形象更丰满，更具有怪异和神秘的意味。

河南省淅川徐家岭楚墓出土春秋时期的青铜神兽（见图 3-67），龙首、虎颈、虎身、虎尾、龟足，张口吐舌，牙齿犀利。龙首上附六条蛇形龙。脊背上有一方座，座上有一神兽也为龙首，口衔一条龙。龙首通身饰动物纹和云纹，满嵌绿松石。此神兽形象诡谲，活灵活现，制作精美，绿松石镶嵌精细，绿石莹莹，极为美观，实属罕见之物。河北平山出土的战国错银双翼铜神兽（见图 3-68），昂首侧扭，圆颈直竖，前胸宽阔，两肋生翼，臀部浑圆，足如钢钩，后尾斜垂呈花鞭状。兽头部额中有一角后弯，双眼凸出，利齿交错，长舌上伸，似在咆哮，使双翼神兽集威武勇猛、矫健敏捷于一体，具有极强的艺术魅力。

图 3-67 青铜神兽

图 3-68 战国错银双翼铜神兽

（四）动与静

动与静是艺术表现中大量遇到的审美对象。生活本身原就是有静有动、动静结合的，而作为生活之反映的艺术，由于传达媒介的限制，或长于表达生活之动态，或长于表达生活之静态。青铜器大多是用作食器、水器、酒器的，需摆在几案上，自然需要平衡，因而以静感为主。如作为标准式样的先秦三足器，常给人以稳健敦实的印象，由此汉语中有“三足鼎立”之说，它反映的也是一种相互制衡的稳定结构和状态，但从人的审美需求来说，纯粹的静感是很难给人以愉悦的，因而，先秦的青铜器制作者千方百计地在静中求动，化静为动，创作了许多在审美意味上静中寓动的作品。这也说明我国古代的青铜艺术在审美价值的创造上所取得的可贵成就。在青铜器造型中，动静结合、静中寓动的美从形式来看是通过不同线型和结构组合来实现的。青铜酒器的造型特别讲究外形的形式美和动态节奏感。如修长而有节奏的觚，其侧面两条轮廓线大胆地向外推斥，使器身所呈现出的分离运动加强，给予极其活跃轻快的动感变化，而觚的侈口、细腰、宽底三段式结构又造成整体的稳固，如亭亭静置的处子。再如角，其轮廓线的运动造成一种渐强或渐弱的变化速率，动感愈加强烈。但三足的支撑使整体结构有一种静态的呈现。此外，诸如罍、壶、觯等器物，均是由于边缘线的运动过程发生了方向性转变，使这种运动显得更加自由。再让我们来看一个最富有变化的优美器皿——尊。它用“S”线型把长短、方向和变化速率不一的弧线糅合在一个统一体中。由此而造成推拉、扩张、收缩等，都产生了极大的张力，于是增加了器物的运动感。从表现的内容来看，是通过生机勃勃的动物或其他纹饰来实现的。比如青铜器中有不少造型其实就是动物的雕塑，如我们前面谈到的各种动物尊，它们具有寓动于静的形式美，那是不消说的了。那些仅仅将动物造型当作附属部件的装饰或者表面点缀的青铜器，也取得了很好的静中寓动的艺术效果。看看召伯虎簋（见图 3-69），簋足为圈足，簋腹为扁圆柱形，很稳健，很凝重。为了使器皿增添动

图 3-69　召伯虎簋

态感，器皿的制作者除了在簋体表面铸刻上各种以曲线为主的纹饰外，还特意将簋的两耳塑成凤凰形，那凤凰弯曲的长尾与垂直的簋体恰好构成一刚一柔、一静一动的视感对比，相辅而又相成。

二、造型类别

中国青铜器不仅种类多，而且器形多样，往往一种器皿就有若干种不同的造型和设计。从造型设计上，可以将中国青铜器的造型分为三大类：一是几何形类，二是象生形类，三是综合形类。无论容器类或非容器类的青铜器，几何形体的造型设计是最基本的设计，也是采用最多的设计。仅容器而言，圆鼎的造型特征为圆形，方鼎的造型特征是方形；圆形的有球体形的、椭圆形的，也有圆柱体形的，如壶、尊等；方形的器物还有方盘等。不同的器物可以说都有各自不同的造型，其设计基于一点，就是作为容器的功能性，凡容器必须能够容物，因此，自古至今，容器大多设计为圆形，这是因为圆形容器的容量最大，制造和使用亦比较方便。同为贮酒的容器，如尊、卣、爵等，因不同的功能而形成不同的造型。除此之外，不同的使用阶层和不同的使用场合决定和影响着造型与设计。象生形青铜器皿主要以动物为造型对象，如牛、马、猪、象、犀、虎、鸮、鸟、鱼等，著名的有象尊、鸮尊、鸭尊、兽形豆尊、虎尊等。1975 年湖南醴陵出土现藏湖南省博物馆的商代象尊（见图 3-70），通体作象形，通高 26.5 厘米，失盖，象鼻中空，鼻、腿粗壮。象鼻前端饰鸟纹，并有一兔伏于后。前额有一对蟠蛇，耳下有鸟纹。全身饰有多种动物纹样，器形设计运用象的形体特征与器物用途和谐地结合，是商代实用艺术的优秀之作。在青铜器的造型设计中，艺术家们常利用双关互借的手法使形象更丰满和更具神秘怪异意味。这种双关借用、因势造型、因势利导的造型和装饰手法及其所形成的独特图底关系的利用，是中国青铜工艺艺术中最值得重视，亦是最常用的设计手法之一。日本白鹤美术馆藏的“太保鸟卣”（见图 3-71），其设计与妇好墓青铜鸮尊类似，不同的是鸟形写实，呈蹲坐状，头部有后垂的角，颌下有两胡。以动物为主要对象的象生形设计，在设计时对动物对象的设计与处理因势因地而异，大致可分为三类：一是写实形的，如陕西宝鸡出土的象尊，因写实，象的形象憨厚稚拙，一扫那种狰狞可怖的造型特征。西周中期的驹尊以写实的手法作造型设计，设计者选取年轻小驹作象生对象，马驹除腹、钮上有纹饰外，无其他纹饰，小马驹昂首站立，竖耳垂尾，体矮颈粗年轻壮硕，不仅如实地表现了当时马的体格特征，而且通过对小马驹的憨厚、率直的形象刻画，表现了一种与时风不同的设计理念和审美追求，此尊虽作为礼器，但其造型却如此写实、如此与当时繁饰的风格不同，这似乎表明即使是在统一的社会规范中，设计的多样性和可能性还是存在的。二是装饰性的象生设计，这是流行于商周时代、占主流的一种设计风格。如前述湖南狮形山出土的象尊和妇好墓出土的鸮尊都属于装饰性象生设计。三是非现实动物的象生设计，其造型类似某些动物但又不是，如妇好墓出土的一对妇好铭圈足献，全器作鸟兽合体造型设计，从前面看是一只腾跃的猛虎，从后面看则是一只展翅欲飞的鸮。同墓出土的刻有“司母辛”铭文的四足青铜献，头似马但又长有一对羊角，两只前腿长，下生两兽蹄，两后腿短，下生有一对鸟爪，在两腿的上部体侧有一对浮雕羽翅，兽背上还伏着一条头生双角的龙，这是自然界没有的怪异之兽，也是古代工匠艺术家独特的形象设计之一。

图 3-70 商代象尊

图 3-71 太保鸟卣

象生形在青铜器中有的是作为整体形象而出现的。也就是说，一件青铜器就是某一动物的雕像。上面所列举的尊、献都是整体动物形。尤其值得注意、令人兴味盎然的是器皿的盖的设计。古代青铜艺术家不把盖撤出整体构思之外，而是将其纳入整体构思之中，盖是动物形体的一部分，盖与体合在一起，就是一具生动完整的动物雕塑。综合形是结合以上两种设计的特点而设计的，即在一个器物上能够同时看到象生和几何形的设计共生共融。在青铜器中有很多主体部分造型不是动物形象，只是一些次要部件或者附属部件，如盖、提梁、足才是动物形象，像龙头提梁卣，卣主体部分是几何造型，但卣盖正中塑有一只尖嘴小鸟，小鸟周围还塑有爬行的龙。卣提梁造型也别具一格，其形状是两条尾巴相衔接的龙。事实上，相当多的青铜器提梁造型采用这种形式。其作品有商代羊尊盖（见图 3-72）身为四足扁形，与流于一般的盖设计不同的是，设计者将盖设计为一只蹲伏欲飞的大鸟，大鸟冠毛高耸，双目凝视，勾喙上昂，因作盖的功能需要，双翼内收于中心的提耳处，与挺立的头部造型相呼应，尾部作上翘状。著名的商代四羊方尊，尊体为方形，设计者在尊体的四角各铸一只挺立的羊，并将羊头伸出尊体，羊头大而卷曲，角尖又转向前翘，身躯腿蹄分别在尊腹和尊的圈足上，既与尊体形成一体，又好像四羊对尾分向而立，共同背负着方尊的尊颈和尊口，羊的象生造型和器皿设计巧妙地结合在一起，几乎天衣无缝。整个造型设计伟岸挺拔，线条刚健流畅，有一种勃发的气势和活力。英国不列颠博物馆收藏的一件商代羊尊（见图 3-73），也有同工之妙，器左右各以羊的前躯结合作造型设计，中间为一扁壶，器颈置于双羊背部，双羊的四足为支柱，这也是器皿和动物象生设计结合的实例之一。

图 3-72　商代羊尊盖

图 3-73　商代羊尊

三、美形与美用

形式与功能是贯穿于造物中的两大线索，它们相互制约又相互关联。早在青铜时代，人们就已开始关注这一对矛盾了。先秦诸子的著作虽然没有直接和专门的论述，但他们的著作间接反映出他们对形态功能的认识。儒家代表孔子有“绘事后素”之论，绘饰之事虽华丽，但却是外表，是后于本质性的“素”，对“素”的理解，有人理解为素底，或单色的底，这仅是表层意义。实际上，应当理解为毫无附饰、完全为功能而存在的纯粹之形。由此不难体会出绘饰是在保证功能前提下的，是“后于素”的，强调功能的重要性。孟子说：“一人之身，而百工之所为备。”（《孟子·滕文公上》）器物的社会价值首先表现为它在民生方面起到的基础性作用。当然儒家并不完全排斥对器物的装饰，孔子说：“质胜文则野，文胜质则史；文质彬彬，然后君子。”（《论语·雍也》）“野”就是粗野，缺少必要的文彩和装饰，就是质的专横与自闭；“史”就是华丽的膨胀、文的铺张，是虚华与矫饰。这体现了儒家对文质关系所持的辩证态度，扬弃“文胜质”“质胜文”两种片面倾向，做到“文质彬彬”，文与质的和谐与统一。不使装饰趋于奢华，也不至于缺少装饰而没有文彩。百家之中，坚持认为器物之利以利天下之民最为彻底者，当首推墨子。《墨子·节用中》云：

“凡足以奉给民用，则止。诸加费不加于民利者，圣王弗为。”在墨子看来，一切对“民利”无益者是毫无意义的，“利用则止”表明了自己的“好质而恶饰”的器物形式标准。应该说先秦思想界首先对于人造器物的功用价值有着明确的认识，即便是对器物及造物活动抱着至为虚无态度的道家也注意到器物具有实用价值。

与器物在民生方面所起的作用紧密相连的是它在社会政治上具有的价值和作用。保障人们基本生活所需既是一个社会存在和发展的必要基础，也是治世者维持社会长治久安的基本前提。《易经》中讲到神农氏造农具，“以教天下”；黄帝、尧、舜氏作舟车，“以利天下”，作弧矢，“以威天下”。从“以教天下”“以利天下”“以威天下”这些表述推论，造物活动的最终目的在于治天下，器物的最终意义在其社会政治方面的效用及价值，反过来说，治世之道应与器物之利相伴而行。在实用与审美的矛盾统一中，应该看到，实用是第一位的，这是由青铜器功能性质决定的，既然如此，在青铜器的造型活动中，第一位要考虑它的实用性，青铜器造型要服从的第一原则是实用性。鼎是用来煮食或盛放肉食的，簋是用来盛放黍、稻、粱等饭食的，功能不同，形制也有别。鼎是煮食器，根据煮食的要求，其形制就很特别，大口，便于取、放食物，腹部设计成袋状足，这是为了增大受热面积，让食物较快煮熟。在设计学中，所谓功能既包括物质功能，即实用性，又包括精神功能（如社会的、教育的、审美的等）在内。青铜器的形态设计虽然有各种社会政治、阶级利益、思想观念的预设和制约，但设计师们仍能够创造性地发挥自己的才能，设计出符合自己需要的作品。青铜器因不同的需要，产生了众多的品类。仅酒器一项就在 20 种以上，饪食器亦有 15 种之多，功能有烹煮、实牲祭祀、炊蒸、盛放各类食物、水及调味品、切肉、取食等，功能设计相当细致与完备。每一种器物有特定的称谓、特殊的形态、相应的功能，这些都是从实用功能的角度进行考虑的。青铜器的美是美形与美用的统一，是合目的性与合规律性的统一。一件器物很实用，并且用起来很方便、很顺手，这就使人感到高兴，自然对它的形状产生好感。这种好感就是一种审美性质的愉悦。器物首先必须合乎规律，比如三只足不一般高，就必然放不稳，不能很好地盛放食物，也不雅观。规律本是客观的，它对人有利、有用，必须在它被人认识以后。如把规律简称为“真”，则可以说善以真为前提，同样美也以真为前提。其次必须合乎目的，这一目的主要是指人的主观愿望，它是建立在人的需要的基础上的。人制作爵的愿望与制作剑的愿望是不同的，爵是饮酒器，因人饮酒之需而制作，剑是杀人器，因人战争之需而制作。不可设想，制作出来的爵不合人的便于盛酒、饮酒的主观愿望还有什么美可言。同样，制造的剑根本不能用于杀敌，也不会被人们所喜爱。目的合乎规律，规律为目的所用，主观愿望与客观规律统一的直接产物是善，这“善”是指实用功利性，因实用、因功利而受人喜爱，导致美感产生。前面分析鼎、簋、爵都各有其善，也各有其美，这善、美都是规律与目的的统一，主观与客观的统一。青铜时代的青铜艺术的社会功能主要是作为礼制的工具，礼器的功能往往是首位的，这是其造型设计的基点。那庄严、沉重、狰狞的造型与装饰设计的产生，无不打上了时代的烙印，成为那一时代的文化信物。商周时期大量具有符号意义的装饰实际上是实现其社会功能的一部分。到春秋战国时期，此前功能性的装饰逐步让位于纯形式主义的装饰，性质发生变化，繁缛的装饰盛极一时，商周时代确立的明确的宗教礼制属性淡化，青铜的功能、用途在繁缛装饰面前迷失了方向，这时青铜文化开始走向衰落。

四、方向感

在形态学中方向是影响平衡的重要因素，方向起着引导视线的作用。一个形状或许被看作方向向右而不是向左，这是因为人们在读书时总是从左向右读。如果形状的中心部位恰好与这个形状的支撑点相重合，它的力量看上去就好像是从这一点发射出来的，如果一个式样的一条边被固定在框架上，而另外的边线处于自由的空间中，力就会向自由的那一端运动。甚至形态的内容也能产生具有方向的力，在画素描人物时，人脸偏向左方，这种情况下，如果头像位于画面正中心，会略微感到有些局促压抑，所以会适当把人像的位置右移。因为画面上人物视线是向左方的，这样就给一个十分对称的正面像造成一股向左侧运动的强大的力。这表明，形态普遍存在一种导向性的力感，这就是所谓的形态的方向感。青铜器的典型式样都有明显向上的方向感。青铜器的造型大多端正大方，有一种昂然向上的气势。“三足鼎立”是中国文字中对一个稳定结构的描述和赞扬，这本是对中国青铜鼎的一种如实描述，借用青铜鼎的稳定、坚实、可信及其岿然不动的品格来比喻人事，从这种比喻中，我们溯源可以看到它的本意——中国青铜器皿设计的典型特征之一：结构稳定端庄、造型大方凝重、气势昂然向上。这是中国青铜器共同的特征，即无论是大型器物还是小件器皿，都具有那种端庄凝重、岿然不动、毅然鼎立的结构和气度。从迄今发现最早的青铜器皿之一的二里头文化的“爵”到春秋战国时期的“莲鹤方壶”乃至汉代的青铜器，其造型设计几乎自始至终关注着、物化着这种追求大方、端庄凝重的意念和努力，并折射出那一时代特有的自信的力量和美学精神的追求。河南淅川出土的“王子午鼎”，平底束腰，鼎立耳外撇，其造型敦厚又具有一种蓬勃向上的精神气质。饮酒用器无论爵或角都是三足外张，流畅的流或尾形成一种向上的力，圆满而又充满张力的曲线给人一种昂扬向上、威风凛凛的气势。中国青铜器造型艺术的这种昂扬向上的方向感和磅礴气势至今给人们以巨大的启示和震撼，它折射出一种民族精神和气质。王家树教授在分析商代青铜爵时曾感叹道：“这一优秀的青铜工艺形象，它那形体的比例适中、直线和曲线的巧妙结合、造型和装饰的简练素朴，难道不是给人一种高耸向上而又沉稳有力的美感享受吗?”[①]青铜器典型器物的这种挺拔向上的内在气质是与器物垂直向上的方向感密切相关的，它的线形、结构、饰件都在视觉上规定、引发着这种空间方向感。视觉心理学认为任何一种特定形态的事物，都具有自己的轴线，这些轴线都能产生一股具有方向的力。青铜器物大多以正中心垂直纵向的线为轴线，器物形体是一种沿轴线呈中心对称的几何形体，器物造型、结构轮廓都朝向这一基本方向，包括其部件都符合这一走向。器物总体的形态轮廓把人的视线引向上方，产生一种明确的视觉导向性。

---

① 王家树：《中国工艺美术史》，文化艺术出版社 1994 年版，第 83 页。

青铜鼎是青铜礼器中极具代表性的形体。金文中“鼎”字写作“鼎”，这种象形的文字表明了鼎的基本形态特征，由耳、器身、足三部分构成，青铜鼎先秦三代都有发现，形式各异，但基本上都是这种结构模式。敞口、唇边，有一种向上的指示性，竖直的立足和立耳等饰件则强化了一种向上的方向感。诸如此类的还有扁、簋、觯、敦等。青铜酒器如爵（见图3-74）、簠、角、觚（见图3-75）、尊、壶等以一种流畅的线条导向来表明其方向性。典型式样如觚，形体修长，边缘的轮廓线呈双曲线形，底部宽大，重心位于下部，顶部侈口向外展开，如同向天空盛开的喇叭花，这种边线引导着人的视线由下向上，造成一种向上的方向感。

图3-74　爵

图3-75　觚

五、符号意义

青铜器物之大宗——礼器最需要研究的、最值得关注的在于其符号意义，最初青铜礼器只是烹煮盛食之用器，然而随着奴隶制下宗教礼仪及礼制规章的完善和兴起，青铜礼器的象征意义日益显露出来。由于青铜礼器在当时社会活动中所扮演的角色，它被赋予了丰富的精神内涵并在当时社会被规约为一种符号，这种符号在社会活动中不断得到强化，符号自身的形态也不断改变以适应其功能的转变，最初的实用性能或退化或被忽略。青铜礼器的符号意义是建立在当时的社会文化基础上的。人们是通过“文化”去认识“符号”的，经过对文化的学习、认知，才能了解在社会现象里所有符号所代表的意义。相对地，我们也是通过所有符号的形式，如文学、绘画、建筑等表现出自己的文化，事实上，文化是整合符号形式（Signiifer）与符号意义（Signiifed）两者之间背后关系的潜在力量。由此可知文化的重要性，若无文化我们将失去符号系统的规约作用，而无法认知符号、了解信息，新的文化及社会将无法继续运作。

千变万化的青铜纹饰不仅表现了一个与自然相像的纹饰世界（诸如动植物、人物等纹样），而且表现了一个与自然界几乎是无关的幻想世界（几何形纹样等）。抽象的几何形纹饰的内在意义常常是巨大而深刻的，有时甚至难以理解。当代对纹样进行符号学研究的重大困难不仅在于历史的久远、历史事件的模糊，而且在于人们很难把握当时人们如何把自己的思想观念转化为纹样的中介环节与内在尺度，即为什么采用这种形式而不采用另一种形式的问题。其中自然与当时人们的视觉感受方式和感受能力有关，与当时社会的某些习俗有关。纹样如果是有意义的符号，那必定是那个时代人所共识的符号，如同今天我们的一些著名标志一样是为这一时代的人所共知的。

图 3-76　半坡彩陶鱼纹

青铜器纹样形态的符号性是建立在形态象征性基础上的。在人类社会文字记事不发达或巫术、宗教极为盛行之时，纹样的象征性几乎是纹样的内在属性。五六千年前的彩陶纹样被认为是“有意味的形式”，如仰韶文化的半坡彩陶鱼纹（见图 3-76），被认为是多子多孙的象征，这种与后代观念相应的猜测只是诸多议论中的一种，含义极为丰富。马家窑器的彩陶纹饰中，有很多图案化的鸟纹和蛙纹，研究者指出：“在我国古代的神话传说中，有许多关于鸟和蛙的故事，其中许多可能与图腾崇拜有关。后来鸟的形象逐渐演变为代表太阳的金鸟，蛙的形象则逐渐演变为代表月亮的蟾蜍。”不仅彩陶纹饰，青铜器纹饰等相当多的纹样都具有特定的象征意义，比如龙纹。龙纹是中华民族最吉祥、最神圣的纹饰，龙的形象是中华民族传统文化最具代表性的象征。龙的形象不是在青铜器上才出现的，远在新石器时代，就有龙的形象的萌芽了，不过那时龙的形象比较接近蝴蝎，较写实。龙的形象的真正形成，还是在青铜时代。青铜器上出现龙纹是历史学家和工艺美术学家认定的早期龙纹——夔龙期的代表，这一时期的龙纹是多种形象的综合体。龙的形象虽主要取材于蛇，但又不止于此，还融合了马、鹿、兔、鱼、鹰等多种动物的形象。这可能意味着以蛇为图腾的氏族、部落在其发展壮大的过程中不断战胜，融合了以马、鹿、兔、鱼、鹰等动物为图腾的氏族、部落。除了以龙的形象表明自己的家族外，更重要的是借助于龙的形象引来龙的巨大威力保护自己、发展自己，为自己求得吉祥和幸福。又如凤纹，它在青铜器纹饰中最为飘逸美丽。本来，青铜器纹饰的主体风格是凝重诡异的，而凤纹给人以华美圣洁之感。凤与龙一样是上古人民想象创造出来的，它是一种神鸟，综合了多种动物形体特征。要溯其渊源，凤最初的形象是玄鸟，是上古东夷族的图腾，凤的形象反映人们对幸福美好生活的向往。早在《诗经》中，人们就用“凤凰于飞”来比喻青年男女的相亲相爱了。凤还象征着圣洁清高的事物，《诗经》中有“非梧桐不栖，非竹食不食”，《论衡》中认为凤是百鸟领袖，“鸟之圣者也”。正是因为凤具有这些美好品质，才被当作广大人民理想的象征物。

可以认为，纹样的符号性质是纹样可以被作为图式或图像来研究的重要条件。先秦三代奴隶主统治阶级为了巩固自身的统治，常把自身的统治说成是上天的旨意与安排，他们依靠巫、尹、史这样的思想家和舆论家，创造秉承天意的种种事象，当时的主要活动是占卜，卜雨、卜年、卜征战的可行与否。奴隶主也听命于这种表达天意的占卜预言，正是有了这样的“天意”，奴隶主阶级的统治似乎就有了合法性，而青铜器造型中所蕴含的神秘、诡异、狰狞的形式特征，便是依据天意设计出来的符号和标记，如作为兽面纹的所谓饕餮，以超现实的神秘恐怖的形象设计，成为统治阶级肯定自身、统治社会，用于协上下、承天休的工具。

根据英国著名人类学家弗雷泽所建立的巫术理论，青铜器的纹饰、造型是具有某种巫术色彩的。弗雷泽认为，巫术赖以建立的思想原则，可归结为两个方面：一是同类相生或果必同因，二是物体一经相互接触，在中断实体接触后还会继续远距离地相互作用。前者可称为相似律，后者可称为接触律或感染律。青铜器的一些怪诞的造型和纹饰看来是可以用巫术的相似律来解释的。在原始的巫术信仰者看来，模拟的对象与被模拟的对象是相通的，可以用模拟物代替被模拟物来实现巫术施行者的某种愿望。比如可以通过破坏或毁掉敌人的偶像来伤害或消灭敌人，"一个不孕妇女为了想当妈妈，就制作一个木偶婴儿抱在膝上，相信这会使她的愿望得到实现"。青铜器的纹饰为什么要设计成动物形状？青铜纹饰为什么要那样神秘，那样怪诞，那样可怖？亦可用模拟巫术的原理去解释。也就是说，青铜器已不只是盛放食物的器皿了，它已经成为某种超自然的力量——神、鬼在人世间的象征，那森严的令人可怖的纹饰和造型就是鬼神的世俗形象，它就是神灵。在庄严神秘的世俗活动中，祭器中装上祭品，陈设在高高的祭坛上，那气氛是何等肃穆、何等阴森，它最能诱导人们进入可怖的宗教境界。

原始宗教观念的基础是万物有灵论，即认为，天地万物，不论是动物或植物，风雨雷电还是山川河流都是有灵魂的，像人一样有思想，有感情，有意志。在远古人类看来，冥冥之中的神鬼就附着在这些自然物身上，神鬼的威力就体现为自然的威力，而自然的威力也就是神鬼的威力，故太阳有太阳神，风有风神，雷有雷神，山有山神，河有河神……原始宗教最为初级的形式就是自然崇拜。正是基于这种崇拜，青铜器物及其装饰纹样被赋予了种种特殊的意义。比如青铜器上普遍刻有雷纹，据说这是对雷神的崇拜，此外也可能与雷之前闪电闪现的形状有关。又如火纹，画成一个圆圈，圆圈内有火焰（见图 3-77），这可能与古代的日神崇拜有关。而中国最古老的氏族领袖

图 3-77　火纹青铜器

炎帝通常被认为是日神，而炎帝又是华夏民族的重要始祖之一，因而奉行日神崇拜是很自然的事情。中国古代有不少关于太阳的神话，最著名的有羲和生了十个太阳的故事，羲和是帝俊的妻子，帝俊又据说是周人的祖先神。从这一例子也可看出，古人的自然崇拜也往往与祖先崇拜结合起来，从而使自然崇拜渗透更多的社会人伦精神。

在青铜器物的纹饰中动物形象最多，出现在纹饰中常见的动物形象，有现实动物，如牛纹、羊纹、虎纹、象纹、蛙纹、蝉纹、鸟纹等；有合体动物，如龙纹、凤纹及许多难以确认的鸟兽合体纹等，这也是远古图腾崇拜的标记。只不过奉这种动物形象为图腾的氏族很可能是由许多氏族合并而成的，如龙氏族就可能是蛇氏族、马氏族、鹿氏族、鹰氏族等氏族的集合体。这些氏族各有自己的图腾动物，合并在一起后，就各取原所崇奉的图腾动物形象的一部分，经综合，创造出龙这样的动物形象出来。

这种动物形态的图腾建立在远古动物崇拜的基础上，动物崇拜实质是将动物神化了，人在无力完全征服动物时，就乞助于动物崇拜，恳请动物神灵大发慈悲，多赐予人们食物，不伤害人的生命，要伤害的只是祸害人类的妖魔，这就是所谓的“避邪”。在动物神化的过程中，为了突出动物作为神灵威吓的力量，人们常常将动物的形象加以变形，加以合并，饕餮的形象本是牛头，经过古代人们的宗教性想象，演变成似牛头而又非牛头的恐怖形象。夔龙、夔凤也是多个动物合体而成的，由于作了抽象夸张的处理，显得很怪异。在古人看来，饕餮、龙凤具有巨大的威力，也就容易与它们怪异的形象联系起来。总之，青铜器上大量采用动物形象作纹饰，最基本的意义是沟通人的世界与神的世界的关系。出现在青铜器上的动物纹饰和动物形状的青铜器造型，要么是神的化身，要么是神的使者，它们或是人类的吉祥物，或是人类的保护神，或给人类赐福，或为人类避邪。

青铜器的符号意义随着时代的推移而逐渐冲淡了，东周青铜器纹饰就明显不及西周、商纹饰之怪诞。幻想的纹饰逐渐消失，而世俗生活场景的纹饰逐步出现，造型亦逐渐摆脱那种凝重、神秘、怪诞的模式而显得生动活泼、亲切可喜。凡此种种，都显示着新的文明即将到来，这在前面已做了详细说明。

青铜器在商周社会的地位和作用是非常重要的，它普遍地进入商周社会生产、生活的各个领域，扮演着重要角色。在中国古代，“国之大事在祀与戎”，青铜器既是祭祀的祭器，又是战争的名器。不仅如此，青铜器还是奴隶社会“礼治”的象征、贵族世家的徽记、国家政权的标志。中国漫长的封建社会一直是主张以礼治国的。这种以礼治国追溯起源，当推到奴隶社会，即中国第一个文明社会。所谓“礼”，就是统治阶级为巩固统治地位，维护统治地位而建立的一套统治制度，其中最主要的是等级制。夏、商、周均有自己的“礼”。商礼是参考夏礼而制定的。周礼是周王朝的礼制，是著名政治家周公参考商礼制定的。周礼对中华民族精神文化、制度文化的建构影响极大。孔子念念不忘“克己复礼”，他要复的“礼”就是周礼，孔子非常崇拜周公，他创立的儒家学说后来成为中国封建社会主要的精神文化，而这种文化的许多内容都是根据周礼加以改造、发展、扩充的。礼器在商周时代是很神圣的，因为它是统治阶级统治权力的重要象征，国君、诸侯均有标志自己名分、权力的重器。重器在意味着名分在、地位在、权力在；重器失，意味着名份失、地位失、权力失。

据载，中国历史上第一个朝代——夏朝（约公元前 21 世纪至公元前 17 世纪），禹王以九州进贡的青铜铸了九只鼎，鼎上分别雕铸九州物产、奇禽异兽的图像，精致无比，代表当时的冀州、充州、青州、徐州、扬州、荆州、豫州、梁州、雍州九州。《拾遗记》中解释道：“禹铸九鼎五者以应阳法，四者以象阴数。”象征天下九州方圆尽归于夏，九鼎就是镇国之宝，王权之象征。战国时期，诸侯各国莫不觊觎周王室的九鼎。秦国最有条件吞并六国统一中国，天下尽归，自然要占有国宝九鼎。公元前 258 年，秦国灭周，秦昭襄王就把九鼎迁到秦国国都咸阳去了，这标志着秦国完全取代了周王室的地位。相传迁鼎途中，船过泗水时，豫州鼎（洛阳鼎）突然由船上飞起，化为巨龙没入水中，寻而未果，秦始皇登位时鼎只有八只了。九是数中之最，秦始皇希图自己的权力达至无以复加的程度，自然要极力寻回那只失落的鼎。《史记·秦始皇本纪》中说：秦始皇“过彭城，斋戒祷祀，欲出周鼎于泗水，使十人没水求之，弗得”。秦始皇最终未能寻回那只鼎，其余的八鼎秦以后也渐渐失传，不知所踪了。九鼎的下落终成千古之谜。

秦以后，鼎的象征意义不再那么被人重视，仅仅存在于人们的语言中。唐代女皇武则天在洛阳重铸九鼎耗铜56万斤，其中神州鼎最大。九鼎落成后，宰相、诸王率南北牙宿卫兵10万人簇拥入城，置于通天宫。看来，第一位女皇和第一位皇帝总有一些是相通的。

历代王侯垂青九鼎，但九鼎并没有护住他们的江山社稷，历史按照它自己的规律向前发展，而铜鼎的光泽却长久地垂照着人类的历史。

既然青铜礼器往往作为统治阶级政治权利的象征，那么它必然有等级之别，我们知道，不管是封建社会，还是奴隶社会，等级都是森严的。拿商代来说，社会上基本分为两个大的阶级：奴隶主阶级和奴隶阶级。在奴隶主阶级中，又可分为几个等级，最高的是商王，商王之下有三个特殊阶级：一是本王族的亲缘贵族，二是掌管占卜祭祀的巫史等，三是附属的各族邦伯酋长。就商王族子弟、姻亲来说又有嫡庶之分，嫡子有王位继承权，地位要高，庶子无王位继承权，地位要低，没有王位继承权的庶子有分封权。他们一般分为公、侯、伯、子、男等爵位，这些爵位也有高低之别。周代的政治制度为分封制、宗法制，周天子至高无上，分封的诸侯按与周室关系的亲疏，地位有高有低。在宗法系统中，每一家族中，大宗与小宗的区别相当严格，只有大宗才有父位的继承权和对祖先的祭祀权。周代的贵族大体分四等：天子、诸侯、卿大夫、士，每一等的子孙又有大宗与小宗之别。

如此严格的等级制度也在青铜礼器的使用上充分体现出来了。西周时代用鼎往往是成组使用的，号称“列鼎”，列鼎用奇数，一、三、五不等。同一组的列鼎，形制、纹饰、铭文相似，只大小不同，依尺寸陈列，祭祀或进餐时，用鼎盛放肉食，叫作“列鼎而食”，据古籍记载，奴隶主贵族使用列鼎的数目是由他的地位决定的，地位高的用的列鼎数高，地位低的用的列鼎数低。按历史记载，天子用九鼎、诸侯用七鼎、大夫用五鼎、士在特定场合用三鼎。

青铜礼器的符号意义还与它的宗教意义紧密相连。在商周时代，青铜礼器不只是作为权利的象征而被各阶级统治者珍藏，它还是当时普遍盛行的宗教祭祀活动中的祭器。尽管岁月的长河已经将它本身的宗教含义冲洗得相当淡薄，但它那种别具一格的造型，特别是奇怪的纹饰，仍然在人们心灵中引发出一种神秘的、恐怖的宗教情绪。从先秦社会发展水平来看，民智尚未开化，宗教和迷信思想极为浓厚，史载战国时期有女巫把少女投入河中给河伯为妻的故事，这反映了当时的社会现实。弥漫在当时社会上的宗教巫术思想表现为“万物有灵论”，青铜器成为人神沟通的媒介，是一种宗教的徽记，也很容易被大众理解和接受。

夏代，由于年代久远，其敬神事鬼的情况不得详知，但《礼记·表记》也有所记载：“夏道遵命，事鬼敬神而远之。”殷商这方面的材料很多，在中国古代诸朝代中，殷商的人们大概是最迷信的了。《礼记·表记》说：“殷人尊神，率民以事神，先鬼而后礼。”鬼神的意志是唯一的意志。商代宗教观念相当一部分内容是原始宗教观念的继承，其中主要的是自然崇拜、祖先崇拜和图腾崇拜。所谓自然崇拜就是对自然物的崇拜，远古的原始人将自然物都看作与人一样有思想感情。祖先崇拜就是对已经去世的先祖神灵的崇拜，原始人相信人死之后还有灵魂的存在，他们期望祖先的神灵保佑他们。所谓图腾崇拜就是自然崇拜和祖先崇拜结合在一起的一种原始宗教，被当作崇拜对象的自然物被认为是本氏族的祖先，或与本氏族有血缘关系，或与本氏族有过特殊关系。周取代商后，在宗教观念上也基本上继承了殷商的传说。

周人也把自己的祖先与上帝联系起来，将自己取代商看作天命所至，俨然以上帝的代表自居。当然，由于殷灭亡的教训，周人对天命的绝对权威还是有些怀疑的，他们认识到世间可畏的也许不在天而在民，因此又产生“保民”的思想。尽管如此，周人敬天的思想还是主要的，只是不像商人那样认为天命是绝对不变的，而是认为天命是可以变的。商周两代的宗教活动一是占卜，二是祭祀，二者也往往结合起来。商代宗教活动尤多，几乎无旬不祭，无事不卜，老百姓亦然。由于祭祀活动繁多，就需要大量的祭器，青铜器在很大程度上适应了祭祀活动的需要。作为宗教器具，青铜器身上所蕴含的宗教意味是很丰富的。盛放供品，让鬼神享用，这只是它的一种使命，虽然这使命是重要的，但并不是它的全部。因为如果只是用来盛放祭品，就根本无须在器皿造型上花那么大的功夫，青铜器身上的怪诞纹饰以及它种种奇特的形制都包含了丰富而又深邃的宗教意义。

六、“物”以载道

夏、商、周三代青铜器，是青铜时代文化和文明的物化形态，代表了三代物质文化的最高水平，也是当时工艺技术及设计最杰出的成就。如果我们仅从形式美的角度去研究青铜器显然是不全面的，有些现象和特征也难以做更深入透彻的解析。张道一先生说：“工艺美术在人类物质生活和精神生活的发展史中，有错综复杂的作用。它美化生活，充实生活，在丰富生活的过程中体现着‘对人的关怀’。它的艺术作用无须说教，然而它也在教人，潜移默化地影响着人的情操和精神。”① 宗教和祭祀活动是当时最重要的文化活动，是传播、巩固奴隶文化的行为，青铜器是这种文化活动中的一部分，是活动的道具，在这种活动当中，青铜器潜移默化地影响着人们的思想意识，青铜礼器作为这种宗教力量的象征和物化形态，在形式上必然与其所承载的社会功能相一致。

《左传·宣公三年》记载了王孙满论鼎之事：“昔夏之方有德也，远方图物，贡金九枚，铸鼎象物，百物而为之备，使民知神奸，故民入川泽山林，不逢不若，螭魅罔两，莫能逢之，用能协于上下，以承天休。”这段话出自当时王孙贵族之口，非常明确地反映了青铜礼器的社会功能在于协上下、承天休。“使民知神奸”，人民可以从鼎上知神意，青铜礼器成了统治阶级上沟通天地、下统治黎民百姓的道具，能协调上下，和合君臣，它在当时社会具有一种神奇的力量。而青铜纹样就是要通过一定的视觉形式传达“道”的内容，从而实现青铜礼器的社会功能。也就是说，青铜纹饰尤其是商周的青铜纹饰，不仅仅只是一种起美化作用的装饰性纹样，而是有其特殊的象征和符号意义，吃人的饕餮、各种想象出来的怪兽如夔龙、夔凤等都是要制造一种神秘的宗教气氛，产生一种摄人心魄的力量。青铜

① 丁涛、郭廉夫：《论工艺美》，天津杨柳青画社 1991 年版。

器物以一种潜移默化的方式向人们传递着当时的社会文化，我们把它称作“物”以载道。这个“道”不是一个确指的概念，而是代指先秦三代尤其是商周时期的主流文化——奴隶制下的社会文明。美国学者张光直也曾指出：“全世界古代许多地方有青铜时代，但只有中国三代的青铜器在沟通天地上、在支持政治力量上有这种独特的形式。全世界古代的文明中，政治、宗教和美术都是分不开的，但只有在中国的三代文明中，这三者的结合是透过了青铜器与动物纹样的美术的力量的。”①

青铜器上的纹饰是和盛行青铜器的时代的社会生产、生活、思想意识、当时的观念有紧密联系的。商周时期的青铜纹饰反映了奴隶主阶级的宗教迷信和神权思想，它是为奴隶制国家政治服务的，也是统治奴隶的思想工具。这些纹饰的产生有其渊源：从原始社会的器物上的花纹和雕刻基础上产生青铜的纹饰，由于对于自然界的现象解释不了，产生了祭祀自然的现象，以各种自然现象作为装饰纹样。纹饰中还有大量动物形象都属于幻想，都是神话中传说的动物形象。最常见的有饕餮纹，又称兽面纹，在炊煮或盛肉食器鼎上有这样的纹饰，说明器物上的纹饰与器物用途是紧密结合的。我们从那些狰狞可怖的饕餮纹、回旋潇洒的云雷纹、龙飞凤舞的凤鸟纹等可以看出，概括夸张的处理手法给青铜器造成一种超脱尘世的神秘气氛和力量。奴隶主在这些可怖的狰狞的纹饰中寄托了他们全部的威严、意志、荣贵、幻想和希望。关于使用的环境，由于这些青铜礼器主要在大典礼或祭祀时使用，是极其严肃的环境场面，因此要求青铜纹饰的严肃庄严，令人望而生畏，从而增强祭祀的气氛，同时也显出奴隶主贵族对祖先、天帝的虔诚，以及奴隶主贵族的“荣贵”和“威严”。“物以载道”反映了青铜器物除实用以外的社会意义，它的社会意义不像使用功能那样明显，是隐性的，通过一种潜移默化的方式感化人。南京艺术学院教授许平认为：工艺美术与人们的衣食住行各种生活内容密切相关，从而影响人们的心理、情绪，是一种有普遍意义的文化现象。一个时代的社会文化心理，并不仅仅为习惯所认为的那样，仅与政治、伦理、宗教或地理、气

① 张光直：《考古学六讲》，文物出版社1986年版。

候、资源有关。更重要的是还与人们自己创造的、组成的生活环境的物相关，这个环境并非与自然环境等同，甚至也不与自然环境形成无条件的因果关系。人们往往忽视这一点，物是由人所造，而人的行为有偶然性，这种偶然性往往导致创造性行为，这正是人相比动物刻板行为模式的高明之处。虽然这种偶然性比起自然环境的决定性影响常常微乎其微，但物一旦被造出来，便有其相对稳定性和影响力，它规定、束缚、组织人们的生活行为，行为会陶冶、深化人的心理，心理再促进新的造物活动。这样，最初的造物活动被无穷地循环和深化后，最初的偶然行为最终可能导致可观的文化心理差异，这种差异形成的基础，就是在造物历史中沉积下来的基本文化心理。[①] 在当时，作为“国之大事”的祭祀、占卜活动极为普遍，在这些活动中人们的心理通过行为表现出对祭祀的敬重，青铜器作为沟通天地的“神器”，其崇高地位也随之得到确立和强化。器物逐步对人们的行为产生约束力，和人们的心理认识发生联系。物、行为、心理发生关联，在这个三极结构中有两组不同的作用趋向：A—Al—AZ，意味着以物为中介，组织或制约生活行为，在行为中心，理被深化或升华，心理反过来成为物的权威性被承认的前提，这是使用“物”中的心理循环；B—Bl—BZ，意味着物的权威性内涵，或者具有形式美的外形对心理产生影响，心理指导行为，造出新事物，这是造物中的心理循环。

这种循环所产生的意义是极为深远的，最终它会在人们心中建立基本的文化心理，它的权威性和神的崇高、天子的神圣、国家的威严联系在一起，人们从这里获得的熏陶，可以影响人一生对家庭、人生、国家乃至宇宙的看法，从而形成一套基本的文化规范。

随着历史的发展、观念的转变，西周、春秋战国时代的青铜器又趋向于轻巧、朴素实用。造型和纹饰都褪去了商周时的神秘气质，有的简单，有的草率。由于社会文明的发展，保留大量原始社会体制结构的早期奴隶制由盛转衰，因此在青铜器上，殷周以来的远古巫术宗教观念在迅速减退，象征奴隶阶级残暴统治的符号——饕餮纹也失去了往日的神圣威严及

---

① 张光直：《造物之门》，陕西人民美术出版社 1998 年版。

恐怖神秘的气氛，大多降低到附属的地位。取而代之的是质朴的造型、粗放的纹饰。大克鼎是兽面纹的退缩和环带纹的突出体现，正是这个时代青铜器风格转变的明证。这反映了周朝人观念的解放和转变，意味着中国古代社会意识形态领域进入了第一个理性主义的时期。观念的转变——“人”的自我认识的崛起，导致了神的冷落，作为宗庙重器的青铜器从此走向衰落。可见，青铜器物总是与特定时代的意识形态、社会观念紧密结合在一起的，在物—心理—行为的循环中影响、规范、教育着人，通过一种潜移默化的方式向世人传达着时代的精神。

第三节　青铜器物的艺术之美

一、材质之美

莫里斯·科恩在为《材料科学与材料工程基础》一书所做的序言中写道：“我们周围到处都是材料，它们不仅存在于我们的现实生活中，而且也扎根于我们的思想文化领域。事实上，材料与人类的出现和进化有着密切的联系，因而它们的名字已作为人类文明的标志，例如，石器时代、青铜时代和铁器时代。天然材料和人造材料已成为我们生活中不可分割的组成部分，以至于我们常常认为它们的存在是理所当然的。材料已经与食物、居住空间、能源和信息并列在一起组成人类的基本资源。”事实上，材料除了是社会生产、生活的基本资源外，也是一种可视可触的形态要素，是一种永远不变且固定的潜能因素，也是物体变化中的不变部分，如金属、木材、纤维、陶瓷、复合材料等，它们有各自特定的色泽、质地、表面纹理，这些都构成了它所创造形态的视觉特质的一部分。

在与人的关系中，材料除了必须具有一定强度、硬度、韧性等实用功能属性外，还在视觉、听觉、触觉等感受层次上与人发生更深刻的联系。人类造物用物的历史，实际上是与材料打交道、感受体察和使用材料的历史，在相当长的历史过程中人类逐步建立了一种对材料质的感受性，这种感受性有时成为一种习惯性、敏感性，与人们日常经验和联想结合在一起，从而成为美感的一部分。如人们从粗糙、荒疏、不平整的材质上容易产生艰涩、困难、沉重的感觉，从而体察到一种野蛮无序、男性的非典雅柔顺的情愫；相反，在细致、光洁、莹润的质料上则感受到一种精心、秩序、甜美，感受到一种女性的温柔与文静。可见，对工艺物质材料的视觉感受，一直与人的心理活动、审美活动相联系。在听觉上，材料也给人造成一个与视觉连通的感觉世界。材料的质量、形状、厚薄等的区别导致音调的差别，材料结构密度越高，声音越细、越高。人在长期的生活实践中不仅在视觉上对材料形成了认识和感受，在听觉上也形成了一定认识和感受，这种共感形成一种对物品、对材料的立体认识。当然这种立体认识还包括触觉，触觉在现代人类感性发达的体验中占有重要性，对金属清脆声的感受和光泽的感受总是与人对金属光洁表面触觉感受结合在一起的。

铜器无疑是人们经过若干年的寻找或实践所发现进而利用的，由此诞生了青铜文化。青铜成为一个时代或一种文化的标记，这表明：第一，青铜对于人类文明的形成的伟大贡献和价值；第二，说明人类发现利用材料经过了一个渐进的发展阶段，从石器时代到青铜时代、铁器时代，这不仅仅是材质不同品质的变化，更反映了人类初期文明正是通过发现和利用新材料而不断发展的；第三，说明材料对于人类生存发展的决定意义。至少表明，一种新的材料无疑代表了人类的一种新文化与新文明，在人类文明发展初期尤其是如此。

青铜，是自然铜（红铜）与锡、铅等化学元素的合金，不同用处的器物或工具需要不同的合金配比，如刀剑需要一定硬度和韧性，其铜锡配比与青铜镜就有较大差别，中国先秦时代的《考工记》曾记载了一个较为科学的青铜配比，如钟鼎一类器物的铜锡配比为6∶1，而斧刀一类工具为5∶1，青铜镜则为1∶1。纯铜加入锡、铅等元素后，不但熔点降低，而且比纯铜更坚固耐用。青铜有金属光泽，颜色呈青灰色，因之得名。青铜具有金属材料的基本特征，具有较高的热传导系数和导电率，不透明，可以进行磨光或抛光，有一定重量并易于变形。青铜工艺正是充分利用了这些特点，形成特有的青铜工艺和形态。青铜的冷峻厚重的特质与青铜器所表现出的狞厉、神秘的气质可以说相得益彰，这或许是一种历史的巧合。人类从动物开始，为了摆脱动物状态，“人类最初使用了野蛮的、几乎是动物般的手段，这就是历史的真相。历史从来不是在温情脉脉的人道牧歌声中进展，相反，它经常要践踏着千万具尸体而前行。战争、屠杀、掠夺、奴役，便是奴隶制下社会的基本动向和常规课题。‘有虔秉钺，如火烈烈’反映了进入文明时代所必经的那个血与火的野蛮年代”。[①] 对青铜艺术而言，作为其载体的青铜材质是一个很重要的基本元素，青铜艺术之于青铜材质犹如生命之于肌肤，两者交融形成一个完美肌体，青铜艺术的审美特质也得到完美的显现。当泛着青冷寒光的青铜器走入了这个时代的物质生活中，并成为当时礼仪活动中的主要器物，成为一个时代的象征时，青铜则成为一种文化的标记。青铜的青灰、金属光泽、冷峻、粗犷、沉重无不与这个时代的文化气质融为一体，体现出一种特有的材质之美。

二、工艺之美

青铜时代的工艺和现代机器工业下的工艺有一定区别的，现代工艺建立在大机器工业、大规模社会化生产的基础上，人是借助于机器动力来间接地表现和追求艺术理想化，个体的体验和情感往往都被机器和程序、分工和规则分散和瓦解了，注入了强大的、科学的、理性的内容。而青铜工艺属于传统手工业条件下的工艺，在很大程度上是用手工直接展现和追求艺术理想化，人在当时有限的技术条件下，可以充分发挥个体的构思、想象力。

约成书于春秋战国时代的一部工艺专著《考工记》，是我国工艺史早期最重要的文献之一，记载了先秦时期不少的工艺史料，也有不少闪光的

① 李泽厚：《美学三书》，安徽文艺出版社 1999 年版。

设计思想，如“材美工巧”的观点就有代表性。《考工记》提出：“天有时，地有气，材有美，工有巧。合此四者，然后可以为良。”可见中国工艺之美的思想有着深厚的历史渊源。中国传统造物历来十分重视工艺美，然而，工艺是一种抽象的概念，不是一个具象的物，工艺之美蕴藏于器物的结构、形态、构想之中。当我们看到物的外在形态，可以自然感受到创作者的技巧、匠心时，创作者的智慧和激情借助于视觉形体得到充分的展现。先秦青铜器种类繁多，形态万千，体现出当时青铜工艺水平所达到的高度。商代晚期青铜器上已出现丰富的纹样，并且形制较为庞大。出土于河南安阳的商代大鼎——司母戊鼎是我国目前所知最大的一件青铜器，也是世界少见的珍品，鼎重 875 公斤，高 133 厘米，横长 110 厘米，宽 78 厘米。鼎呈长方形，在鼎身两侧，用边缘图案的组织形式，装饰兽面纹和夔纹，中间素朴无纹，是产生对比的艺术效果。四足呈柱状，足与器身相接处，也饰以兽面纹。鼎的两端口沿上有立耳，铸有两虎相向张口食一人头。鼎的转角处有高起的棱角，既增加美观，也起坚固作用。这个鼎形制雄伟，具有浑厚、庄重、瑰丽的艺术风格。从鼎的铸痕看，鼎身的每边用八块外范构成，鼎足是用三块外范构成的。足是空心的，只是最末端有一段实心，这使它与鼎身保持相似的厚度，在冷却过程中，不致因收缩不一而产生开裂现象。鼎耳也是空心的，由于这样一个大鼎必须用鼎足朝上浇铸的办法，所以鼎耳是单独铸造，然后再与鼎身合铸在一起的。这种方法称为“分铸法”。这样大的铜鼎在铸造时，需同时用 100 多个“将军盔”来熔化铜液，估计约需几百人才能完成这件制作，这反映了奴隶们的辛勤劳动和创造智慧。

春秋战国时期的青铜器加工方法种类很多，因而大大加强了它的艺术表现力，丰富了它的工艺形象，方法大体有：

（1）焊接：将器物的部件或局部在制作过程中用热加工方法使其连接在主体上。青铜器的制作，最早是运用浑铸法，即器物用范块组合一次铸成。而焊接则可在主体铸成后，将部件或局部补接上去。焊接方法的运用，既便利铸制过程，也可以丰富器体的造型，提高青铜器的艺术效果。

（2）刻画：刻画的装饰，是随铁工具的进步而出现的，因为铁质坚韧，易于刻铜。

（3）镶嵌：镶嵌是在青铜器上嵌饰其他物质材料，或绿松石，或红铜，或金银丝。

（4）金银错：金银错是在铜器上用金银丝或金银片镶嵌成各种图案花纹，用错石再磨错平滑。

（5）鎏金：鎏金是将金箔剪成碎片，放入坩埚内加热，然后以 1∶7 的比例加入水银，即熔化为液体。这种金与银的混合物称为金泥。将金泥蘸以盐、矾等物涂于铜器上，经炭火温烤，使水银蒸发，金泥则固着于铜器上，这种方法称为鎏金。

（6）镂空：也称蜡模法、失蜡法等，失蜡法的创造，是我国古代金属铸造和铸件装饰史上的一项伟大发明，直到现在仍为世界上铸造精密铸件的一种方法。失蜡法的特点是：制作简便，无须分块；花纹精细清晰，表面光滑，层次丰富，可制作出丰富的空间镂空装饰效果；器物表面光滑，不再进行打磨；精确度相当高。1977 年，湖北随县战国时期曾侯乙墓出土的铜尊和铜盘（见图 3-78）上那玲珑剔透的装饰，就是用失蜡法制作的。同墓出土的蟠龙建鼓座（见图 3-79），座中有插入鼓柱的孔，周围有立雕龙十六条纠结盘绕，又有若干蟠蛇缠附其间，龙体嵌有绿松石纹饰，有四穿索用环，此座由许多铸件合成，龙体卷曲夭矫，相当复杂，令人叹为观止，至今尚无复制品。

图 3-78　曾侯乙墓铜尊盘

图 3-79　蟠龙建鼓座

三、形式之美

先秦青铜器无论是器身造型还是装饰纹样，都具有很强的形式美感。青铜时代的器物从造型节奏、比例的把握、装饰的技巧上看，都大大超过了石器时代的石器和陶器，当然先秦青铜器在造型形式上继承了原始彩陶的造型和纹饰。先秦青铜器形体匀称大方，结构严谨合理，造型富有节奏感，青铜器纹饰无论是内容还是形式都和器身形态浑然一体，形态优美，布局巧妙，是我国传统饰纹中的精品。考其特点，主要表现在如下方面：

（一）比例匀称

器物各部分尺度严谨合理，器身各部分之间的比例关系符合一定的数理法则，视觉感受大方而匀称。商周礼器中三足器（如鼎、扁、爵、角等），足的尺度因整体造型而异，以鼎为例，三足鼎多圆形圜底，鼎口阔大，而高度较小，有的鼎身高度大约与口径的一半相当，如大克鼎（见图3-80），从功能上讲，这是为了满足便于烧煮食物之需，从形态来讲，有稳定敦厚的感觉。根据鼎身形态的比例关系，鼎足高度也较小，腿粗壮，通常比鼎身高度略小。这种比例关系显得稳定严谨，顶部立耳的高度又小于鼎足，使整体形态匀称得体。而同为三足器的爵，比例关系又是另一种气象。爵身通常细而高，爵足尖细，高度约超出爵身一半。西周早期的伯丰爵（见图3-81）足部成刀片状，细长，略向外张，是典型式样，这种比例使整体轻灵、刚健、挺拔。顶部前有流后有尾，横向距离扩大与底部外张的足遥相呼应，使整体纵横比例和谐，青铜爵被誉为中国青铜器中最有特色、艺术性最强的器物之一。其他青铜器物在形体的比例关系上也都显得匀称协调，商代铜觚呈喇叭状，觚身可分为上中下三节，比例约为3∶1∶2，束腰敞口，造型相当优美，这与其器身的比例组合有很大关系。又如商代四羊方尊的四只羊头部位置正好处于器身中间，顶部口沿阔大，与四只羊头部连成的虚空间相当，底部高度正好是略向前伸的羊腿高度，既达到写实要求，又做到了整体比例的适当，可以看出创作者在形体写实上满足了整体造型的比例协调。

图 3-80　大克鼎

图 3-81　伯丰爵

（二）富于节奏感

节奏是美感的重要来源之一，节奏能够引导人整个身心参与协调，平衡统一的节奏，给人精神上以舒适、安详和自由的律动感，可以缓解机械性的疲劳或由于注意力过度集中造成的紧张。先秦青铜器造型的构成要素在空间上的排布都表现出某种明确的序列方式，借用音乐术语，就是级进、跳进和反复以使人在空间和时间感的对应转化中体验到节奏。青铜觚顶端口沿阔大，向中间逐渐内收，束腰，至底端又向外扩张，径向距离由宽到窄再到宽。类似的还有觯、壶、尊等，都是在横向上形成一种粗细有致、上下呼应的造型节奏。这种节奏还表现在青铜器构件的重复和呼应上。青铜爵、斝，器身上都有垂直立柱，底端连接三足，立柱、立足在纵向上形成呼应。还有青铜簋、豆、壶、尊等的唇边和圈足都属于形的呼应。青铜尊、觯、觚等器身转折处形成的环形轮廓线也加

图 3-82　乳钉纹

强了器身的节奏感。青铜器线形的曲直搭配也富于节奏感，商代的重器，如鼎，有方形的，也有圆形的。观其部件，其线形大异其趣，方鼎、立耳、鼎身、鼎足皆为硬挺直线形，如商代司母戊方鼎。而圆鼎部件轮廓出现弧形，如西周晚期的毛公鼎两立耳沿弧线略向外张，鼓腹圆底，鼎足轮廓也呈曲线而非柱体，整体曲线形的反复给人以明快自由的节奏感。节奏韵律之美在青铜器饰纹上更是得到鲜明的反映。商代装饰纹样多采用主纹和底纹的结合，底纹用以衬托主纹，常见底纹如云雷纹、方格纹、连珠纹、乳钉纹（见图 3-82）、弦纹等，多用重复形式出现，周代装饰格式则运用了二方连续的带状纹样，它常是一个母体，组织成带状连续反复，产生一种秩序感，以增强所表达内容的印象。铜器的花纹则用反复的连续来表达有条不紊的节奏与秩序。与周代左右连续反复的二方连续纹样不同的是，春秋战国时期的纹饰格式采用上下左右连续的四方连续反复的纹样，它统一而不单调，繁复而有序。

（三）对称与均衡

对称是造型的基本形式特征，也是自然界形态的基本形式法则，是一种最简单直接的平衡形式。而均衡则是两个以上的视觉要素之间构成的平衡态势，类似于物理学中物体在诸外力作用下合力为零的状态。现代视觉心理学认为，人的视觉有种“希望”视觉形态平衡稳定的倾向，可见对称均衡有其视觉心理基础。人类造物史一直遵循着对称均衡的法则，青铜器亦不例外。我们现在见到的绝大多数青铜器都具有对称的结构，这是一个显见的事实，毋庸赘述。就纹饰而言，对称的法则也被普遍运用，商代饕餮纹本身就是对称形，对称格式在商代纹饰中屡见不鲜。对称格式的运用，一方面是由于特定形式可以更好地表达内容的要求，在图案格式上，均衡格式往往产生活泼感，对称则产生庄严感；另一方面也与器物制作和成型有关，青铜器用模块制作花纹，运用左右对称的办法，更能做到工整、准确。不过，青铜器的均衡感并非完全由对称的结构来实现，因为对称总是一定轴向上的对称，最多的只有左右对称、前后对称、上下对称，在非对称轴的向度上，青铜器则靠形体的大小、轻重、虚实搭配组合，以及适当的比例关系来实现均衡感。

（四）丰富多样与整体统一相结合

先秦青铜器造型形态各异，每种形态的变化也很丰富，但总体上看，又表现出变化中逐渐统一的风格。先秦青铜器物主体上常有附件，如耳、把手、立柱等，在整体上产生一种大小结合、轻重相间、点面搭配的视觉效果，造型元素显得很丰富，而整体的统一感又通过形体部分与部分之间的对称、对等、呼应、重复、均衡来体现，如前面提到的爵、尊、壶等。多样统一性更体现在青铜器纹饰上，如商代饕餮纹、夔纹，线条曲折、变化多样，形态上有勾有点，线条方向长短不一，但对称、重复的布局加强了整体感，而每一段线条的垂直弯折，尾端呈尖勾状，似乎成为一种程序化的造型语言，使整体形态浑然一体，线与线之间有了一条构成整体的线索。值得一提的是，先秦时期很多纹样的统一感都是通过富于共性特征的造型语言来实现的，如西周的窃曲纹、环带纹，春秋战国时期的蟠螭纹都是如此。西周早期的何尊，铸工精良，纹饰繁缉，每一饰纹向外突出，有立雕感，表面有一种繁盛的感觉，让人感觉整体很统一，主要原因在于饰纹形态很近似。类似的还有商代晚期的象尊，尊体通身充满华丽的装饰纹样，但基本上都是勾带形纹样，整体看上去有一种富丽华贵、严谨沉雄的风格。先秦纹饰还通过底纹分割，使构图有工整的层次和节奏，使整体纹饰繁而不乱，变化中见统一。战国时期的水陆攻战铜壶，壶身装饰纹样用带状分割的组织办法，将题材分三层六组，第一层表现采桑，第二层表现人们举杯宴饮，第三层表现水陆攻战，这三层画面，每一层都用三角形的连续卷云纹组成花边，进行分割，使画面处于变化而又统一的构图之中。

四、意象之美

意象，原为中国古代文艺理论术语，指主观情意和外在物象相融合的心象，有感物而生之意。在艺术的形象思维中，意象活动往往以记忆中的生活表象为起点，借助近似对象的感受、经验与联想，按照人的感觉和意图，把游离分散的物象整合成一个新的形象，借以抒情与达意。先秦社会基本上都处于奴隶制时期，由于文化水平落后，人们对自然宇宙普遍无知以致充满敬畏，整个社会充满着浓厚的宗教巫术色彩。青铜器物尤其是礼器在当时人们眼中，不仅仅是某种单纯的生活用具，而是附有神性的东西，人们在它们身上倾注了因崇拜而生的景仰之情，这是人们宗教情感的自然流露。作为器物设计者的先秦奴隶工匠们代表着当时社会人们的普遍心态和统治者奴隶主的意志，这些在他们创造的青铜器中充分反映了出来。这些形态是在感觉、记忆、经验的基础上，利用各种新的方式组合这些记忆与印象，产生新的形象。这不是知觉的游戏，而是智慧的升华，目的在于追求一种新的境界，或创造一种新的表现方式。主观意向贯穿于意象形的创作始终，源于现实，又超越现实，不可见又可见，他们并不注重追求的境界是否真实，表现方式是否合理，重要的是能借助这些超自然的意象形态，反映他们心灵的理性并实现。

先秦时代那种特有的社会风尚和人们的内心世界反映到器物创作上，就表现为器物造型的非理性、浪漫想象和宗教意味。先秦青铜器的形态意象构型多表现为不同形态的移植、组合、重构、变形，反映了奴隶艺术家们的丰富想象和艺术创造力，是创作者在“自然之象”的基础上加以创造性发挥的“人心营构之象”。尽管青铜器的铸造者是体力劳动者甚至是奴隶，尽管某些青铜器纹饰也可以溯源于原始图腾和陶器图案，但它们毕竟体现了早期宗法制社会统治者的威严、力量和意志。它们与陶器上神秘怪异的几何纹饰，在性质上已有了区别。以饕餮为突出代表的青铜器纹饰，已不同于神异的几何抽象纹饰，它们是更为具体的动物形象，但又确乎已不是去“想象某种真实的东西”，在现实世界并没有对应的这种动物；它们属于“真实的想象”出来的“某种东西”，这种东西是为其统治的利益、需要而想象编造出来的标记。表现方式就青铜纹饰而言，有商代流行的兽面纹，原称“饕餮纹”。《吕氏春秋》云：“周鼎著饕餮，有首无身，食人未咽，害及其身，以言报更也。”饕餮纹在青铜器纹饰中的形象并非具体的写实动物，而是幻想动物的集合体，它以幻想动物头部正面为主，基本构图是一双大而有神的眼睛，中有鼻梁，大咧口，大獠牙，额顶有一对角（或双耳），躯干则向两侧展开，另有瑞爪。对于饕餮纹，有许多学者曾做过不同的解释。如有人把它作为怪兽纹；有人认为是双鸡相对组成一个羊头，鸡羊谐音，有吉祥之意；有人认为饕餮即虎；有人认为是牛头。饕餮纹是古代工匠艺术家独特的设计和创造，其怪异和狰狞的形象是自然界所没有的。饕餮这一意象形作为青铜器的装饰主题，是变形的、幻想的、威严的、观念性的，它呈现在人们面前的是神圣和狰狞的美。李泽厚在《美的历程》中写道：“它们之所以具有威吓神秘的力量，不在于这些怪异动物形象本身有如何的威力，而在于以这些怪异形象为象征符号，指向了某种似乎是超世间的权威神力的观念；它们之所以美，不在于这些形象如何具有装饰风味等，而在于这些怪异形象的雄健线条，深沉凸出的铸造刻饰，恰到好处地体现了一种无限的、原始的，还不能用概念语言来表达的原始宗教的情感、观念和理想，配上那沉着、坚实、稳定的器物造型，极为成功地反映了‘有虔秉钺，如火烈烈’进入文明时代所必经的那个血与火的野蛮年代。”① 类似于饕餮纹，变形奇特、现实中没有想象的动物纹样还有夔、虫以及龙、凤等。王家树先生曾指出：“饕餮、龙、凤都是古代艺术家对各种动物形象的艺术概括和表现。这些动物都与当时人们的生活、思想、信仰、审美有着明显的或曲折的联系。而这种艺术表现，又是经过作者观察、综合、变化，加以充分的想象而构成的。”② 这些形都是对现实形加以象征化、抽象化、组合重构，具有符号和宗教意义，它们的社会意义大于其审美意义。就青铜器物立体造型而言，如果说平面的青铜纹饰中意象形态多表现为重构、合成、夸张、变形，那么，对立体的青铜意象造型而言技法也是如出一辙。出土于湖北随县战国早期的鹿角立鹤（见图

① 李泽厚：《美的历程》，天津社会科学院出版社 2001 年版。

② 王家树：《中国工艺美术史》，文化艺术出版社 2010 年版。

3-83）就是其中的一个代表，鹤昂首弓背垂尾，双翅张开，跃跃欲试，两只粗壮的腿立于方形的底座之上。有趣的是，这只鹤的头顶突然被安上了一对上翘的鹿角，使这一青铜造型显得活泼而又怪异，不但有这些想象中的形象组合，而且还有这些形象的夸张，而这又和想象力的变化多端有关。综观造型整体，端丽灵秀的形象中透出一种昂然向上的精神气质和浪漫神秘之美，具有极高的艺术价值，现已被仿制为当地的市标。这一造型代表了楚文化艺术作品中浪漫想象的特质。楚地在文化上原是一个落伍者，但楚国的地理环境给予人们的生活条件却是优秀的，这里气候湿润温和，百物丰茂，优越的生活环境使它们少了些理性的克制，而多了份浪漫想象。无拘无束的想象、重于感性的风习、标新立异的开拓精神是它们艺术创作的基础。代表着古蜀文明的四川广汉三星堆青铜器群神秘而奇特，其中的国宝文物“青铜立人像”（见图 3-84）、“青铜人面具”，形体硕大、形象奇特、造型优美、内涵深邃，不仅为中国青铜文化所稀有，而且在世界青铜艺术中也极为罕见。青铜人面具铸于商代晚期，原件高 15.2 厘米，宽 17.9 厘米。平顶，立眼方颐，粗眉阔口。人的五官均做了夸张变形，轮廓线角分明，面目神秘而奇异，具有浓厚的宗教巫术色彩。

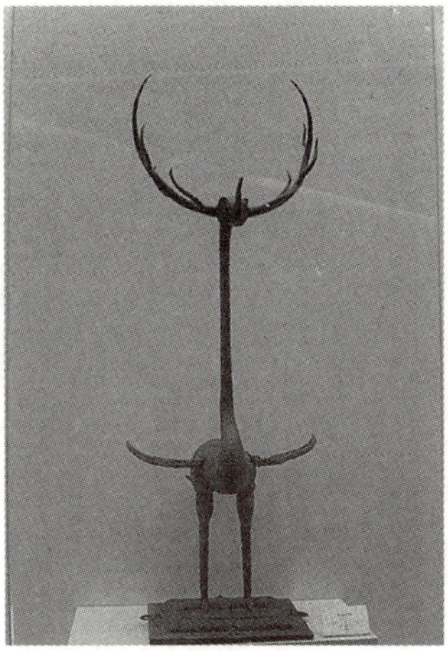

图 3-83　鹿角立鹤

图 3-84　青铜立人像

殷墟妇好墓出土的一对青铜鸮尊，整个尊形似一只昂首挺胸呈蹲踞状的鸮鸟，鸟为双足，设计者巧妙地通过鸟尾的下垂作支点，形成三足鼎立之势。这一作品采用了双关借用、因势造型、抽象夸张的造型和装饰手法，作品既源于现实又有夸张和想象，器物造型既满足尊的功能之需，又使全器显得稳重有力，充分显示出大鸟的雄壮强悍之气。所有这些形态都饱含着设计者的创造激情和丰富想象，这些具体的物象就像一面镜子，反映着先秦社会人们的整个主观世界、精神状态，它既不是主观抽象，也不是客观的具象，而是由主观世界、精神状态所熔铸了的客观事物。通过它们的形体、结构，我们看到一种青铜器的意象造型之美，它对我们当代的艺术有重要的启发作用。

在我国传统艺术形态中，先秦青铜意象造型的狞厉之美有着独特的文化内涵和个性特征，仅就装饰而言，威严狰狞的人物、动物形象组合，其内蕴和表达的意义，在世界上其他文明中也是不多见的。李泽厚先生把这一时期神秘恐怖的造型形态特征称为“狞厉之美”。人类从动物开始，为了摆脱动物的状态，最初使用了野蛮的、几乎是动物般的手段，这就是历史的真相。原始社会晚期以来，随着氏族部落的吞并，战争越来越频繁，规模越来越巨大。大概从炎黄时代直到商周，大规模的氏族部落之间的合并战争，以及随之而来的大规模的、经常的屠杀、俘获、掠夺、奴役、压迫和剥削，便是社会的基本动向和历史的常规课题。炫耀暴力和武功是氏族、部落大合并的早期宗法制时期这一整个历史时期的光辉和骄傲。所以继原始的神话、英雄之后，便是对自己氏族、祖先和当代的这种野蛮吞并战争的歌颂。商周青铜器也大多为此而制作，它们作为祭祀的“礼器”，多半贡献给祖先或铭记自己武力征伐的胜利，与当时大批杀俘以行祭礼的行为完全吻合。杀俘以祭本氏族的图腾和祖先，更是当时的常理。商代流行“吃人”的饕餮，它一方面是恐怖的化身，另一方面又是保护自己的神祇，它对外族、部落是恐惧威吓的符号，对本部落则具有保护的神力。这种双重性的宗教观念、情感和想象便凝聚在此怪异狞厉的形象之中。在今天看来是如此的野蛮，在当时则有其历史的合理性。也正因为如此，古代诸氏族的野蛮神话传说、残暴的战争故事和艺术作品，包括荷马的史诗、非洲的面具等，尽管非常粗野，甚至狰狞恐怖，却依然保持着巨大的美学魅力。中国青铜饕餮也是这样，在那看来狞厉恐怖的神秘中，积淀着一股深沉的历史力量。商及西周早期青铜器物大多沉雄稳重、气度不凡，通体的神秘恐怖纹饰加重了器物的宗教性神秘色彩，结合青铜这种沉重、冷峻的材质，给人一种狞厉的美感。如前所述，这种美感有其相应的历史背景，含有一种“历史必然的命运力量和人类早期的童年气质”。[①] 总而言之，先秦青铜形态反映着远古社会人们对自然的崇拜、恐惧和迷惘，形态充满着浪漫想象、夸张和变形，富于宗教神秘色彩，这是当时人们内心世界的感悟和投射，显现出极富时代特色的狞厉之美。

五、书法之美

书法的历史很悠远，可以追溯到3000多年前的殷商时代。那时的甲骨文和铭文（也就通常所说的金文、钟鼎文）是今天所能见到的最古老的汉字，也是中国最古老的书法“作品”。中国青铜器的显著特点是铸刻着铭文，这是中国青铜器所独有的。我国的青铜器铸刻铭文是从商代中期开始的，起初只有1~2个字，到商代晚期逐渐增多，但最长也不过48个字。西周时在青铜器上铸刻铭文进入大发展时期，但到了春秋时期这种做法开始逐渐减少，至战国已经罕见长篇铭文。我国青铜铭文的书体或粗犷或瘦劲，或工细或秀美，本身具有很高的书法欣赏价值，同时也是我们研究青铜器的历史及为其断代与鉴别的重要依据。大量青铜器上铸刻铭文，这就是中国青铜文化有别于世界其他民族青铜文化的另一个突出的特征。世界各地的古青铜器绝大部分都没有铸刻铭文。只有印度河流域等古代文明发达的地区曾发现有少量刻有铭文的青铜器，这与中国有大批铸刻铭文的青铜器形成了鲜明的对比。可以说，青铜器的历史价值主要由铭文来体现。

商代青铜艺术对中国造型艺术的发展具有重要影响，甚至在某些方面决定了造型艺术的发展。宗白华认为，中国书画的渊源基础就在于商周青

---

① 李泽厚：《美学三书》，安徽文艺出版社1999年版。

铜艺术，“中国艺术有三个方向和境界，第一是礼教的、伦理的方向，三代钟鼎和玉器都联系于礼教，而它的图案画发展为具有教育及道德意义的汉代壁画；第二是山水花鸟画；第三是石窟壁画类宗教艺术”。[①]，青铜金文书法带有美化装饰的倾向，体现了整肃端庄的标准美。后来秦朝的小篆刻石、汉朝的隶书碑刻、唐朝的楷书碑刻，还有那些装饰性的瓦当文、美术化的花样字，都接续了殷商金文书法的这一传统。因此，研究商代青铜艺术与书画艺术的关系对于正确认识商代青铜艺术和书画艺术的渊源具有十分重要的意义。

青铜器铭文的书体有很多，有象形文字、大篆、六国异文等。青铜器上的铭文还是以象形字和以象形字为基础的会意字为主。我们可以从字形窥见物象的美，即字形所象征指示的那种自然事物之美、社会事物之美。从铭文的字形我们强烈地感受到古代书法家化物象为意象那种创造精神的美，这种美又是通过其物化形态——字形本身显示出来的。青铜器铭文中的象形文字是书法的童年艺术，它的质朴、稚趣、丰富的想象力，还有它儿童般的直率、真诚，都可以体现出来。铭文虽然以象形为造字的基本方法，但铭文并不是以描摹自然界和人类社会的场景为使命的。铭文作为文字，它的基本功能是记录语言，以交流思想情感。铭文是一种符号，这种符号可以像它所代表的事物，也可以不像它所代表的事物。铭文的书体主要是大篆，它虽然是刻在青铜器上的文字，但它还是先用笔写在软坯上，然后再经过特殊的工艺手段显现在青铜器上。因此，铭文的线条意味仍然可以归结到笔法上。

对于上古的文字与绘画的关系，张彦远认为，“是时也，书画同体而未分，象制肇创而犹略”。张彦远所指的正是绘画和文字“同源”的历史事实，他又说“周官教国子以六书，其三曰象形，则画之意也”，所指即我们今天所谓的“象形文字”。从现代科学的发现来看，历史上真正的“书画同体而未分”是在“象形文字之前”。现代文字学家认为，在象形文字产生之前，还存在着一个“图画文字”的阶段，这在世界范围内是普遍

① 宗白华：《美学散步》，上海人民出版社 1981 年版，第 86 页。

存在的过程。所谓的“图画文字”就是通过一定的图形描绘某一个客观事件，起到一种信息传播的作用，这跟后来象形文字的作用是相同的。从青铜器上的纹饰和文字中我们也可以发现一些图画文字的历史痕迹。青铜纹饰与青铜器上所铭刻的金文（见图 3-85）在表现形式上具有很大程度的相似性。由此可见，在“图画文字”阶段，图画与文字的概念是模糊的，它们之间并没有明确的界限之分，这也是中国书画艺术“书画同体”的历史渊源根本所在。

图 3-85　纹饰与铭文

商代中后期至西周康王时代是金文的发展期，这一时期铭文的书法风格受甲骨文的影响，模仿刀刻的痕迹很重。商代后期的六祀邲其卣（见图 3-86）上的文字中，形制、纹饰也与之相似。盖器对铭四行二十八字。我们也可以发现一些文字刀刻的历史痕迹，如天亡簋铭青铜器（见图 3-87），其作于西周武王时期，是今见周代最早的铜器铭文，因铭文中有“天之又亡”句，故名。又因铭文中有“王又大丰”，又名“大丰簋”。笔画凝重，时有块状圆点，笔力略显孱弱，没有大量使用粗厚的捺笔，如《大盂鼎铭》等属周人风格，字形取势向右下方倾斜，使章法错落之态相和谐，更显生动古拙之风格。

图 3-86　六祀郯其卣

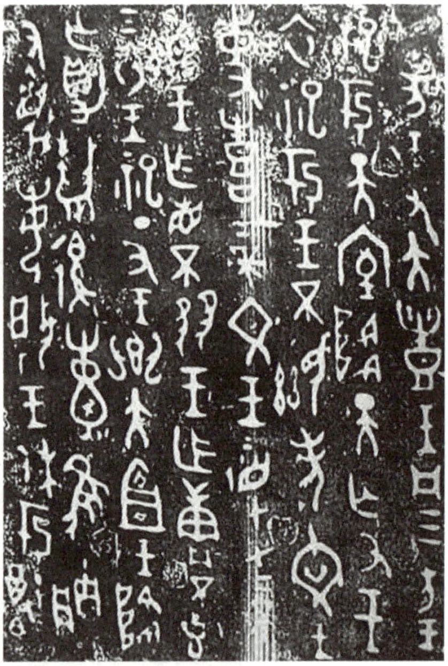

图 3-87　天亡簋铭

周灭商之后，从书法风格上看，没有热情，更多的是理性、沉稳。字体大小不等，错落有致，风格古朴稚拙。由于铭文残泐严重，反而更添一种似断似续的独特风格。如西周开国铭文杰作《利簋铭》（见图 3-88），利簋是“利”为铭记武王的赏赐而铸造的青铜器，也是目前能确知的最早的西周青铜器。这是目前唯一能证实武王克商的日期和研究周初历史的重要实物史料。通篇文字体势庄严肃穆、典雅蕴藉，运笔方圆兼备，气象壮丽，线条精严而多变化，各种弧线用笔婉转有力，十分美观，直线的笔画也浑厚圆润，气势通达。全篇结体大小自然，疏朗有致而意态端庄，充满了大气和朝气。直到西周昭王以后，铭文逐渐摆脱了刀刻意味，形成了浑朴、敦厚和豪放的风格，进入了兴盛时期。例如，《毛公鼎》铭文作为西周晚期金文的典范之作，表现出上古书法的典型风范和一种理性的审美趋向，体势显示出大篆书体高度成熟的结字风貌，瘦劲修长，不促不懈，仪态万千。章法纵横宽松疏朗，错落有致，顺乎自然而不做作，呈现出一派天真烂漫的艺术意趣。《毛公鼎》（见图 3-89）文字书写的完美布局，表现出西周晚期的文字书写形成了具有纯熟书写技巧和表现手法的形式和规律。毛公鼎铭文的笔法圆润精严，线条浑凝拙朴，用笔以中锋裹毫为主。在具体操作中应是逆锋而入，抽掣而行，提笔中含，锋在画中而至于收笔。其收笔未必笔笔中锋，只是轻按笔锋停止即可，即所谓的“平出之法”。因而在临写时应特别注意表现出线条的浑厚、拙重与雄强之气。但在表现轻重变化笔意时，不可有故作颤抖之笔，否则难以体现其真意而毫无生气可言，所以毛公鼎为后人提供了很好的临摹模板。商周铭文的繁荣及其艺术风格在一定程度上影响了后来的书法艺术，并为其注入了新的活力。

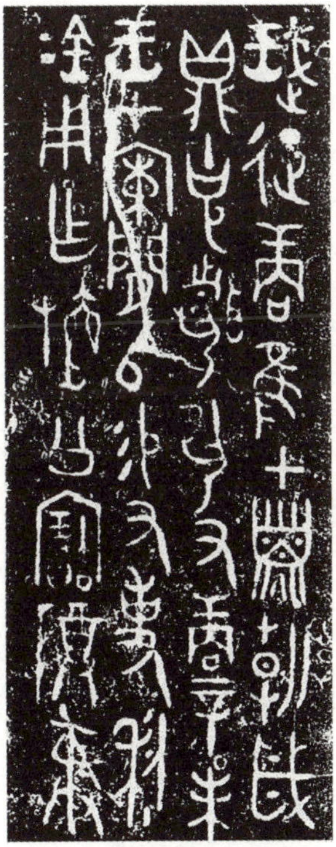
图 3-88　利簋铭

图 3-89　毛公鼎

商周铭文主要用于祭祀典礼、征伐记功、赏赐锡命、颂扬先祖等。而这些用途在其后的历史年代里逐渐弃止，到了秦汉时代，几乎都不再执行，有些用途已被刻石、帛书和简牍所取代。因此，铭文书法的社会功用逐渐消退，几乎被人忘却了，但它的深厚的艺术内涵却从未消失。这也正是继清代碑学兴起之后，商周铭文受到关注并被众多书法家临摹的原因。为了探索新的结体形式，乾嘉时期的张廷济、朱为弼、徐同柏和赵之琛等金石学家开了风气之先。尔后，何绍基、吴昌硕等在临摹的基础上勤奋创作，开辟了铭文书法新的天地。他们用新的审美眼光去观察铭文书法，发掘它的内蕴之美，一方面模仿铭文斑驳残砌的线条，发展书法的用笔技巧和表现能力；另一方面追求铭文奇古恚肆的结体，提高了书法造型的趣味和想象能力。他们将这两方面的收获旁溢于楷书、行书和草书，融会贯通，为碑学及书法艺术的发展起到了巨大的促进作用。

第四章

宗教礼制——青铜艺术创造的题材之源

中国的远古绘画艺术一般都具有政治、宗教等方面的社会功利目的。人们常常引用曹植的这样一段话来说明，“观画者，见三皇五帝，莫不仰戴；见三季暴主，莫不悲惋；见篡臣贼嗣，莫不切齿；见高节妙士，莫不忘食；见忠节死难，莫不抗首；见放臣斥子，莫不叹息；见淫夫妒妇，莫不侧目；见令妃顺后，莫不嘉贵。是知存乎鉴戒者，图画也”。唐人基本上仍肯定了这个观点，唐朝张彦远的《历代名画记》中也说过：“画，挂也。以彩色挂物象也……以忠以孝，尽在于云台；有烈有勋，皆登于麟阁。见善足以戒恶，见恶足以思贤……记传所以叙其事，不能载其容；赞颂有以咏其美，不能备其象。图画之制，所以兼之也。”因此，我国古代绘画艺术的宣教作用是显而易见的。中国的远古绘画从原始社会进入到文明社会，一个最明显的功能性的变化，就是要求艺术能起到一种对政治、伦理或宗教的宣传教育的作用，这与先秦青铜艺术在宗教礼制方面的作用是有一定内在联系的。

从漫长的远古到秦朝建立以前的这段时间，中国的宗教主要表现为各种形式的崇拜、巫术及鬼神观念的形式。先秦的宗教表现为各种对神秘现象的崇拜，包括天体、自然力和自然物三个方面。如日月星辰、山川石木、鸟兽鱼虫、风雨雷电等，人也属于自然物的一部分，如对祖先的崇拜和对生殖现象的崇拜。这是从原始社会到奴隶社会的过渡中，人们将自然现象的变化，尤其是那些直接影响人类生存的变化，看成了人格化的、神性的实体，从而激起人们对它们的崇拜。产生这种现象的原因是大自然一方面给予人类生存提供了物质资料与条件，另一方面又常常给人类带来巨大的灾难。因此，在人们认识、改造自然能力有限的情况下，就把它们拟人化，认为它们具有灵性，把它们当作有生命力的神灵加以顶礼膜拜。人们甚至赋予自然力以形体，出现了雨师、风伯、雷公、云君等自然神。人们面对庞大而复杂的世界，对于一切不可理解的自然现象，都把它们作为自己崇拜的对象。

马克思曾说过："任何神话都是用想象或借助想象以征服自然力，支配自然力，把自然力加以形象化。"① 神话作为原始宗教的前期形态，是人类社会生产力发展到一定阶段的产物，又是生产力水平发展不高的产物。马克思对于"神话"的论述，可以作为我们看待宗教产生及表现的依据。先秦时期人类社会宗教内容十分丰富，大致归纳下来有以下几类：以天象、山川地石、火、动植物为对象的自然崇拜、以神灵为对象的图腾崇拜、以"灵魂不死"观念为核心的祖先崇拜、以人的生殖器官和生殖能力为对象的性崇拜以及以巫术为前身的祭祀崇拜文化。

第一节　自然崇拜

先秦时期对自然物的崇拜是原始社会的延续。奴隶制度的确立，并没有使生产力水平获得完全的改观。那时的人在自然界面前依然显得十分渺小，对自然物和自然力的神秘感、依赖感和敬畏感，不但没有减弱，反而随着对"神"的认识更加系统化和完善化，"崇神敬天"在这一时期表现得尤为突出。比如"羲和生四日""羿射九日""夸父追日""嫦娥奔月""天狗吃日月"这些古老神话故事中，都反映了人们当时对日月产生、运转及日食月食现象的理解程度，天象的变化对原始先民的影响很大。其中对太阳的崇拜是最主要的，处于农耕时期的人们对太阳十分虔诚恭敬。在河南郑州大河村仰韶文化遗址出土的大量彩陶片中，也以太阳纹的图案最多。另外，还有对月亮、星辰的崇拜。这些崇拜题材在青铜器物上也有大量反映。如图 4-1 中的青铜鼓，鼓面正中央饰以太阳纹，鼓周围则安排了蛙与兽，寓太阳为万物生

① 马克思、恩格斯：《马克思恩格斯选集》，人民出版社 1972 年版。

灵之源。类似的表达在鎏金铜鼓（见图 4-2）中也有反映。出土于三星堆的太阳纹青铜器（见图 4-3）则是在三维层面反映太阳崇拜的一个良好例证，器物造型的全部就是一个抽象的太阳。

图 4-1　青铜鼓

图 4-2　鎏金铜鼓

天象崇拜的另一个表现就是对风雨雷电的崇拜，青铜器物上常见的风雷纹就是对风雨雷电自然现象的高度抽象化，用以乞求风调雨顺。如《山海经》中把雷神描绘成“龙身而人头”。猪也是雷雨之神，所以河伯冯夷化身为大野猪。在青铜器物中大量出现猪的形象也就不足为怪了，比如各种猪尊（见图 4-4）。在星象学上，猪也是水畜，所以古人要用“玉猪龙”（见图 4-5）祈雨。另外，猪能吃毒蛇，所以雷神猪手执赤蛇咬啮，象征镇鬼辟邪。

图 4-3　太阳纹青铜器

图 4-4　猪尊

关于动植物崇拜，在先秦时期的各类器物中都有生动的表现。动物是人类的伙伴，在一定时期，人类以狩猎为生，后来又将其驯化成家畜，从而产生了动物崇拜。我国古代的马王庙就是原始动物崇拜的遗俗。另外，我国古代的四灵——麟、凤、龙、龟，也是从动物崇拜发展而来的。青铜艺术中以动物为创作原型和题材的器物更是屡见不鲜，对植物的崇拜则可以从出土于三星堆的青铜神树（见图 4-6）上得到反映。三星堆遗址出土的青铜神树，可以说是一件极其奇妙的器物。在我国古籍中，神树通常都被描写为日月出没的场所和沟通宇宙的象征。比如东方的扶桑、中央的建木和西方的若木便是三棵这样的神树。三星堆青铜神树显然是一棵具有复合特征的通天神树，它不仅是神话传说中扶桑与若木的象征，而且也是天地之中建木的生动写照。该树造型奇特而又不失自然，挺拔中见柔美，朴实中见神奇。它能唤起人们无止境的想象力，并且在制作上也表现出了高超的工艺水平与造型艺术深度，生动地表达了古代蜀人的通天观念，赋予了人神交往的象征含义，并将通天神树和太阳神话巧妙地结合在一起。正因为这样就形成了对自然、自然力的崇拜，形成了万物有灵观。

图 4-5 玉猪龙

图 4-6 青铜神树

第二节　图腾崇拜

原始人类把这种自然力人格化、神秘化，将这种由魂所产生和演变来的力，作为神灵来崇拜。当这种对神灵崇拜的意识作为集体表象的时候，图腾崇拜也就产生了，并对该图腾通过祈祷、祭祀、舞蹈、巫术等方式进行崇拜。早期巫术的表现形式大多是模仿原始的对象，用一种想象的形式来完成一种过程，如祖先的生死过程。后期为巫术，它又分为社会性、部落性、音乐性等形式对其施加影响，使之为人类带来“福祉”。这个过程，我们可以看作宗教意识产生的过程，其产生的结果就是宗教。西格蒙德·弗洛伊德认为，图腾（Totem）广泛分布于南北美、非洲及太平洋群岛等地区的原始文化之中，并延续至早期氏族社会，进入阶级社会后，图腾文化逐步衰减、消失，但若详加考察，我们仍可发现此制的痕迹。① 这些残余的图腾痕迹，学术界一般称其为“转型期”图腾。② 在这一时期，人们对于自然、祖先和神的认识还处于一种朦胧的阶段，原始宗教观和巫术等现象广泛存在于部落联盟之中，而作为特征，就是王权与神的崇拜相结合。③ 后亚述时代的豪尔萨巴德城堡西北门的复合图腾为“人面、牛身、神”的复合体，埃及王国时期的崇拜对象创造神为牡羊头，死神为狼头，太阳神为狮子头，都是这种混合崇拜的产物，“图腾动物与祖先相混，形成了祖先神灵化身”④，“转型期的图腾动物已为幻想物，即半人、半兽、半动物，为氏族首领的变形，而具有人类类型”⑤。三星堆遗址出土器物中

---

① ［奥］西格蒙德·弗洛伊德：《图腾与禁忌》，杨庸一译，中国民间文艺家出版社 1986 年版。

②⑤　岑家悟：《图腾艺术史》，上海文艺出版社 1936 年版，1988 年影印本。

③　范小平：《论三星堆纵目的青铜面像》，《四川文物》，1998 年第 1 期。

④　愈之译：《图腾主义》，转引自《始祖的诞生与图腾》，上海文艺出版社 1988 年版，第 66 页。

有很多的图腾崇拜[1]。三星堆青铜面像的纵目，是在人像上加上了动物的特征（而非人的特征的夸大），因而可以推断，这是一种图腾崇拜的残留，发生在氏族社会到阶级社会的过渡阶段。在殷商时期，有一部分上古鬼族联盟人沿岷江而下，在川西一带活动，西蜀成为鬼族的主要聚居地，而鬼族的始祖是烛龙。王充《论衡·订鬼篇》云："北方有鬼国，说螭者谓之龙物也。"而所谓"龙物"就是"龙蛇之种"。《山海经·海内北经》记载："袜，其为物，人身、黑首、纵目。"郭璞注："袜，即魅也。"《玉篇》也亦说："袜即鬼魅也。"[2] 所以"龙种""纵目"是鬼族人的特征。《华阳国志》说"蚕丛纵目"，专家们认为"蜀即蚕"，"蜀之所以称蜀，是因为有以'蚕'为图腾之氏族"[3]。蜀地有"望帝化鹃"的传说，这直接反映了祖先和动物图腾之间的融合。"埃及社会的发展途径，实由图腾部族而至氏族联邦为主的王国，图腾信仰也随着这个组织的变革而转换。结果，就联结于图腾动物于帝王身"，摩莱的这段论述用来说明产生"望帝化鹃"的社会阶段再合适不过了。古蜀国的第二代王叫"鱼凫"，也就是捕鱼的鱼鹰，三星堆遗址旁的鸭子河上至今仍有渔人豢养鱼鹰，这种鱼鹰很有可能在当时受到仰慕。有学者认为，铜面具上的长数十厘米的耳朵，不是人类的耳朵，而是杜鹃鸟的两只翅膀，"没有或难得见到杜鹃的人看来，那倒真像一个鬼"，因此"鬼方"这样的称谓反映出商王朝在长期敌对下对其图腾的蔑视[4]。这就说明了蚕、鸟图腾与鬼族、蚕丛和烛龙之间复杂的内在联系。

三星堆纵目青铜人像，是一种残存的图腾的反映，它是图腾动物崇拜与祖先崇拜相混淆的产物。蜀人是"龙种"，可能是夏族的后裔（"烛龙"是夏族的一个部落），在迁居蜀地之后兴起鸟崇拜，故其图腾开始具有鸟的"纵目"特征。产蚕之地为蚕地，故名蜀地，故蜀地之王称蚕丛。该族

---

① 范小平：《论三星堆纵目的青铜面像》，《文物研究》，1998 年第 1 期。

② 李远国：《试论"山海经"中的鬼族——兼及蜀族的起源》，《山海经新探》，四川省社科院出版社 1986 年版。

③ 林向：《论古蜀文化区——长江上游的古代文明中心》，《三星堆与巴蜀文化》，巴蜀书社 1993 年版。

④ 龙晦：《广汉三星堆出土铜像考释》，《三星堆与巴蜀文化》，巴蜀书社 1993 年版。

在图腾转型期把鸟与人的结合物作为图腾，所以被商人蔑称为“鬼族”“鬼方”。杜宇“望帝化鹃”，就是人民希望受自己崇敬而受冤屈的君主化为了他们视为神圣的鸟，所以把叫声凄厉的鸟叫作杜鹃。而第二代君王应该是个十分擅长征战或渔猎的人，所以被尊称为“鱼凫”。这些社会内涵都曲折地呈现在了三星堆纵目青铜人像上。

从以上分析我们可以看出，神灵体系是构成宗教的骨架，也是宗教发生的思想基础，对于神灵体系的崇拜和信仰是图腾艺术的本质。三星堆青铜器图腾艺术中所表现的神话内涵是多方面的，我们可以从这些图腾艺术中看出，当时的人神交往这一主题始终占据着显著的地位，古蜀人用青铜器图腾来塑造祭祀的场面，而这种祭祀场面的宏大、宗教色彩的浓郁、图腾细部的刻画、信仰对象和被信仰对象之间气氛的烘托、崇拜对象的彼岸描绘，都是通过艺术的手段来表现的。通过三星堆青铜器图腾艺术中具有代表性的形器来进行分析，可以明白古人是怎样将神的形象灌入到艺术的形象，怎样用图腾神话来塑造艺术形象，怎样体现出图腾神话与图腾艺术的结合的。只有很好地明白了这些以后，我们才能更加充分地论证我们对于图腾艺术的想法的正确性，并符合情理地推测。

第三节　祖先崇拜

原始社会的各个发展阶段，其宗教观的内容名目繁多，除对自然物、自然力所产生的自然神的崇拜外，还有由自然崇拜中某一种动物或植物甚至是非生物引起的图腾崇拜、对先祖崇敬的祖先灵的崇拜。

氏族部落形成后，由原来的氏族神灵演化和融合成部落神灵，部落居民将这些神灵按主次划分，它们都起着保护部落的作用。但是，氏族部落一旦瓦解，神灵也销声匿迹。恩格斯曾经用印欧民族宗教的起源——《吠陀经》为例，解释了原始宗教的发展过程。吠陀中的神大都是自然现象的化身，如日月星辰、风雨雷电、山水草木以及动物等。从《梨俱吠陀》的最后几卷中可以看到由多神论向一神论的转化和发展的趋势。祖先崇拜应该是从灵魂崇拜的基础上发展而来的。原始社会的先民，相信每个人都有灵魂，人死后灵魂还会继续存在，甚至会比人活着时具有更高的本领，或者造福于人，或者给人带来灾难。因此，先人的灵魂成了他们怀念与祈求的对象，并用各种形式对祖先进行祭奠、膜拜。在这种情况下，如果死去的是一位有特殊权力的人，那么他的灵魂也就成了现实世界的主宰者。祖先就是这样被定位成在死后会进入神界去辅佐和帮助神界的最高领袖“上帝”统治和管理人类的“人神”形象。因此，可以说祖先是人与神的界限。祖先的灵魂对于血缘后代的作用是双重的，既可以造福子孙，也可以降祸子孙。因此为了祖先在另一个世界同样能生活，同时为祈求祖先的保佑从而进行祭祀，这就是祖先崇拜。中国古文献和传说中，记载了许多重要始祖，如女性始祖女娲，男性始祖中英雄则较多，有燧人氏、伏羲氏、神农氏、黄帝、炎帝、少昊氏、颛顼、帝喾、陶唐氏帝尧、有虞氏帝舜。前面提到过的人面纹方鼎，就是黄帝四面之说的具体物化反映。

在史前时期，人们对祖先的崇拜，主要反映在丧葬和祭祀这两个方面。他们认为人死后只是到另一个世界去生活，所以应把死者生前用的生产工具、生活用具及装饰品等，一并放到墓中随葬，以此表示对死者的关怀。此后还要按时祭奠，除了不断给死者供奉物品外，还会求得祖先的灵魂不断地保佑自己，使活着的人生活得更好。到了商代，殷人对祖先灵魂的崇拜更与王室政权的正统观念紧密联系在一起。他们综合了对太阳神的崇拜和对祖先的崇拜，创造出一个新的崇拜对象——上帝。在他们看来，上帝是至高无上的，地上的商王所做的一切都要服从上帝的意志。在上帝与商王之间，通过巫、祝等人做媒介，进行沟通。他们对祖先及其宗祖神的祭祀是十分隆重的，一次祭祀中杀祭的人牲可达数百人之多。商王对其先祖的祭祀，更是周而复始地轮番进行。到了殷代末期，一个祭祀周期差不多要用一年的时间。“国之大事，在祀与戎”。他们把祭祀当作国家的头等大事。

第四节　生殖崇拜

对于原始先民而言，性崇拜的发生缘于对两性生殖器的相互接触，性交—生殖的紧密联系还未形成一个清晰的认识。生殖崇拜表现了先民对自己的生命来源及诞生方式的看法，它所崇拜的是人的生殖器官和生殖能力。而对于生殖器的崇拜则是性崇拜内容中表现最为外化的。原始初民早就发现，男女两性在外表上的最大差别主要是在生殖器上，其次是在开始发育以后女性的乳房上。通过男女生殖器的接触可以获得极大的愉快，同时婴儿还会从女性生殖器中分娩出来。那时，初民由于还不懂得人体生殖器的构造和功能，认为长在人身上的阴茎和阴户是一种完全独立的东西，是它们决定和控制着人的性行为，天地万物都有灵魂，都有人所无法抗御的魔力，生殖器当然不例外。顺从它就会有性的欢乐，违抗它就会伤害身体，这样，生殖器崇拜就产生了。从母系社会过来，对女性生殖器的崇拜首当其冲，那时“初民的女性生殖器崇拜，大致经过三个阶段：第一个阶段，他们只看重出现新生命的门户，奉祀女阴的模仿物陶环、石环等。第二个阶段，他们选择鱼为女阴的象征物，奉祀鱼，举行特别的吃鱼仪式，即鱼祭。第三个阶段，他们又崇拜蛙。此外，还崇拜花、鹿、羊、女性的经血等”。[①] 灵山型铜鼓上的青蛙形象（见图 4-7）是一个非常生动的典型例子。将女性的乳房与雌蛙

图 4-7　灵山型铜鼓

① 赵国华：《生殖崇拜文化论》，中国社会科学出版社 1990 年版。

相结合，雄蛙附着在雌蛙背上，表达的是一个性交情节，具有高度的拟人化特征。

当然，女阴崇拜并不仅仅见于象征物，也出现十分具体的形象。远古彩陶罐（见图4-8）上就绘有高度写实的女阴形象。再如1974年在青海柳湾新石器时代遗址中出土的一件人像彩陶壶（见图4-9），壶用细泥红陶制成，敞口鼓腹，腹下部有双耳，颈部略歪，正面塑人头像，其余为曲折线。腹部两耳上方绘两大圆圈纹，其间填以网纹，前后又施有蛙纹。唯正面中部蛙纹略去，在空当处浮塑彩绘人体像。人体正面全裸，头部贴塑在壶颈上，五官齐全，招风耳和张开的嘴特别突出，手脚用泥条对称地贴塑，躯体上有对称的双乳和突出的肚脐。乳头特意用黑彩描绘。女性生殖器官用雕塑完成，被夸张地放在躯体的中央，也是陶壶的正中位置。在陶器上表现女性人体，这很明显表达的是对母神的崇拜。腹部隆鼓，是储种丰产的象征。陶壶上贴塑女人形，使陶壶成为表达神秘观念和生存丰产愿望的载体。

图4-8　彩陶罐

图4-9　青海人像彩陶壶

到父系社会，男子居统治地位，又出现了对男性生殖器官的崇拜。男性生殖崇拜最早最普遍的是山岳中形似的天然石头，人类学家们称它为“石祖”。“祖”字，从“示”从“且”，“示”表示祭祀，“且”是男性生殖器官象形。缙云仙都石笋，依山傍水，拔地而起，直插云空，高达多米，堪称世界之最。它和古文祖字“且”相似，故古人把它作为“石祖”崇拜之地。在之后的陶器与青铜器物化形态中也有对“祖”的反映（见图 4-10、图 4-11）。

图 4-10　陶祖

图 4-11　铜祖

对于男根，即男性生殖器官，先民们创造出许多模拟物、象征物、象征的花纹和突出男根的图画符号。在这一时期的文化遗存中，鸟纹是最常见，也是最重要的一种纹样，分布很广泛，首见于西安半坡仰韶文化的彩陶残片，此外，在陕西华县柳子镇泉护村彩陶、陕西宝鸡北首岭彩陶壶、河南陕县庙底沟彩陶残片、浙江河姆渡文化遗存中的骨匕柄和象牙器、甘肃榆中县马家彩罐上都绘有鸟纹。这类例证不胜枚举。对于青铜器物，已不光限于鸟纹的应用了，很多器物造型更是直接采用了鸟形。在这方面的反映更是不胜枚举。比如殷墟

图 4-12　青铜枭尊

妇好墓出土的一对青铜鸮尊（见图4-12），整个尊形似一只昂头挺胸呈蹲踞状的鸮鸟，鸮鸟线形圆滑而富有张力，传达出一种阳刚力量之美。鸟仅为双足，设计者巧妙地通过鸟尾的下垂作支点，既是对男根勃发的隐喻，又形成三足鼎立之势，不仅显得稳重有力，亦充分表现出大鸟的雄壮强悍之气，更继而向人展现出一种雄性美。在青铜器的造型设计中，艺术家们常利用双关互借的手法使形象更丰满和更具怪异神秘意味。“但无论是凤或燕子，我相信这传说是生殖器的象征，鸟直到现在都是男性生殖器的别名，卵是睾丸的别名”。[①] 更值得我们推敲的是，在很多青铜器物造型上，已经明显反映出先民将“男根”和“女阴”联系在了一起。比如说西周的“鸟衔鱼”青铜器（见图4-13），“鸟”象征男根，“鱼”象征女阴，“鸟衔鱼”则象征男女交合。这样一种对生殖观念的独特理解也一直延续至后代。比如汉代的铜朱雀衔环杯（见图4-14），亦有异曲同工之妙，“环”和“口杯”都是作为“女阴”的又一物化象征。类似的情节构思还有很多物化表征，这说明人类对性交和生殖的相互关系有了进一步的理解。

图4-13 鸟衔鱼

图4-14 铜朱雀衔环杯

① 《郭沫若全集·历史编》（第1卷），人民出版社1982年版。

第五节　巫术与祭祀

巫的起源很早，在原始社会后期，便有了原始宗教活动，也有了巫师，人们借助其与鬼神沟通。在当时，人们生活着的人间世界的所有成员都是平等的，巫师通过念咒、跳舞、祭拜等手段，上达人的愿望，下传神的旨意，为人消灾致福。最早的巫师是女性，尔后才出现男巫师。巫师的职业技能就是巫术。祭祀是华夏礼典的一部分，是儒家礼仪中的主要部分，礼有五经，莫重于祭，是以事神致福。直到夏商奴隶制度的确立，统治阶级开始树立“世间的一切都应由他们来统治”的观念，对神间世界的设计也由原来的“众神平等”而演变为有阶级结构的“上帝统治”，死后的商王与大臣也都到“上帝”那里继续供职，辅佐“上帝”统治人间社会和自然界，并代为向“上帝”转达人间的要求，以这种方式关心着子孙后代。如果奴隶和平民不服从奴隶主阶级的统治，就会遭到“上帝”的惩罚。这是祭祀的阶级由来。在长期的社会生活中，人们逐渐认识到许多自然现象与自己的社会生活密切相关，但又对这些现象束手无策、无法解释。于是人们把生活中的得失和成败都归结于自然力，这是祭祀的自然由来。围绕着祭祀而展开的造物活动也都极好地表达了这一特定行为的特质。青铜器未发明前，古中国人类也祭祀，当时一般会选用石器和陶器两种。到了阶级社会先秦时期，通常来说，古代祭祀往往是大事件，要伴随着盛大的仪式和乐舞，为表示庄重和虔诚之心，还需要宰牛杀羊，古代称为“牺牲”。这些在当时十分珍贵的肉食不能随意地摊开放在地面上，必须使用某种容器来装纳，这时就要用到青铜器皿。青铜铸造技艺在当时虽然相当成熟，但是产量与其他金属相比较少，物以稀为贵，青铜在当时被称为“美金”，而铁被称为“恶金”。青铜代表了当时国家的最高生产力，不仅稀有、庄重，给人以神圣之感，而且能体现统治者的权威。祭祀是头等大事，为表重视、崇敬，故多用青铜器做祭祀。作为祭祀天神和祖先的礼器，青铜器皿是巫师的一种法器，主持祭祀仪式的巫师通过礼器实现与天神、祖先的沟通与交流。比如商代后期的“虎食人卣”（见图 4-15），这是一件造型奇异的作品。当时的工匠巧妙地将卣设计成一只踞坐着的虎与人相拥的形状，人面对着虎，双手搂抱虎胸，双足蹬踏在虎的后爪上，而人头正好处于大张的虎口处，犹如猛虎噬人状，极为恐怖。但如果细看人物表情，神态安宁而不作任何挣扎状，似乎又不恐怖，其主旨似乎也不是表现猛虎食人，而是表现两者的共存互融。其实，如果我们联系当时的社会背景，就不难理解器物情节的看似矛盾之处了。虎食人卣之人，其实并非一般之人，而是具有通天通神法力的巫师。在这里，虎是作为来自自然而被当时的人们奉为力量象征的神物，将虎设置为巫师通天的助手和工具，以便于巫师更好地完成通天通神的使命。卣是祭祀时使用的盛酒器具，巫师借以狂饮美酒而迅速进入祭祀状态，因此，作为酒器的卣，似乎只有用这种奇特诡谲的形象组合，才具有法器所需要的魔力。显然，从这件器物中，我们可以看到先民将欲表达的宗教情节极好地融入到了宗教器物中，借事理情节而求物化创新。其通天的法器，从而具有了神秘性。《左传·宣公三年》说：“铸鼎象物……使民知神奸……用能协于上下，以承天休。”铸鼎、制作青铜不仅用来盛装和调剂牺牲等给祖先奉献的礼物，

图 4-15　虎食人卣

还有一个重要作用是“象物”，也就是在铜器外表刻画“物”的图像。“物者，方物、神物也。”“物”也就是人们所崇拜的神灵，或者视为自己祖先所由来的神物。通常所说的铜器花纹实质就是图物象物。装饰人面纹的器物，多是专用于祭祀活动的青铜礼器或巫术祭祀中的用品。青铜礼器为统治阶级服务，用于统治者祭天礼祖，人们相信有神灵的存在，所以，聪明的统治阶级利用人们的这种心理，为巩固自己的统治政权，将它更加神秘化、神圣化。

古代握有青铜艺术品的人，既是握有沟通天地手段的人，也是掌握政权的人，因为中国古代铜艺术品就是巫师的法器，因此巫教、巫师和政治的关系显而易见，而研究商周艺术的特征必须从巫术、政治关系来理解。学者认为九黎乱德之后，每个人都做起神的事，分不清谁是神、谁是人，上帝遂派了两个神分管神、人之事，从此“巫”的职业专门化，平民不能直接和上帝交流沟通，国王就垄断了天人沟通的大权，通天巫术成为统治者的专利工具。政治既与宗教、艺术结合，作为通天工具的艺术，在政治权力的获取和巩固上，可以比拟为战车、戈戟、刑法一类的工具，古代王朝占有九鼎，既此象征，对九鼎的独占，就是中国古代艺术的独占，所以中国历史上改朝换代，不但有政治力量的转移，也有艺术品精华的转移，可见我国古代文明以青铜器作为特征，乃是在巫术礼教的环境内，青铜器是获取、维持政治权力的主要工具。

第五章

社会生活——青铜艺术创造的物用之源

“物用”二字，在这里指的是造物的用处。更确切地说，青铜造物是谁拿来干什么的。中国从夏代开始进入阶级社会，而象征国家政治权势和军权、神权的青铜制造业，完全被贵族所垄断，这些青铜器的制造均是以贵族的意志、需要和审美意愿为依归的。因此，青铜造物就有了一定的阶级内涵，成为特定阶级文化的物质代表。如用鼎，自商代起即有严格的等级制度。从现代的考古发掘看，中小型贵族陪葬的青铜鼎为一到二具，王室的陵墓陪葬的青铜鼎从形制到数量都相当可观，安阳殷墟妇好墓陪葬的青铜鼎达三十多具。列鼎制度作为礼制规范的一部分，是奴隶主阶级“钟鸣鼎食”的奢侈生活的一种制度保证。据礼书记载，西周的列鼎制度为天子用九鼎、诸侯用七鼎、大夫用五鼎、士用三鼎，与鼎相配的还有其他器物，如九鼎配八簋，七鼎配六簋。所以我们在研究青铜器时，不应只满足于对传统符号的继承、对传统形式的因袭，而是能够站在夏商的时代环境中，站在对应的阶级立场中，理解前人的人化创造，感悟前人的创新物用之源，看到前人文化行为中的历史必然性，真正从文化现象中体会到当时的创造者对世界、对自己的理解。

第一节　崇神重巫的夏商青铜艺术

夏商时期，社会生产力处于低级发展阶段，人们在物质生活过程中，人与自然之间和人与人之间的关系还很狭隘，对于自然世界和现实社会中的很多现象、问题还不能理解。于是从社会生活中折射出很强的神性意识。恩格斯说“一切宗教……其根源在于蒙昧时代的狭隘而愚昧的观念”。①

这样的历史情境必然演绎出神鬼的社会，必然以宗教作为社会生活的主旋律。“殷王一年三百六十五天几乎是天天举行祭祀”。② 这是对当时社会生活面貌的直观反映。

夏商可以说是一个尊神重巫的社会，也是追逐财富、崇尚暴力的时代。那时的人类社会进入到奴隶制的阶级社会，社会生产力较之先前有了巨大的进步，但科技水平的发展程度还不能使人们拥有正确认识自然、正确看待自然现象的能力。因此，夏商时期的中国社会，还很严重地处于神性阶段。人类在这时虽然有了阶级划分，但作为统治者的奴隶主本身，无论是从客观还是主观上来说，都还不具备对整个社会进行完全统治的能力。那时的人们对自然界中的动植物、山川、河流和各种变幻无穷的天气情况等自然物和自然现象，对自己的精神活动和机体活动，对生与死、对偶然性与必然性不能认识和把握，在他们的意识活动中，似乎就存在两个世界，除了作用于感觉器官的物质世界之外，还有一个人们感觉不到的神灵世界，而且认为这个神灵世界支配着物质世界。恩格斯就曾经说过：“在远古时代，人们还完全不知道自己身体的构造，并且受梦中景象的影响于是就产生一种观念，他们的思维和感觉不是他们身体的活动，而是一种独特的、寓于这个身体之中而在人死亡时就离开身体的灵魂的活动。从这个时候起，人们不得不思考这个灵魂对外部世界的关系。既然灵魂在人死时离开肉体而继续活着，那么就没有任何理由去设想它本身还会死亡，这样就产生了灵魂不死的观念，这种观念，在那个发展阶段上绝不是一种安慰，而是一种不可抗拒的命运，并且往往是一种真正的不幸。例如，在希腊人那里就是这样。到处引起这种个人不死的无聊臆想的，并不是宗教上的安慰的需要，而是由普遍的局限性所产生的困境，不知道已经被认为存在的灵魂在肉体死后究竟怎么样了。同样，由于自然力被人格化，最初的神产生了。”③ 人们认为是冥冥中的天帝和祖先的阴魂

① 马克思等：《马克思恩格斯全集》（第21卷），人民出版社1965年版。

② 李亚农：《李亚农史论集》，载于《殷商社会生活》，上海人民出版社1978年版。

③ 恩格斯：《费尔巴哈和德国古典哲学的终结》，人民出版社1972年版。

主宰着人间的一切，于是贵族统治者便期望通过占卜的巫术形式与神鬼沟通，并希望自己的统治地位能够得到神鬼的认同与支持。祭祀成为了这种沟通意念的行为载体。

前面提到过的司母戊鼎，为已知的中国古代体量最大的青铜器。它不仅从体量上传达给人一种十分庄严、稳重的印象，为了强化精神威慑力和神秘的内涵，创作者有意夸张了口沿和双耳等细部的厚度。鼎腹四周以饕餮、夔龙纹为饰。鼎耳（见图 5-1）外侧装饰着两只侧立的虎，虎口大张，共衔一人头。传达了一种很强烈的臣服自然、崇拜自然的原始人情节。张光直先生对此做出的解释是“这些人或人头乃巫师，其作用是沟通人间和神界，动物是他们沟通人神的助手”。[①] 那为什么会以“兽食人”的情节构成完成“人神沟通”的意象表达呢？这里面也是有着必然的事理关系存在的。在人类认识过程的最初阶段，人类还处于不断地探索与力量对比阶段，这时的人与动物是同质的，这样的认识在原始的图腾文化阶段中，体现得尤为明显。比如西安半坡的人面鱼，具有人头鱼身良渚文化的玉琮（见图 5-2），人与怪兽组成了一个完整的器形。而到了青铜时代早期的夏商，神的至尊与人的弱小观念变得明晰化。动物的神秘力量是大于人的，这既可以从人类对饕餮形象的狰狞、可怖形象的渲染中看出，也可以从“兽食人”的情节构成中得到反映。在这里，我们不妨将这条事理线索再继续推导下去。到了东周，人兽的力量对比关系发生了改变，由于人对于自然世界认识的加深和再造能力的提升，人已经完成了对兽的征服，动物力量已开始明显低于人的力量。这种认识上的改变也直接影响到器物形态情节构成上角色的互换。“兽食人”变成了“人骑兽”。这种例子在其他青铜器物上体现得也很多。比如出土于安徽阜南的龙虎尊（见图 5-3），器高 50 厘米，口径 45 厘米，重约 26.1 公斤，是一件具有喇叭形口沿，宽折肩、深腹、圈足，体形较高大的盛酒器。尊口部是大面积的素面，仅饰有三道弦纹，装饰的重点在肩、腹部。龙虎尊的肩部饰以三条蜿蜒向前的龙，龙头突出肩外。腹部纹饰为一个虎头两个虎身，虎口之下有一人形，

① 张光直：《美术、神话与祭祀》，辽宁人民出版社 1988 年版。

人头衔于虎口之中。虎身下方以扉棱为界，饰两夔龙相对组成的兽面。圈足上部有弦纹，并开有“十”字形镂孔。龙虎尊纹饰的主题是“虎口衔人”。关于这一主题，有人认为在这里，“人”应是那些奴隶，“虎口衔人”反映了奴隶社会的残酷、恐怖。对于这种传统的解释，另外一些考古学家则提出质疑，他们认为这应该是在表现一种巫术主题。青铜器在当时是十分重要的礼器，这样的纹饰应是巫师作法的情景纪实。张开的虎口在古代是分割生死两界的象征，虎口下的人很可能就是巫师，巫师在祭祀中通过老虎的帮助而表现出一种能够通天地、感鬼神的能力。“虎口衔人”这一图案的含义究竟是什么，我们还不能做出精确的解释，但在当时定是和某种神话和宗教信仰相联系的，在祭祀活动中具有十分重要的意义。此尊是商代青铜器中与四羊方尊齐名的珍品。

图 5-1 司母戊大方鼎细节

图 5-2 玉琮

图 5-3 龙虎尊

从人兽合一，到兽食人，再到人骑兽（见图5-4），这样的一种物化形态的变更反映出了人与以怪兽为代表的自然的力量不断对比关系演进的社会现实，以至于最终确立了“人”的核心地位。这对人类社会向后演进产生了深远的影响。进入封建社会后，“在这种主流意识由于文化的需要必须转为真正的感性现实的时候，就变成了朝廷整体的美学设计。帝王是朝廷的主人，他是人形，但他的服饰上有龙，他的座椅上有龙，大殿的柱上绕着龙，殿前的台阶中间雕绘着龙，其设计思想和实际功能都与上面所讲的人乘猛兽的两种意义相同”。[①] 这一时期的青铜日用器，由于常被用作祭祀和典礼的礼器，其造型设计除实用外，还考虑放置祭坛上的陈设效果，因此日用器物的造型设计就有了不同因素的审美追求，这一特点在新石器时代龙山文化中已表现出来。例如，黑陶高足杯（见图5-5）的高足远远超出了实用规范，对器物造型产生了重要的影响，具有了审美意义。进入奴隶社会后，宗教祭祀活动改变了原来从属于社会整体的原始性质而为奴隶主阶级所垄断、所解释，成为他们表达观念、实行统治的重要工具。奴隶主凡事必卜，祭祀活动的规模越来越大，青铜日用器作为祭器被视作神圣，所以日用青铜器的陈设功能还表达了奴隶主阶级的意志。《左传》中有记载：“昔夏之方有德也，远方图物，贡金九牧，铸鼎象物，百物而为之备，使民知神奸，故民入川泽山林，不逢不若，螭魅罔两，莫能逢之，用能协于上下，以承天休。”[②] 说明了青铜器的造型和装饰作为一种特殊的符号，要传达出“协上下，承天休”的时代精神。

图5-4　人骑兽形铜灯

图5-5　黑陶高足杯

① 张法：《中国美学史》，上海人民出版社2000年版。

② 《左传·宣公三年》。

第二节　神人合一的西周青铜艺术

到了西周时期，由于生产力水平的进一步发展，人类的认知水平和改造自然能力得到加强，对天、对神的崇拜与依赖减弱，重人、重人事思想开始出现。伦理思想逐渐渗透进一股在强大的神力面前敢于提出一点自我要求的神人互补思想倾向。周人把“天命”思想从殷人单纯的宗教迷信中凸显出来，增加了“人治”的政治性色彩。社会的发展是人们在一代又一代物质生活过程中实现的。任何一个社会都必须有其代际传递的方式，这个过程或可叫作社会继替。继替过程若没有一定的规则，或其规则不适应当时社会的状况，势必引起社会的混乱。[①] 在奴隶社会中，社会继替问题主要反映在统治阶级即奴隶主集团，周统治者从殷商对单纯的祖先神化崇拜进行发展而确立了“任人唯亲”的宗法制度，这是对“人性”思想强化的具体反映。周室为了加强其统治地位，不再单纯依附于神力和天帝，而是加深了对作为直系亲属血缘关系的信任。这种“神人各半”的统治思想充分体现在：周统治者一方面一再宣称，政权的取得是上天的意志，因而反复强调“有命自天，命此文王”,[②] 肯定天命的不可动摇性和神圣性，以此来获得殷商对自己统治的诚服；另一方面对于周人内部，则一再强调殷鉴不远，政权获取之不易，政权需要用人力获得，那么统治也应当以“人治”为根本，这是西周“任人唯亲”的宗法制度的源头。这一思想表明周人逐渐摆脱了殷人那种靠神权来治理国家的思想观念，开始由神向人倾斜，确切地说是向“亲人”倾斜，向轻天命、重人事转移。虽然这时的“人性”还带有很大的局限性和两面性，但毕竟正是从这时起，“人”的概念已经开始等

① 费孝通：《生育制度》，商务印书馆 1999 年版，第 181 页。

② 《诗·大雅·大明》。

位于“神”的角色了，周人开始从殷商时期的完全依附于神逐渐意识到了自己的存在，逐渐从外在自然界中“独立”出来，这表明“中国社会思想发展到西周初年，已经进入了成熟期”。[①] 西周社会生活最显著的特征就是礼乐制度的建立。西周的礼乐制度和宗法制度是有着密切联系的，礼乐制度存在于宗法制度中用来调解内部矛盾和维护统治者的阶级利益。“礼”的概念在殷商时就已产生，在西周进一步发展，并逐渐形成“礼治”的体系。周统治者汲取殷灭亡的经验教训，逐渐认识到人民所具有的力量，不能再像殷人那样“暴虐于百姓”。于是提出了一整套关注社会、关注人事方面的思想，在神与人的关系中，人所占的比重逐渐加大，人事的力量逐渐增强，人的主体性和能动性较之殷商时期明显增强，提出了“惟人万物之灵”的思想。周人更多地制定“人律”，而不再是完全依靠“神力”，这也成为创制周礼的前提。周代的礼制文化具有非常系统完备的礼数要求，正所谓“礼仪三百，威仪三千”“经礼三百，曲礼三千”[②] 等说法，即是周人为维护、巩固宗法等级制度，区别上下贵贱等级关系所建立的完整礼乐文化的最好写照。“礼”能够适时调整和缓和各等级之间矛盾关系的严格的等级制度格局。《礼记·曲礼》中有“君臣上下，父子兄弟，非礼不定”的描述，可见“礼”在当时国家政治生活中具有“经国家、定社稷、序民人、利后嗣”[③] 的非常重要的调节功能和作用，成为约束和规范人们日常思想、行为、言行的准则。因此，周礼在当时是普遍适用的价值准则，它兼有道德规范和法律约束的双重含义，是社会上每个人都必须遵循的行为规范。

殷商时期，超出使用功能之上的审美追求表现得非常强烈，各器物多以满足“祭祀”的人类精神需求而制，更多的是在力求表达威严与神秘、恐怖之感上做文章。如“司母戊鼎”“四羊方尊”“龙虎尊”等，给人以凝重、浑厚之感；如“食人卣”“人面纹铜钺”（见图 5-6）等，通过造型和装饰被夸张到怪诞的程度，给人以神秘、恐怖之感。当然，并不是说这

① 王处辉：《中国社会思想早熟轨迹》，人民出版社 1996 年版。
② 朱熹：《朱子语类》（卷九十八）。
③ 《左传·隐公十一年》。

图 5-6 人面纹铜钺

个时段的青铜器物没有使用功能上的考虑，有些也能够较好地将功能形式统一性呈现出来，但缺乏普遍性。例如，同为饮酒器，五爵中的爵和斝，造型既美观又实用，而觚和角虽同样给人以美感，但并不实用，觚的大喇叭形口作为饮酒器，使人感到难以适应，而且底部占了整器的一半，使容器变得十分有限，那两头的尖角更使人无所适从。再如同为盛酒器，卣和壶体现了较好的实用功能，都具有足够容量，且卣的提梁和盖为酒的保存和托运提供了方便。而方彝则相反，容量小，无提梁和钮，实用功能大为降低。

殷商的造物观到西周有了明显的改观。西周以后，对神的怀疑态度以及对人自身能力的肯定评价成为这个时段影响青铜造物创新发展方向的一个总的观念源头，这也成为了新的“事”，代替了原先的既有认识。周统治者从殷商的顷刻瓦解与覆灭这样一个“人为”的物化过程中得出了“人律”“德治”的“理”，即从原有统治观念演进到新的“待生认识”。然而，周的前身只是“窜于夷狄之间，迁徙不定”的周部落，周人面对大邑商的顷刻瓦解之后的统治方式，仍需要不断地总结。更何况周统治者对于客观自然的认知水平和商人处于同一层面，对“人”的肯定很大程度上来自战争的胜利及人在战争中所起到的决定性作用。

周人还需要全面承袭殷商社会的意识形态，所以，这时的“人律”和“德治”并不具备独立意义，而只能算是对殷商原有统治观念和尊神重鬼信念的修改和补充。这样一种新的对统治观念的认识导致需要产生新的物化形象来对其进行反映。“神性”与“人性”兼有的青铜物化形态由此而产生。青铜器除了充当具有“神性”的“祭器”外，还肩负着充当具有“人性”的“礼器”。西周奴隶主为了加强统治，制定了一整套礼制，在从事祭祀和典礼活动时，使用礼器的数量和规格都做了严格限制，以使贵贱有等，上下有别，这就是所谓的“藏礼于器”。如《左传》记载“名位不同，礼亦异数”。[①] 西周是从夏商“神性”向东周“人性”状态的过渡传递时段。这也决定了这个时期的物化表征同时具有前代和后代的特点。对于商后期到西周前期的鼎，鼎腹较之前明显变浅，两耳变大，三足变成圆柱形，这是普遍的特征。我们从不同鼎的细部情节处理上可以更明晰地感受到这种“人”的转变。1976 年，在陕西扶风县庄白一号西周青铜器窖藏中出土的一件刖人守门方鼎（见图 5-7）颇具特点，从器物表征看，刖人守门方鼎通高 17.7 厘米，口横 11.9 厘米，口纵 9.2 厘米，腹深 6.3 厘米，重 1750 公斤。双附耳，器口为钝角长方形，四角各有一个立体卷尾龙，全器由上下两部分组成，口沿下装饰云雷纹衬底的窃曲纹，下层是一炉体，左右两侧开小方窗。正面为可以开合的两扇小门，一门上饰一兽钮，另一门侧键部是一刖刑奴隶作守门状。炉底镂有个小方孔，可以从左、右背后、下方向出烟。背面是镂空窃曲纹，可以通风助燃。炉内可烧木炭，使鼎内的食物保持温度，是一种温食之器。四个鼎足为四兽足，下部四角饰立体华鸟。“此鼎造型奇妙，装饰和实用相结合，颇具匠心，既是一件实用器，也是一件艺术品”。“刖刑奴隶形象是西周奴隶悲惨生活的真实写照，是研究西周奴隶制度的实物资料”。这样的一种情节处理反映了当时社会生活状况的一个多层面、情节主体由人与兽的组合而变成了人的单独表象，这是人与自然力量关系变化事因的直接表征。前面提到过的“人骑兽”只是这个事因的一种外化形式，以“人”来单独构成情节也表达出同样的事因，对“人”的特定角色的设定。“刖刑”是我国古代的一种酷刑，就是把脚砍掉。“刖人”就是被砍掉脚的奴隶。尽管情节中只有一个人出现，但却存在一种关系。那就是用奴隶主统治阶级对奴隶阶级的酷刑压迫来代替原有的自然力对整个人群的威吓。它所反映出的正是西周社会奴隶制度完全确立前提下统治阶级对被统治阶级所采取的“人治”方式。器物在使用功能上的格外注重，也向我们传达了另外一个信息，即统治者对自身的肯定及创建为自我服务体系的意念。前面提到过，西周是对于夏商意

---

① 《左传·庄公十八年》。

识形态的延续和新的意识形态建立的特殊过渡时期，这时的社会虽然认识和开始建立“人治”体系，但在很大程度上还保留着夏商的遗迹。我们可以从另一件造鼎结果中看出这种延续和建立并存的形态，那就是1959年出土于湖南宁乡的铸造于晚商的“人面纹方鼎”（见图5-8），其最大的特点就是人的高度写实形象的出现替换了早先所惯用的饕餮纹饰。饕餮作为夏商具有特殊地位的物化形态，它体现的是人类对于自然现象和自然力的恐惧与诚服，而为了传递和渲染这种意念，人类频繁地把饕餮纹置于各种器物的主体或醒目的部分，比如说前面提到过的饕餮纹鼎，在鼎腹的核心地域布满了饕餮纹。而用人面形象对其进行取代，不能不说是向我们传递了一种信号，即开始以人的存在作为强化传递的主题。虽然鼎腹的主体部分被一张巨大的人脸所占据，但在其周围仍存在饕餮的印记，并且在鼎足的上端还辅以饕餮的完整形象。这说明统治者虽然已开始探讨人性，尝试“人治”，但还没有完全脱离对自然力的崇拜思想。人面的出现在某种程度上也是对与人有关的神的崇拜的反映。“跟黄帝四面关系最大的物象，还要数湖南宁乡出土的商代人面方鼎。”①

图5-7　刖人守门方鼎

图5-8　人面纹方鼎

到了西周中后期，神性观念的弱化在物化形态上的表现更为明显。西周统治者表达观念更为理性，而且处理实用和陈设的关系也表现得较为成

① 萧兵：《“四面神”和“四目神”》，《寻根》2003年第2期。

熟。他们更多地通过铭文陈述自己的意志，而不完全靠造型和装饰的夸张表现。例如，今存台北故宫博物院的毛公鼎（见图5-9），铸于西周后期的宣王之时。公元前1000年，它以近500字的铭文记述了王室对贵族毛公的册命，并成为西周金文书法典范作品之一。铭文在青铜器物上的加强也反映了“重人事”的转变。周代的青铜器在其物用性上，与夏商相比，不再一味地用于祭祀行为，不再一味地将自然万物作为信奉的神灵进行表现，而多了一些人化因素，更偏重服务于礼乐制度。由于这种意识的改变，在形态上，西周青铜器也以典雅优美之风逐步取代商朝青铜器的厚重与狞厉可畏。毛公鼎在造型上有两点值得我们密切关注：半球形鼎腹。这样的鼎显然已从“方鼎祭天”的宗教功能中逐渐过渡到礼乐和实用功能，立耳也更便于搬运。它为兽蹄形足，可以看到此鼎对于鼎足的处理和塑造较之以前有了很大的变化。高度抽象化，甚至在以往鼎足上部的独立饕餮形象也已消失，仅用线性进行仿生的处理，用意向传递代替了实体传递。整个器形比例匀称合度，轮廓优美，纹饰也异常单纯，仅在颈部饰一圈重环纹，下加一道弦纹，体现了西周时代典雅和谐的审美风尚。通过对鼎的分析，从“饕餮消逝”的物化表象中，我们看到了社会生活层面的新状态。当然，对这种新状态的反映不仅仅体现在鼎的物化形态的演变中，而且广泛存在于所有器物形态中。例如，蕊的设计，早商的簋在器身与器耳上有很

图5-9 毛公鼎

图 5-10　陕西扶风的簋

多突起的乳丁，虽增强了陈设效果，却同时也给使用者带来很多不便，而西周的簋，与鼎成为配套使用的重要礼器，造型变化丰富多样。比如出土于陕西扶风的簋（见图 5-10），铸于西周晚期的厉王十二年，为已知的最大的一件簋，是存世商周青铜簋中最大的一件，堪称“簋王”，收藏于宝鸡青铜器博物院。在圈足下加以方座，使整器显得高耸而庄重，双耳下加出一段垂直向下的耳垂，解除了器物不稳定的感觉。有的簋上还出现四耳，进一步加强了陈设中的立体效果，如“利簋”“大丰簋”（见图 5-11）等。再如卣的造型设计，商代的卣大都在器身上有很多造型复杂的扉棱，加上凹凸分明的浅浮雕装饰，给人一种激烈动荡感。而西周时期的“兽耳提梁卣”（见图 5-12），则显得高雅而稳重，器身高度和腹径的宽度比例恰当，使容量和稳定性都达到最佳状态，既实用又使陈设效果突显，这一设计具有很强的艺术生命力。

图 5-11　大丰簋

图 5-12　兽耳提梁卣

由于器物功能向“人化”偏移，西周时期食具数量增多。出土于北京房山琉璃河的伯矩鬲（见图 5-13），便是一件构思独特的器物，在扁腹、盖上装饰了五个形体很大的浮雕牛头，牛角与双耳翘起，突出于器表，具有一种强悍、凌厉的气势。器的盖上以两个相似的圆雕小牛头作为捉手，也很有趣。从铭文可知，它是西周初的贵族伯矩受燕侯赏赐后铸造的。虽然也是以自然物为表现主题，然而却少了一些以往器物的神秘与恐惧，更多的心智花费在了表达精工技巧上，用以显示权贵与人性审美。还有一点值得一提，那就是由于西周社会中严厉禁酒，到西周中期以后，酒器逐渐消失，食器和乐器成为主要器类。比如献与方彝是从商到西周初酒器中的重要器类，但到西周中期以后就逐渐消失了。再比如，在清代道光年间出土于陕西眉县的大盂鼎（见图 5-14），铸于周康王二十三年。器腹上的铭文，回顾了西周建国的历史，并告诫不得酗酒。这也是一个很好的例证，用以说明社会生活对艺术物化形态的直接影响作用。

图 5-13　伯矩鬲

图 5-14　眉县大盂鼎

第三节 钟鸣鼎食的东周青铜艺术

经过了西周这一特殊时段对神人关系的综合，到了西周晚期，随着小农经济的不断发展，经济关系发生了深刻的变化。这种变化深刻地体现在对于殷商、西周以来确立的“任人唯亲”宗法等级政治制度体制以及上下尊卑贵贱礼制制度的无视和废止过程中。周天子王权旁落，周王室地位衰微，各诸侯互相兼并，此时的社会状态处于一种极度的动荡和由于战乱带来的不安定之中。这些都表明人们正在开始根据自己对自然、社会、人生的理解，重新对自我、重新对人的力量进行定位。殷商时期的“崇神敬天”和西周时期的游离于神形人性的过渡性“人本”开始土崩瓦解。可以说这时的人才真正开始从人的角度出发，站在人类社会中来看待与解决若干社会政治生活问题。这当然是由于人们认识自然和改造自然能力进一步加深的必然结果，“人性”意识进一步取代“鬼神”信念，天命鬼神从至高无上的人格神地位一落千丈，不再成为人们供奉的对象，人们把以往用以鬼神崇拜的心智更多地用来关注于自身的发展，关注于利用不断发展的社会生产力进行物质及精神生活的享受。晋国的史墨明确指出，自古至今，没有常奉的国家，也没有常位的君臣。历史的变迁和发展并非是一成不变的，鬼神对此也无可奈何。从这可以看到，人的力量以及人自身的因素在此时已经被认同为决定事物发展的主导因素了。过去人们认为吉凶祸福来自天命鬼神，而楚国的斗廉却认为，“卜以决疑，不疑何卜”①，用反问的方式表示了吉凶祸福与天命鬼神无关，而是由人自己造成的。春秋时期的大变革，使人们深刻认识到了人的力量的重要性，仲几说“薛征于

① 《左传·桓公十一年》。

人，宋征于鬼，宋罪大矣”①，宋国罪大之原因就在于以鬼神为是非，而忽视了人的存在。当时的虢国多以神事为重，周内史便断言，由于虢国“虐而听于神”“虢必亡矣”②，虢国的史嚚更进一步看到了人的作用和力量，他说“国将兴，听于民；将亡，听于神。神，聪明正直而壹者也，依人而行。虢多凉德，其何土之能得”。③这几句论述都直接将人与神的立场对立了起来，对“崇神”的治国治民态度进行了明确的否定。并且，与西周统治者不同，东周统治者更清晰地看到了“民意”“民心”的力量，而不是把对于人性的体现局限在以血缘关系为核心的宗法制度中，统治者若以民之是非为是非，国家就会兴盛。反之，统治者若一味听信于鬼神，国家就会衰亡。将是听信于民还是听信于神作为国家兴衰存亡的依据，并明确给予了肯定的回答。立国之根本在于修政而安民。以上这些表述其实是中国古代社会“无神论”思想的萌芽。我们可以看出，春秋时期无神论思潮的出现，直接导致了神的地位的下降和人的地位的上升，在神人关系问题上是一个重大突破。从此以后，中国社会的君王至尊逐步代替了神性至尊，而神的角色更像是统治者标榜自我统治意识的一个噱头。比如现存的西周初年青铜器“何尊”，有铭文字，铭文大意是，周成王福祭武王，四月丙戌日，王在京室训诰宗室弟子说：你的父亲辅弼周文王，很有贡献，文王受到上天授予的统治天下的大命，等到周武王攻克了大邑商，则廷告于天说，我要建都于天下的中心，在这里统治民众。最后王勉励何作器者，要敬祀他的父亲，并像他的父亲一样辅佐王室。王室赐给何贝三十朋，何因此作尊以为纪念。

人从“无我”走向“自我”，从“隐”至“显”，从“无主体性”到“自我发现”，从“神性至尊”到“人的价值凸显”的思想演进逻辑发展，使得青铜造物观念也发生了根本性的改变。造物创新在这样一种新的“事”的认识中达到一个空前的以人为核心的造物状态。到东周时期，奴隶制趋于瓦解，日用青铜器开始失去祭祀和礼器的特性，使用上已不再循规蹈矩，造型设计也开始摆脱商周以来的神话气氛，向清新活泼的风格发

① 《左传·定公十一年》。

②③ 《左传·庄公三十二年》。

展。春秋中期的“莲鹤方壶”（见图 5-15 ）可作为这种艺术风格的典型代表。方壶呈椭方形，通体布满浓密的纠结的龙凤纹及窃曲纹、虎纹等装饰。此壶不同之处在于壶盖上由双层仰莲瓣烘托出的一只清新的立鹤和壶身附着的立体装饰，一改青铜厚重威吓之气，而换之以浓重的人文气息。壶两侧回首反顾的龙形大耳，有瑰丽的华冠，身躯镂空，透射出点点光斑。下腹部后有四条飞龙壶座之下，有两弓身卷尾咋舌的小兽承托，使器物造型意外地产生了轻盈之感。这些装饰手法都为后来的作品所沿袭不衰。而云纹铜屋（见图 5-16）和曾侯尊盘这类器皿则代表了“人性”的另一方面，即贵族生活的极尽奢靡。这类器物做工精细、装饰繁缛，彰显豪华享乐之风。

图 5-15　莲鹤方壶

图 5-16　云纹铜屋

春秋后期，青铜器纹饰中出现了比较写实的动物或狩猎图像，许多人物活动的情节画面也出现在战国时期，比如战国时期的宴乐采桑狩猎攻战纹壶（见图 5-17），自上而下地表现了采桑、宴乐、弋射和水陆交战图像。手法虽尚幼稚，但人们之间的关系、活动内容、环境氛围都交代得很清楚。如妇女采桑的情景优美而抒情，湖畔弋射，中箭的大雁下坠时，箭尾所系的绳在高空划出不同的弧形，显示了不同的时空过程。最下层惨烈的攻城与舟战场景，是对战争的描写。

图 5-17　宴乐采桑狩猎攻战纹壶

同类作品在四川、陕西等地也有出土。与此同时，在江淮地区还流行一种针刻线画图像，是以锋利的刃具在器壁较薄的匜、鉴等铜器上镌刻的，常见有宫室、狩猎、宴乐或神话题材，比之前者，表现手法更自由，也更为写实。

东周以降，礼崩乐坏，社会失序，臣弑其君、子弑其父的事件屡有发生。这是中国人最不能容忍的事情，也是值得中国人永远刻骨铭心的严重事件，所以人与人的关系问题成为时代的主题。① 自西周以来，人们就已经开始对于“人”进行重新定位，然而与东周不同，西周社会更多地以对人的能力肯定为出发点，更多地站在人与自然的对比关系上审视人的价值，这也是对夏商以来所形成世界观的调整。西周的“礼乐制度”是为“宗法”而服务的，所谓“宗法”，是指以血缘关系为核心而确立的统治体系。这样的“礼乐法制”具有很强的狭隘性，随着“土地所有制度”“宗法关系的淡化”“中央集权的加强”“官僚等级制的强化”，社会结构出现了很大的变化，世卿世禄的世袭社会向俸禄制的官僚社会过渡，社会边缘阶层逐渐崛起，社会冲破传统以稀有资源控制为权威象征的古典社会模式，加之于青铜礼乐器的使用者的身份界限被不断打破，社会不断分化，天子的权威不断被削弱，而“士”阶层在不断崛起，在东周时代，过去

① 陈寒鸣：《中国传统思想发展的主线及其特点》，http：//www. doc88. com/p-405540047441. html。

"礼乐征伐自天子出"的年代已不再存在。不仅权力不断下移，伴随着的是知识亦不再垄断在国家上层贵族手上，传统知识权威的象征礼乐不再具有终极的象征意义，"学在官府"的时代已成为过去，私学兴起，百家争鸣，形成了文化上的激烈转变期。礼毕竟不是法，固然它可以起到法的作用，但却不可能具有法的特点，即公正和无情。因此，在情理与法理矛盾时，法往往让位于礼，甚至牺牲法而维护礼。由于礼不具有强制性，因而常随着情况的变化而变化，当这种变化达到一定的幅面时，整个社会就会陷于"礼"的危机，出现道德的崩溃，引起社会秩序的混乱。"春秋战国出现的礼崩乐坏，局面就是由此造成的"。① 不仅在中国，东周时期世界亦处在一元文化离析、多元文化发展的"轴心时代"。② 这些都引发了人对于"人性"与"人治"的新一轮思考，西周的"人性"讨论反映的是一种"神人关系"，而东周则演进为"人与人的关系"。

与商和西周时代相比，由于不受礼制的约束，东周青铜造物实用的目的性更明确。青铜在商朝是神器，在西周是礼器，到了东周就成为了真正意义上的"用器"，即"人用之器"。它已失去祭祀和礼器的特性，而向生活日用器物方面发展。"钟鸣鼎食"是这段时期社会生活的写照。从山西浑源李峪村出土的蟠蛇纹鼎上看，"钟鸣"即作为乐器的青铜编钟的鸣响或演奏，"鼎食"即用青铜鼎一类的青铜器作食具，鼎作食具常用来盛肉，使用的鼎愈多，享用的肉食也愈多。随着社会物质文明和人性观念的进一步树立，整个社会竞尚奢华，夸示财富，盛行厚葬之风。同时，铁器出现，使生产力有了新的发展。青铜器铸造由于镶嵌、焊接技艺的提高和失蜡法的应用，制造出许多精彩绝伦、巧夺天工的艺术品。在这里，我们仍以鼎为媒，通过对东周鼎的物化表征的分析，来看待上述社会生活层面的诸多改变是如何反映在人类的物化创新上的。比如蟠蛇纹鼎（见图 5-18），就是一个很鲜明的例子。该鼎盖器相合，形体浑圆，附耳，款足，全器线条优美，形体新颖。盖置三只卧虎，昂首屈肢，栩栩如生，全器饰排列规整、细密精致的蟠蛇纹。在物化形态上，有两点创新值得我们关注：第

① 李道湘：《论中国礼治传统对以法治国的影响》，《广州日报》，2002 年 12 月。

② 德雅斯・贝尔斯：《历史的起源与目的》，华夏出版社 1989 年版。

一，鼎盖的设置。这也是东周鼎器所共有的一大特点。盖的出现，标志着鼎的功用更向“食”的“人用之器”方向演进，而完全失去了祭祀功能，并逐渐淡化了礼乐的特质。鼎的形制已经具备了小型食器的特征。第二，从纹饰上看，相当之简洁。如果说西周的鼎还保留有相当的饕餮遗迹，那么，在东周鼎器上已经完全看不到这种神异表征的存在了。如本器用三只高度写实的虎的造型和少量的蟠蛇纹，对器皿进行装饰的点缀。这也反映了当时人们已将人对自然的认识水平提到了相当的高度，具有了一种比较客观的陈述过程。造物创新不再服务于“礼乐”而转向对人类日常生活进行功能满足和装点的又一个鲜明实例是嵌金银卷云纹青铜鼎，它除了具有与蟠蛇纹鼎一致的相关特征外，也传达出了另外一些关于新的社会生活面貌的特质：此鼎是东周王室的礼器，却一改昔日庄重威严的风格，而转向清新活泼的造型。这是维系周朝命脉的礼制已经逐步走向衰亡的物化信号。东迁之后的周王朝很快丧失了作为王室而拥有的权威，基本上不能再控制诸侯，实力在中等诸侯之下。在其政治、军事权威丧失的同时，以周王朝为标志的西周礼制、法制和文化制度也迅速崩溃，诸侯不再听命于周天子，相互攻伐，中原陷入混战局面，以军事实力争取政治、经济利益成为政治的主要目的和手段。同时，礼崩乐坏，周王室不再享有独占九鼎、巡狩天下的特权，而诸侯，甚至卿大夫超越本分冒用天子礼制的事经常发生。周礼制和政治统治在东周的崩溃很快将中原文化和政治的格局改变，西周专制、单调的政治结构结束，各种地方势力、各个阶级打破桎梏，竞相培养各自的势力，天子与诸侯之间、诸侯与大夫之间、父与子之间进行了激烈的斗争，各种势力都得到了发展，使中国的政治、经济面貌发生了巨大变化。而礼崩乐坏也促进了文化的繁荣，一进入东周，西周青铜器铸造在样式、花纹、文字风格、铭文格式上的基本统一地被打破，出现各种地方特色，春秋战国文化发展迅速。铁器的出现使生产力有了新的发展。人们具备了更多的手段和方法用于青铜器的铸造，比如镶嵌、焊接技艺的提高，失蜡法的应用。青铜器走下了神坛，成为贵族们钟鸣鼎食、穷奢极欲生活的点缀品。在该器上体现出的嵌金银工艺和卷云纹装饰就是对此的最好印证。

图 5-18　蟠蛇纹鼎

与此同时，一些以实用为主的小型器物越来越受到欢迎，如敦、豆、匜、壶等。原有的器形也进一步完善实用功能，如春秋晚期出现了带盖的鼎，盖上有三个环耳，使盖翻置过来时又可当作盘使用。这是由于随着周王室的衰微，诸侯自行铸造的青铜器明显增多，并按各自的需求设计制作种类繁多的青铜器，著名的有秦公簋（见图 5-19）、吴王夫差鉴（见图 5-20）、编钟（见图 5-21）等。以编钟为例，这种青铜乐器虽然作为专供统治者在庙堂奏乐和宫廷奏乐时用，但自然也影响了民间乐器的发展。例如，湖北随县曾侯乙墓出土的大型编钟，至今犹能演奏。铎（见图 5-22），是古代乐器中的代表乐器，也是打击乐器，类似钲、铙，一般用于发令，后来成为教师的标志。铃，器小而薄，发音清脆。鼓，器大而瓮，发音宏浑。此外还有铜句鑃等青铜乐器，组成我国古代乐队的完整结构。春秋战国之交，青铜器制作更趋于世俗化和商品化，雄浑凝重的礼器让位于器薄形巧、简单实用的日用品和艺术品。各种青铜兵器、工具和钱币的铸造在数量和质量上都是空前的。春秋时秦国出现青铜建筑构件，表明青铜器已突破礼器的桎梏进入工程应用领域。战国时的秦商将方升作为统一量器标准。铜镜、铜带钩等生活用品进入更多人家。为适应商品经济发展的需要，各诸侯国都铸造了大量的货币，除金币外，铜币有齐、燕、赵的刀币，周、秦的圆形环钱，韩、赵、魏的铲形布币，楚的铜贝蚁鼻钱，蜀的桥形币等，铸币上署名的城市不下几十余座。战国时青铜冶铸业发展到鼎盛时期，技术已相当成熟，出现了多种铸造、焊接、镶嵌和装饰加工新工艺。可见，到东周时期，青铜造物行为已经完全进入了服务于人自身生活的新角色。

图 5-19　秦公簋

图 5-20　吴王夫差鉴

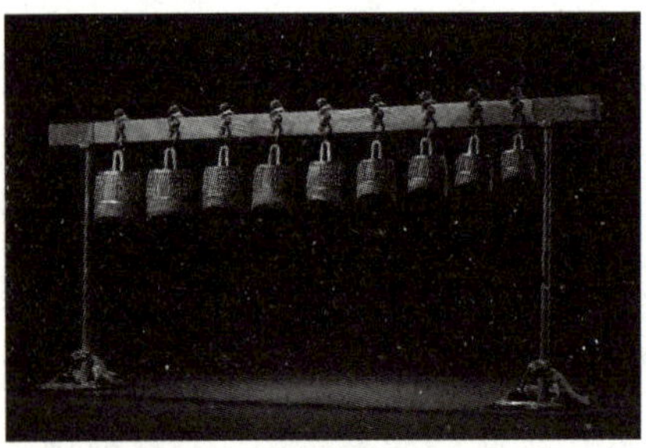

图 5-21　编钟

图 5-22　铎

第六章

青铜艺术形态语言的创新启示

第一节　艺术形态的物化传承

夏、商、周三代青铜器，是青铜时代文化和文明的物化形态，代表了夏、商、周三代社会物质文化的最高水平，也是当时工艺技术即设计最杰出的成就。统治阶级的思想和意志必须通过造型和装饰才能物化在青铜器上，使其成为统治阶级的工具。美国学者张光直曾指出，“全世界古代许多地方有青铜时代，但只有中国三代的青铜器在沟通天地上，在支持政治力量上有这种独特的形式。全世界古代文明中，政治、宗教和美术都是分不开的，但只有在中国的三代文明中，这三者的结合是透过了青铜器与动物纹样美术的力量的”。即青铜工艺的这种特殊功用是通过其独特的造型和装饰表现出来的。

从设计上看，青铜器从造型到纹饰，所有的物化形态都来自夏、商、周三代工匠艺术家在特定社会政治、观念和审美要求下做出的设计创造和选择。事实上，从原始的初民社会进入阶级社会，统治阶级特殊的政治需求和生活需求都对设计提出了迥别于原始社会的要求。为了适应统治阶级的需要，工匠艺术家们在两个方面表现出了杰出的设计才能：一是在造型设计方面，在继承部分原始陶器造型设计的基础上，创造新的样式，设计新的造型。二是在装饰设计方面，根据特定的社会政治需要，将统治阶级的思想观念通过纹饰的形式表现出来，设计和创造了适合于青铜器皿需要、适合于统治阶级需要的装饰形式。

毫无疑问，夏、商、西周乃至春秋、战国这一时期所取得的青铜造物的成就是巨大的。如前面章节所提到的，青铜器物的纹样与造型的不断创新发展是以中国先秦社会生活、生产、文化的不断积淀为基础的。青铜器物中体现的尊神重鬼、神人合一、钟鸣鼎食、图腾崇拜等，无一不透露着先人社会的物质状况与精神状况。这些纹样、造型经过先人无数次的抽象化与提炼，经过统治阶级无数次的意志与精神的熔铸与洗练，经过能工巧匠无数次地耗尽心智的拿捏与打造，已经成为了一种能够代表与象征中华民族精神与理想的物化形态。这样一笔宝贵的艺术遗产，它的存在意义绝不仅仅局限于那一时代的艺术成就的展现，它已经具有了强大的艺术生命力，我们大可以把它们置于宏大的博物展馆中供后人欣赏，展示我们伟大祖先的艺术成就，但我们绝不能因为它们不是诞生于我们这个时代，就让它们永远停留在过去。它们从内到外、从外在物化形态到内在精神与灵魂，都有足够的理由和必要进入我们的视野引起我们的关注，进入今天并延续到未来。原因很简单，这是一种文化高度提炼的精髓，是一种能够代表中华民族灿烂文明并能够引发中华后人乃至全人类共鸣的文化。在今天全世界各民族都在大力弘扬自己的文化、费尽心力地找寻遗失的文明的同时，如果我们面对这样一笔惊世骇俗的文化遗产而不闻不问，那我们还何以华夏子孙自居，我们还何以振兴华夏、复兴中华？

诚然，由于历史原因，我们的国家在一段时间内遭受到了来自外来文明的侵略，我们落后了。但这并不能够说明我们的文化是错误的，我们也没有任何理由去抛弃与忽视那样一段灿烂的文明。为了国家的复兴，我们需要借鉴与吸收外来的先进文化与思想，更要继承我们先人文明中所有正确的、有现实意义的东西。这样，我们的民族才会在历史发展的长河中始终保持自己的特质性，而不会轻易被同化掉。

具体到青铜器物文明中的纹样组织与形体塑造来说，具有很高的审美价值，这在前面章节已经进行了详细的论述。这些元素以及表达的题材是古老的、神秘的，但从审美角度来看，美是不分新旧的，把它们运用到当代艺术与现代设计中，它们同样也是时尚的，也是非常好的视觉题材，也可以成为流行符号。青铜器铸造包括器物本身都包含了很多结构上的奇思妙想，是人类早期对于事物存在的合理性的思考与探索，这些东西对于今天的造型观念而言，都有很大的借鉴作用。

第二节　艺术创新的脉络传承

中国虽然不是最早迈入青铜时代的国家，但是，由于中国在冶铸技术方面的发明和创新，使中国的冶金业很快就后来居上，跃升于世界的前列，并为中国古代文明的高度发达奠定了坚实的物质基础。青铜文化作为中国器物文化发展的高峰，不仅生产出了精美的青铜器，也造就出具有强烈造型艺术感受能力的审美主体。青铜文化介于原始巫术文化与文字文化之间，造型艺术感受能力是原始生命与人类文明的融合。商代人就是凭着这种敏锐的造型艺术感受能力，在使用青铜器的过程中与神及祖先沟通心灵、贴近天地的。青铜器表面纹样从来就不是无意义的纯形式，而是约定俗成、抽象化的符号，是青铜文化的基本代码，它仿佛赋有魔术般的或物理的力量，只有造型艺术感受能力十分敏捷的人才能感悟到这种无声的天意语言。青铜器纹样是青铜器的魂，离开了造型艺术感受能力，青铜器纹样就没有存在的意义。从这个意义上讲，青铜器是为了那些具有强烈的造型艺术感受能力的人们而存在的，没有造型艺术感受能力也就没有青铜文化。由此可见，造型艺术感受能力对于审美主体和形态艺术的创造同等重要。那么，对于现代造型艺术与设计来说，就应该不仅仅是一些表面的、形式化的视觉形象和外观物象，而应该是蕴含着某种意义的、具有人类文化特性的造型艺术符号。这样才能促进审美主体造型艺术感受能力和艺术创造与设计水平的不断提高。

在现代设计中，从传统形态中取其形的元素，然后再结合现代构成手段，如打散、切割、错位、变异等方法，将这些提取的形式元素再进行新的设计重组。这样设计出来的作品，不仅能够保留传统艺术的神韵，又能够带有鲜明的时代特征，并且还能充分地表达设计所蕴含的理念与个性。在现代雕塑与建筑中，我们不难找到一些实例。北京街头一现代雕塑作品（见图6-1），是张宝贵在其藏于中国美术馆的原创作品“对话”的基础上经修改而成的。该作品由象征传统的中国古代饮酒器皿“爵”和象征现代的高脚杯组成。背面上部是古代青铜器“宴乐壶”上的装饰纹样。作品意在探索时间与空间的对话，对话是现代的，也是广义的。再如立于北京安定门内大街北口的“安定大鼎”（见图6-2），自铭“安定”。此鼎立耳，垂腹蹄足，并饰有兽面纹和扉棱，形制非常厚重端庄，当取“安定团结，国泰民安”之意。这一现代雕塑将鼎所具有的传统文化意义运用得非常恰当：一方面沿用其艺术形式，并进行一定的革新与再造；另一方面深入领悟传统的艺术精神，融会贯通，寻找传统与现代的契合点，从而打造出符合新时代的民族形式，特别是在当前国际设计本土化的大趋势下，使我们的现代设计能够体现民族特质和民族文化，同时又能被国际社会所认可。在当今社会，传统文化已经越来越趋向于仪式化、形式化和博物馆化。传统逐渐失去了自身的根性而蜕变成一种外在的装饰和摆设，变成了用来展示博大精深历史文化，并吸引注意力，甚至造成波浪式发展的时尚潮流的手段。在产品设计中更是如此，大量的传统符号和式样被生搬硬套地糅进现代电子产品和生活用品中，传统文化的深刻内在意蕴和内涵被排挤了，留下的只是一些外在形式化的因素。我们应从传统文化的精神层面吸取新鲜血液，在传统中不断创新，发展符合我国时代需要的具有自身民族精神的现代设计。

图 6-1 雕塑对话

图 6-2 安定大鼎

现代设计制造与传统青铜器相比，既有相同的方面也有相异之处。现代产品是在社会分工更加细化和专业化的情况下机械化批量生产的，它的设计和制造分不同阶段完成，而青铜器是手工制作的工艺品，它的设计和制作是同时完成的，即技术与艺术是合一的。现代产品与青铜器的本质是相同的，即都是人造之物，是人类社会化活动的产物。因此，通过研究商代青铜器物的符号特征与意义，可以挖掘和发现一些具有本民族文化的东西，包括思想意识、思维方式、精神观念等，由此形成本民族自身的造型元素及其编码规则，并通过产品这一媒介体现出来。这样所设计出来的产品才不是空洞乏味的，而是具有一定生命力和感染力的文化符号形式，这与产品学的宗旨也是一致的。工业设计具有鲜明的时代特征，它反映出不同时代、不同地域、不同民族的物质生产水平，以及人们的意识形态和生产方式。工业设计本身就是文化的产物，因为它通过特有的方式传达技术的物化美，也体现商品社会中文化的价值取向，它倡导设计师去开创人类新的生活方式、新的生活环境，以提高人们的生活质量，同时也要求设计师站在使用者的角度去思考，而不是一味地强调自身的风格和个性。产品便是在强调机能属性的前提下，重视了主体精神及文化脉络，预示着设计将迫使人们从物的价值向脱离物的价值转换，实现心与物的统一、人与自然的和谐，这与商代青铜艺术审美以及我国传统哲学精神不谋而合。在此基础之上，对于我国现阶段进行设计理论的总结与创新有着不可估量的推动作用，对设计观念的改变具有重要的启发性与引导性作用。

第三节　青铜艺术与现当代艺术设计

青铜艺术是我国传统造型艺术的瑰宝，它像一个巨大的文化艺术宝藏，等待着人们去发掘。中国青铜器不仅数量大、种类繁多，而且其艺术特质在世界上独树一帜，青铜艺术牵涉社会、历史、文化、宗教等诸多方面的问题，研究青铜艺术必将提高我们对艺术本质、艺术史的认识，并且对中国传统文化的根基、脉络有更深入的了解。研究青铜艺术让我们在形态本质、形态构成、形态美学法则等方面得到很多有益的启示，在现代设计中，青铜艺术的应用也屡见不鲜。

如今随着物质生活水平的提升，人们对精神方面的追求也日趋提高。一方面，在设计领域，人们越来越强调设计的品位和精神内涵，现代设计当中，不少作品引入一些传统经典设计元素，这些具有丰富文化内涵的视觉符号使得设计少了一些商业气息，而多了一些设计的文化气息和亲和力；另一方面，科技的发达，特别是信息技术的发展，使得全球范围内人们的活动范围越来越大，交流互动越来越频繁，这种状况的结果带来技术标准化和文化同化，正是这样，保持和突出自己的民族个性在设计中就显得弥足珍贵。在我国这样一个有着悠久文化传统的设计环境中，如何把传统文化和现代设计完美结合，一直是设计理论界和设计实践领域关注的热点。现代设计广泛渗透到社会生活的各个层面，青铜艺术作为传统艺术的优秀代表得到较多的应用。

图形设计是以平面的介质（纸张、书刊、报纸等）为载体，以视觉传达为方式，通过大量复制（印刷、打印、喷绘等手段）向大众传播信息的一种造型设计活动，其中心内容包括招贴设计、企业形象设计、书籍装帧设计、包装设计、插图、销售终端的宣传设计，这是个大致分类，细分的话还可分为很多，如招贴设计又可分为社会公共招贴（非营利性）、商业招贴（营利性）和艺术招贴，书籍装帧设计又可分为封面设计、出版物设计、企业形象设计、产品宣传手册等，实际中，这些门类的交叉很多，界限有时模糊，有时又将动态媒体的静态间隙也列为平面设计的内容，如广告的标板、电视栏目片头等。现代标志图徽设计中利用青铜形态传达文化信息的较多，下面是其中的一个例子：在中国国家博物馆征集馆徽的活动中，赵深设计的馆徽被选中，赵深的方案是以中国国家博物馆镇馆之宝——我国商代著名的青铜器司母戊大方鼎为外形（见图 6-3），构成英文字母“H”，是英文“历史”（History）的缩写。由鼎的简影加上“中”“史”字及饕餮纹化为一个正负形语言相互使用的图案，象征着中国辉煌的历史。标志的含义就是要体现中国国家博物馆对中国历史的权威地位，是中国五千年文化的缩影，秉承历史，构筑未来。类似的例子还有北京国际饭店的标志，就是以商周时代的爵为原形进行简化处理得到的，诸如此类都是对青铜器形态元素进行变形、改造利用的例子。

服装设计主要有两类：一是批量生产的“成衣”设计，如西装、衬衫等；二是个性化的单件设计，如各式时装等。现代服装设计早已超越了最初的保暖和美化的功能，服装尤其是时装的设计在设计师看来愈来愈成为一种潮流的符号或设计师理念的表达，在服装设计中引入传统的或民间的设计要素屡见不鲜。著名服装设计师许茗曾设计了“青铜”系列的一百多套服饰（见图 6-4），这是她为多次大型开幕式与晚会准备的保留“节目”。从 2004 年 8 月 1 日起，作为 2003~2004 年“中法文化年”的一个组成部分，许茗从这个系列中挑选出的精品在法国蒙都瓦尔的音乐博物馆展出。四足的方鼎，喇叭状的瓤，有耳的方彝以及尊、爵等凝聚着中华民族悠久历史文化的青铜器，被分解组合后，罩在了穿有柔软皱褶纱衣的模特身上，冰冷、沉重的青铜泛出神秘的光泽，纱衣上写满中国书法，柔曼的“水袖”缠绕飘舞，如丝如缕。面孔涂成深褐色、装饰了“蚕纹”的模特，表情悠远深邃，如同一尊尊千年雕塑。观众甚至还能从服饰中找到中国的

“石狮子”“门钉”“战甲”以及古代传说的影子，但每一种因素都用极其现代的语言来表达。

图6-3　司母戊大方鼎

图6-4　许茗“青铜”系列服装设计

用许茗自己的话说：“它们反映的是古代和现代、战争与和平、男人与女人、西方和东方等诸种因素的对比。”外在的夸张奢华和内在的含蓄朴素，在许茗的设计中协调地存在着。“我把青铜的感觉打碎再重组，这些造型仿佛是一刀刀刻出来的，视觉冲击力特强，我又把它穿在女孩子身上，就格外有一种刚柔相济的感觉。”

建筑设计艺术是一种公共性造型艺术，有特定的功能并且处于特定的环境中。建筑既是物质产品也是精神产品，要求既具有使用功能又达到人们的审美要求，建筑创作要综合组群规划、平面布局、立面处理、结构造型。建筑形体组合、内外空间组织，及装饰装修、光线色彩、材料质地、环境绿化等一并考虑，它取决于建筑艺术的指导思想，同时也受地理气候、材料、结构施工技术的制约。

建筑艺术在形式上是抽象的，这与其他再现性艺术不同，它更强调形态形式美感，尤其是丰富的精神情感，它的精神情感作用一般不是通过模仿再现外界事务表现出来的，而是通过象征或语义的暗示方法表示出来的，常用到隐喻的手法。现代建筑中用青铜器造型元素的例子很多，如首都博物馆新馆（见图6-5），它集欧洲现代建筑风格和中国古典建筑风格于一体，拥有巨大的玻璃屋顶，正面的左侧“长”出一个倒置的圆锥体，锥顶平面高出屋顶檐面，锥体“挂”在玻璃墙外，其外立面为青铜制成。为了表现出中国传统文化，圆锥形建筑的青铜外立面上配有青铜雕饰。又如位于上海人民广场的上海博物馆（见图6-6），将方形基座与圆形放射体型巧妙地糅为一个协调的整体，既有传统观念“天圆地方”的寓意，又充分体现时代精神，整个外形如一尊庄重古朴的古代青铜器，是一幢崭新的艺术建筑。建筑顶部环形结构和竖起的双耳引起人们对青铜鼎的联想，环形结构的外饰面更是采用了青铜器纹样的造型元素，整个建筑古朴典雅，有着深厚的文化意蕴，在最受欢迎的上海新建筑设计评选中获得很高的评价。①

室外环境设计是环境艺术设计的一种，和建筑艺术一样，室外环境艺术也是一种公共空间表现艺术。室外环境艺术比建筑艺术所受的功能和技术约束更小，设计师可更为自由地调动多种造型表现方式和方法去构造环境空间。室外环境艺术设计是一种整体设计，涉及面广，手法多样，实用材料丰富。作为一种综合性的设计艺术，它不仅涉及装修等各种工艺，也包括雕塑、壁画、园林、建筑广场设计等方面。室外环境艺术功能重点在于美化环境，因而环境设计强调的是精神诉求，注重文化和艺术信息的传达，给人以美的享受。现代环境艺术的创作原则上没有限制，但常见的设计会有意识地使用经典样式、风格、形象甚至主题，用纵向联合与横向包容的手段改变造型的原有含义，阐释新意，用后现代主义常用手法，如置换、拼接、对比、移位、融合、叠加等手法实现作品的多义性。

图6-5　首都博物馆新馆

图6-6　上海博物馆

① 郑时玲：《上海的新经典建筑评述》，《时代建筑》2000年第1期。

第四节　青铜艺术的启示与思考

纵观先秦青铜艺术，除具物质功能外，还集知识、教化、抒情和审美于一身，带有浓郁的文化趣味。无形中孕育了我们民族的聪颖与传统文化的意识。它所体现出的造型倾向及装饰思维，作为一种古典艺术的传统因素一直影响着后来的造型艺术。并且，随着中国传统文化意识体系的不断发展，这种艺术思维和形象特征变成了中国艺术观念的核心和基础。造型艺术本身是一个开放的系统，在新的技术与意识观念的冲击下不断地更新拓展，而其内涵与精神则是民族历史长期积淀的结果，是中华民族所特有的，也是民族形式的灵魂之所在。

我们应当看到，虽然高度科技化、信息化的现代社会给传统造型艺术带来了巨大的冲击，但给其带来了新的发展契机。新的观念、新的思维方式、新的表现方式的导入为我们重新审视传统文化观念提供了更多的思考维度，而新技术和新材料的出现也为我们传统造型的再设计提供了更多样的可能性。对传统的继承与创新历来就是设计领域的热点，设计理论界倡导我国的设计要有自己的统文化特色，走自己的设计之路，而不是一味地模仿国外。显然，这需要真正系统深入地研究青铜艺术，只有理解了青铜艺术，才能找到传统与现代的结合点，打造出具有自己传统文化特色的现代设计。经历了漫长的历史积淀，青铜艺术已经深远地影响到我国的传统文化，它是我们文化的根基，青铜器物是联系青铜时代与现代的实体媒介，以我们今天的眼光看来，青铜器早已脱去了它原有的功能和意义，但它作为一种文化的符号早已深入人心，透过青铜形态的表象可以感受我们文化的根基、历史的厚重。

从系统论的观点来看，青铜形态是青铜艺术系统中的子系统，它包含材质、纹饰、立体造型等多方面因素，同时青铜形态并不是孤立的，它和当时的文化、宗教、科技、政治有着密切的关系，这在前文中多次讨论过。青铜艺术走进现代设计，这本身是一种系统之间的大交叉、大融合，我们需要运用现代的技术手段、表现方法、材料以及现代的理念、思维方法。换言之，青铜形态与现代设计的交叉融合是多层次、多维度的。每个交点都代表着不同的交叉融合，都是一种创新的起点，关键是我们需要结合具体的艺术创作找到合适的切入点。

归纳起来，现代设计中对青铜艺术的应用有以下表现方式：

第一，用其形。用其形自然不是简单地照抄照搬，而是对传统造型的再创造。这种再创造是在理解的基础上，以现代的审美观念对传统造型中的一些元素加以改造、提炼和运用，使其富有时代特色；或者把传统造型的创作方法与表现形式运用到现代设计中来，用以表达设计理念，同时也体现民族个性。在对传统“形”的沿用这个方面，现代设计中不乏优秀的例子，如凤凰卫视中文台的台标，借用了彩陶上的凤鸟图形，并使用了中国特有的“喜相逢”的结构形式，反映出一种厚实的文化底蕴，而凤鸟两两相对旋转的翅膀极富动感，体现了现代媒体的特色。纵观历史，我们会发现，从原始社会的图形、符号一直到封建社会晚期的分门别类的造型艺术，总有一些恒常的主题，而它们的表现形式却随着每个历史朝代的更替而转变，总是与当时当地的材料工艺、艺术技巧、社会风尚相适应，往往具有鲜明的时代特色和地域特色。诸如龙纹、凤纹、云纹、鱼纹、涡纹等，我们都可探寻到其表现形式在各个历史时期发展演变的脉络，这种“形”的延伸是对原始母题的继承与延续，也是对其外在形式的衍生与拓展。

另外，我们还可以看到，外来文化与本土文化的交汇融合也是艺术造型诞生的源泉，敦煌莫高窟中千姿百态、绚丽多彩的卷草纹（又称“唐草”），实际上就是在汉魏时期由西域传入我国的忍冬草的基础上创造出来的，而唐代最典型的纹样宝相花则是以我国原有的莲花为母体，融合了牡丹花和由波斯传入的海石榴花纹样的特点，而逐渐形成的一个极具中国民族风格的纹样。还有葡萄纹、番莲纹、狮子纹，都是先后从中亚一带传入我国的纹样，然而这些纹样并没有生搬硬套外来艺术的痕迹，而是通过融会贯通中外文化，使它们逐渐成为中国传统造型艺术的一部分。可见，传统形态本身的发展就交织着承传与演变，形态是在自身的破与立中发展的，它继承传统形态的优秀的东西，同时又不断创新，不断吸收融合新的文化、艺术思想，体现时代精神。我们今天在现代设计中借用青铜艺术美的形态要素完全是可行的，青铜艺术杰出的造型手法、技巧是世界所公认的，在我国乃至世界工艺美术史上有着重要的地位。有人反对传统艺术外在表现形态的搬用，认为应从传统艺术的本质和内在精神中吸取营养。笔者认为对于不加改造的照抄照搬当然是不可取的，但借用传统形态这种方法本身没错，对传统形态的借用也是一种继承，在有些情况下运用好也可收到良好效果，如现代平面设计中就有直接运用到传统形态要素的，关键是在具体实践中如何运用好。我国传统的图形纹样最初大多源于自然崇拜和宗教崇拜，进而衍生出期盼“生命繁衍，富贵康乐、祛灾除祸”等吉祥象征意义，正是由于人们对美好生活的向往和企盼，正是由于人们对这种“意”的执着追求，才使“形”得以代代相传，并生出许多旁支左系，可以说，“意”的历史延伸催生出了“形”的历史衍生。青铜纹样中有火纹、凤鸟纹，这与“日中有乌”“天命玄鸟，降而生商”的传说遥相呼应，人们对阳鸟图腾的崇拜，使得中国传统的鸟纹有了阳鸟—朱雀—凤鸟的历史衍变。从青铜形态的这种“形”与“意”的历史延伸与衍变，我们可以看出，“形”的演变不是对其原始“母题”的彻底否定，而是以新的审美观念赋予其以新的形式，从而使这些“母题”不断丰富与拓展，我们在现代设计同样应发扬这种方法，弘扬自己的传统文化。

第二，传其神。虽然“形”在每个时期的变化往往与前一个时期大相异趣，但我们仍能感受到在这些形式多样的造型中所特有的精神气质，不论是彩陶上稚拙的鸟纹和蛙纹、青铜器上狞厉的饕餮，还是汉代漆器上飘逸的凤纹，在经历了漫长的时间的淘洗之后，仍然呈现出一种惊人的生命活力，感动着我们现代人。然而器物的“神”并不像“形”那样，只是一种表象化的东西，而是一种难于直接觉察和把握的东西，它需要综合直观的感受和对形态背后各种因素（如社会、历史、文化、创作者等）的理性分析，在此基础上才会对形态的“神”有一个比较客观和全面的认识。青铜艺术的内在精神是与它特定的时代背景联系在一起的，考虑它的“神”需了解那时的政治、文化环境。我们解析青铜器物能够看到商周时代青铜礼器所具有的狰狞、凝重、神秘，充满宗教色彩的艺术力量，只有对于青铜器的这些内在特征有充分的认识，才可能在现代设计或艺术创作中自如发挥，游刃有余。

例如，“三足鼎立”是中国文字中对一个稳定结构的赞扬和描述，词语本是对中国青铜鼎的如实描述，借用青铜鼎的稳定、坚实、可信及其岿然不动的品质来比喻人事。从这种比喻中，我们溯源可以看到它的本意——中国青铜器皿设计的典型特征之一：结构稳定端庄，造型大方凝重。青铜器这种内在气质和精神至今仍然给予人们以巨大的启示和震撼，它无疑是民族精神和气质的反映和表现。雕塑家王朝闻在创作雕塑《刘胡兰》（见图 6-7）时，曾在商周青铜爵的造型设计中得到了表现英雄人物不屈不挠、视死如归的大无畏精神的艺术形式的灵感。可以说是青铜艺术中所具有的那种精神气质，深深吸引和感染了王朝闻并影响了他的创作。爵的造型具有极高的艺术设计学意义。它有一定容量的圆斗状爵体与叉开的三足，比例适度、互为整体，生成着一种向上而高耸的生命感，爵流、爵尾以及柱不仅显露了各自的功能性，而且与爵体、三足共同构成“拟神”的体量和宏伟的视觉效果。正是这种挺拔、刚健、端庄、大方的气势，使王朝闻找到了从形到神的同构，刘胡兰塑像所传达出的挺拔、无所畏惧的英雄气概与青铜爵所具有的内在气韵是一致的，它是我们民族精神的集中体现。

也许正是这种来自民族文化历史的深处、来自庄严与崇高之美的召唤与启迪，使一代代艺术家们在中国青铜艺术之光的照耀之下，攀登上一个个艺术的高峰。20 世纪 80 年代日本著名画家东山魁夷在中国北京劳动人民文化宫举办的展览中，曾宣称自己创作的作品中有的是受到中国青铜器艺术的启迪。在其创作的表现自然风景的作品中，那苍茫浑厚的山林景色和绿绿葱葱、青色如黛、沁人心脾的色调，那苍茫身后，混如天成又具历史感的氛围，使人明晰地看到中国青铜艺术之光的折射。法国著名画家赵无极，祖籍在中国，他在谈到自己艺术的成功之道时认为，他的艺术源泉来自两方面，一是西方艺术的影响，二是中国艺术的养育。尤其是中国青铜器博大与深厚的内涵和精神及其威严而又充满神秘的美感形式，给予了他重要的启示和创作动力（见图 6-8）。对于形的沿用，可以说是对传统造型的一种浅层次的发展和提升，而一种新的民族形式的创造，是需要我们摆脱美学传统的物化表相，进入深层的精神领域去探寻的。我们只有在深入领悟传统的艺术精神，融会贯通，寻找传统与现代的契合点后，才能打造出符合新时代的民族形式，才能找到真正属于我们本民族的同时又能够为国际社会所认同的现代设计。

图 6-7　王朝闻《刘胡兰》

图 6-8　赵无极作品

第三，取其法。在前面已提到对形态的借用和对神韵的继承，基本上这都是属于对青铜形态本身的学习借鉴，其实可以跳脱出形态本身以外，学习青铜器形态的创作技巧、方法，这其实是对传统艺术另一个层面的借鉴和继承。青铜器形态创造的规律主要体现在纹样、造型两方面，这在前面章节做了详细的研究。比如青铜器身纹样的设计，其形态创造的方式灵活多样，有意象的合成、异质同构等方式，又如形的组合方式有反复式、打散构成等，又如在纹样与立体形态的关系上以相同的形态特征保持整体的一致，这些都是现代形态设计中值得借鉴的地方。青铜艺术极富想象力，尤其是在生命形态的创造上，不拘泥于现实物象，采用组合、夸张、变形等方法，看起来像真相与幻想有机融合，真真假假、亦真亦幻。例如，其中动物合体形象，如龙、饕餮给现代动画形象设计以有益的启示。如今风靡全球的电脑游戏世界里，各种经典形象层出不穷，其中有些异型动物形象被设计成人兽合体，如现在热门电脑游戏《魔兽争霸》中的半兽人（兽人族）(见图6-9)，也有动物合体的，这些都增添了游戏的迷幻色彩。又如风靡全球的迪斯士尼和梦工厂发行的动画卡通形象也有许多用了想象的组合动物形象，《怪物史莱克》中的主人翁史莱克就是其中一个非常受欢迎的想象合成形象（见图6-10)。兽面纹饰对现代设计的启示如根一般，有根的设计才能枝繁叶茂，日益强大。否则它将经不起时间的雕琢，终会是昙花一现。今天的中国凭借经济的强大与政治的稳定，并借助于现代科技的成就，在技术上所走的路并不漫长。而真正漫长的是如何在当下环境中寻找到自身的美学价值与本土设计语言。① 设计文化发展至今，已不再是单纯的生产行为，而是更深层次上人类对自身的文化审美行为。在当下经济社会中，动漫、游戏、影视广告、网络媒体等视觉产业充斥着我们生活的各个角落。铺天盖地占领我们文化领域的多是“欧美风格”“哈韩日族”，中国似乎真的要被完全“国际化”“全球化”。就视觉设计领域而言，中国精神并没有在当代中国设计中得到有效的表达。其中的原因是复杂的，但从传统图形的现代化应用角度而言，中国传统图形之所以在现代化进程中遇到应用与传播上的障碍，归根结底是传统图形的生发、成长所认同的社会环境与现代国人生活环境间的间隙在扩大，是中国对以往传统文化割裂所致。中国现今所谓的现代设计，完全是以西方工业文明标准为特征的文化形态。如今，这种文化形态与中华民族所应有的设计文化特质越来越显现出冲突与消融的趋势。从近几年设计界对传统回归的呼声便可见一斑。

图6-9　魔兽争霸

图6-10　怪物史莱克

① 周小瓯、周筱馨:《在传统中探寻本土设计》，山东画报出版社2005年版。

那么，对包括青铜兽面纹饰在内的民族纹饰的进一步研究梳理无疑会对当下设计实践提供新的启示与借鉴作用。我们不难发现，在对殷墟青铜兽面纹进行含义与功能以及造型审美的综合分析之后，对于我们今天的设计实践者而言，仍然具有积极的现实指导作用，具体表现在以下几个方面：

首先，创新是艺术的本质。从青铜装饰艺术所取得的成就上我们不难发现这一艺术的本质规律——新的要求推动了新的艺术形式的创新。在文化史上，凡是生命力旺盛而持久的文化，都会对原有历史文化采取积极传承的态度。商代璀璨的青铜纹饰艺术正是在经历了对龙山、良渚玉器纹饰造型以及陶器中的拍印、摹刻技艺的吸收，并经过夏及早商的探索后而发展出来的。商王朝经历了早、中商半游牧的生活状态后，逐渐趋于政治经济上的稳定。这种社会的全面稳定为包括兽面纹饰在内的青铜艺术的发展提供了契机，使得商代工匠有了更多的精力去不断地开发创造，在商代宗教统治思想的新要求下，又创造出几十种风格迥异的兽面纹饰。

早商时期的兽面纹，已具备后来兽面纹的几个基本要素：如突出的双目、左右对称、无身、头上有柱等。但多数是以比较抽象的兽面纹为主(这也与早商时期的青铜铸造技术水准有关)。商晚期的兽面纹变化较大，虽然有些保留了前期较抽象的样式，但绝大多数兽面纹更注重相关细节的描绘，如安阳殷墟出土的“兽面纹斝”等（见图 6-11）。

当代设计也是如此。伴随着中国设计力量在国际舞台上的频繁展现，如何找到一种源自本土的图形设计语言，是当代设计师所共同思考的。每个时代都有着不同的创新内涵，对于当下中国设计界而言，设计创新意味着一种源于民族本土精神的升华，意味着从传统中吸取养分，最终要脱离传统束缚，创造出新的传统。

这里的传统并不是指静态的某种实体，而是指流动于过去、现在与未来的过程中，是尚未被规定的东西，它永远处在被创造中。[①] 因而我们说，

① 甘阳：《传统、时间性与未来》，《读书》1986 年 2 月。

只有对传统关注，对传统图形的借鉴与吸取之后，才能创造出符合当下审美要求与趣味的图形。青铜兽面纹饰的发展变迁过程启迪着当代设计师的创造心智。

其次，形式服从于功能。从纹饰的形式与功能角度而言，兽面纹饰当属“形式服从于功能”。兽面纹饰是一种幻想动物纹，它是符合了多种动物特征的纹饰。在商周重鬼神、崇尚宗教信仰的时期，它代表了商纹饰对原始部族文化的融合，符合了商代物神崇拜的社会信仰。这才使得它能够得到社会的认同，从而登上历史的舞台，这是其能够不断完善自身形式以适应社会新需求的结果。

图 6-11　兽面纹斝

在当代媒体文化中，充斥了大量的图形图像资源。图形相对于文字具有信息传播直接、鲜明、快捷的特点。某种图形体现了图形设计者独特的个性。但我们也发现，在如今的许多媒体中，有众多“为形式而形式”的图形（见图 6-12、图 6-13）。我们并不排斥那种以某种形式美感体现特有审美趣味的图形作品，但若以某种模棱两可的形式表达不确定语义功能的图形，笔者却不敢苟同。以公共标识为例，作为视觉信息传达手段的图形标识，其首要功能还是为了沟通的便利（见图 6-14、图 6-15），如果把标识设计当作艺术家个性的宣泄，也就失去了它作为沟通环节中视觉信息传达功能的作用。“意念依赖形式的传达，形式依靠意念赋予生命”。[1] 因此，现代图形设计要切实考虑人的综合因素以及场所、环境的使用特征，以恰当的形式服务于当代人们的社会生活。

① 靳埭强：《眼缘心弦——靳埭强随笔》，上海文艺出版社 2002 年版。

图 6-12　图形

图 6-13　图形

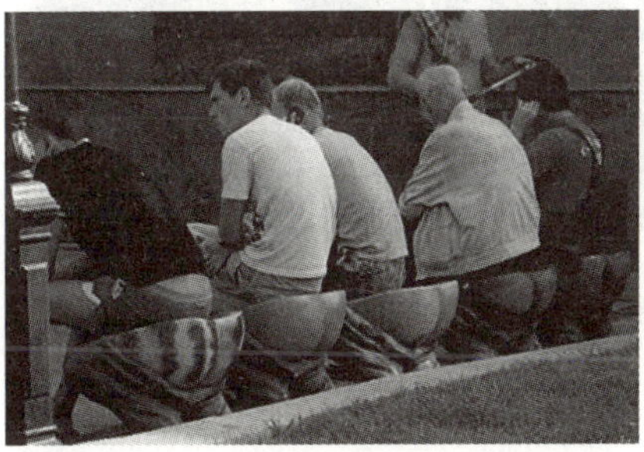

图 6-14　公共标识

图 6-15　公共标识

最后，“技”与“艺”的互为完善。“艺术”一词本身就包含了艺术与技术的双重属性，从原始人在岩壁上所刻画出的第一个符号开始，就已具备技术的含量。“工欲善其事，必先利其器。”晚商工匠在继承早期铸造技术的探索成果之后，逐步熟悉并掌握了铜这种金属的特性，并对铅和锡两种金属有了更进一步的认识。掌握了根据器物的不同用途而调配出不同比例的铅锡合金。《考工记》中的“六齐”，就做了翔实的总结。并且在对做模、制范、铸造等技术的改进之后，融入了商代设计师的精神信仰，创造了空前的“三叠层”青铜纹饰技术。使得晚商青铜器的艺术表现语言达到历史性的高峰，这是其技术与艺术两者完美结合的成果。

从最早传说中伏羲、女娲手中的“规”与“矩”（见图6-16），到如今的电子计算机、数码照相机、扫描仪、网络等，设计工具日新月异。网络数码工具的便捷，使今天的我们可以足不出户便收集到各种素材，在电脑上设计出任何我们所需要的二维或三维形态（见图6-17）。可以说科技真正解放了我们的双手，使我们的创意与思维得到了无限量的发挥。但工具毕竟是工具，最终要受制于创造的主体——人。在设计过程中，我们只有使头脑中的创意与现代工具材料恰当地结合到一起，才能创作出更好、更优秀的作品来。

图6-16　伏羲、女娲手中的“规”与“矩”

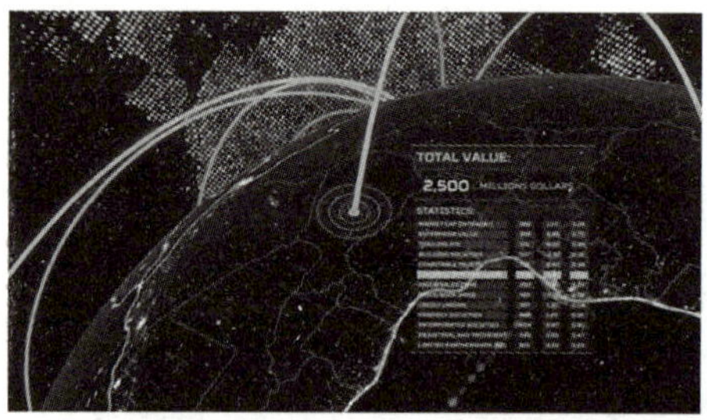

图6-17　网络数码工具　三维形态

参考文献

[1] [英] E. H. 贡布·里奇：《秩序感》，浙江摄影出版社 1987 年版。

[2] [美] 鲁道夫·阿恩海姆：《艺术与视知觉》，腾守尧、朱疆源译，四川人民美术出版社 2001 年版。

[3] [英] E. H. 贡布·里奇：《艺术与错觉》，林夕、李本正、范景中译，湖南科学技术出版社 1999 年版。

[4] [英] 哈德罗·奥斯本：《20 世纪艺术中的抽象和技巧》，阎嘉、黄欢译，四川美术出版社 1988 年版。

[5]《考古类型学的理论与实践》，文物出版社 1989 年版。

[6]《两周时期铜壶的形态学研究》，文物出版社 1989 年版。

[7]《三门峡虢国墓》，文物出版社 1999 年版。

[8] 孙华等：《天马——曲村北赵晋侯墓地第二次发掘》，《文物》1994 年第 1 期。

[9]《淅川下寺春秋楚墓》，文物出版社 1991 年版。

[10] [美] E. 潘诺夫斯基：《视觉艺术的含义》，傅志强译，辽宁人民出版社 1987 年版。

［11］［美］内森·卡伯特·黑尔：《艺术与自然中的抽象》，沈撰一、胡知凡译，上海人民出版社 1988 年版。

［12］［日］朝仓直巳：《艺术设计的图形构成》，吕清夫译，上海人民美术出版社 1991 年版。

［13］［德］阿道夫·西尔德勃兰特：《形式问题》，潘耀昌译，河北美术出版社 1998 年版。

［14］陈望衡：《狞厉之美——中国青铜艺术》湖北美术出版社 1991 年版。

［15］陈振裕：《中国古代青铜器造型纹饰》，湖北美术出版社 1999 年版。

［16］丁涛、郭廉夫：《论工艺美》，天津杨柳青画社 1991 年版。

［17］高崇文：《东周楚式鼎形态分析》，《汉江考古》1983 年第 1 期。

［18］郭宝钧：《关于新莲鹤方壶的研究》科学出版社 1952 年版。

［19］郭宝钧：《山彪镇与琉璃阁》，科学出版社 1959 年版。

［20］郭沫若：《青铜时代》，群益出版社 1984 年版。

［21］河南省文物考古研究所：《河南新郑李家村发现春秋古墓》，文物出版社 1983 年版。

［22］河南省文物考古研究所：《信阳楚墓》，文物出版社 1986 年版。

［23］胡应征：《浅析楚漆器的整合性艺术特征》，《装饰》2002 年第 5 期。

［24］幻王逊：《中国美术史》，上海人民美术出版社 1989 年版。

［25］姜今：《打散构成》，湖南美术出版社 1999 年版。

［26］金忠群：《略论楚国鬟漆镇墓兽》，《装饰》2002 年第 7 期。

［27］［美］卡尔·考夫卡：《格式塔心理学原理》，黎炜译，浙江教育出版社。

［28］李济：《殷墟青铜器研究》，上海世纪出版集团 2008 年版。

［29］李学勤：《中国青铜器概说》，外文出版社 1995 年版。

［30］李砚祖：《工艺美术概论》，中国轻工业出版社 1999 年版。

［31］李砚祖：《造物之美》，中国人民大学出版社 2000 年版。

[32] 李玉洁:《黄河流域的青铜文明》，科学出版社2010年版。

[33] 李泽厚、刘纲纪:《中国美学史》，安徽文艺出版社1999年版。

[34] 李泽厚:《美学三书》，安徽文艺出版社1999年版。

[35] 梁义田、张英智:《略谈古代青铜艺术的审美内蕴》，《青海师范大学学报》(哲学社会科学版) 1995年第3期。

[36] 林崇宏:《造型艺术设计》，田园城市文化事业有限公司2000年版。

[37] 刘彬徽:《楚系青铜器研究》，湖北教育出版社1995年版。

[38] 马承源:《中国青铜器》，上海古籍出版社2003年版。

[39] 彭德:《楚艺术研究》，湖北美术出版社1991年版。

[40] 皮道坚:《楚艺术史》，湖北教育出版社1995年版。

[41] 容庚:《商周彝器通考》，上海人民出版社2008年版。

[42] 苏湲:《楚墓疑云》，河南人民出版社2005年版。

[43] 谭旦冏:《新郑铜器》，文学出版社1977年版。

[44] 汤文兴:《淅川下寺一号墓青铜器的铸造技术》，《考古》1981年第2期。

[45] 田自秉:《中国工艺美术史》，商务印书局2009年版。

[46] 王菊生:《造型艺术原理》，黑龙江美术出版社2000年版。

[47] 谢道元、顾望:《中国青铜图典》，浙江摄影出版社1999年版。

[48] 辛华泉:《形态构成学》，中国美术学院出版社1999年版。

[49] 许平:《造物之门》，陕西人民美术出版社1998年版。

[50] 杨权喜:《楚文化》，文物出版社2000年版。

[51] 杨晓能:《商周青铜器纹饰和图形文字的含义及功能》，《文物》2005年第6期。

[52] 曾成钢:《青铜艺术的启示》，《新美术》1994年第2期。

[53] 张光福:《中国美术史》，知识出版社1982年版。

[54] 张光直:《中国青铜时代》，生活·读书·新知三联书店1983年版。

[55] 张乃仁:《设计辞典》，北京理工大学出版社2002年版。

［56］张正明：《楚文化史》，上海人民出版社 1987 年版。

［57］中国科学院：《美图录》，科学出版社 1962 年版。

［58］中国科学院考古研究所：《辉县发掘报告》，科学出版社 1956 年版。

［59］诸葛凯：《图案设计原理》，江苏美术出版社 1992 年版。

后记

了解青铜艺术的形式语言是一件非常幸福和快乐的事情，从传授美术赏析知识中，笔者找到了从未有过的自信和快乐，也逐渐了解和培养了对青铜艺术的兴趣。这本书已经酝酿很久了，源于笔者从教美术史与欣赏课程十几年，再加上自己对青铜艺术的关注与爱好，内心便强烈产生了要出这本书的愿望。

当然，正像读者所看到的，这本书并不能全面代表一种视觉审美形式，本书是在传统青铜艺术形式语言演变的基础上，使青铜艺术形式的研究在现当代观念中获得更宽泛的含义，形成具有全面性的研究课题。仅仅从考古学、铸造工艺学等的传统角度来讲，是完全不够的，要真正弄清青铜艺术形式语言的发展规律，弄明白“传统”与“现代”的概念，“技术”与“艺术”的存在，研究中国青铜器的独特性正是我们这个文化日益趋于大同的时代、我们这个处于设计探索阶段的民族非常需要的。这正是从“传统的”精华出发，依靠“我们基于的共同的文化”“心理结构和独特的语言形式”，让技术与艺术在设计中的结合更完美，设计出真正“现代的”特色。但是，青铜艺术的形式语言存在着很深的内涵，涉及面也相当的广泛，所以本书难免会有一些疏漏与不同之处，也难免会和同行们存在着观点相悖之处，可借此机会来函共同切磋，笔者将不胜荣幸。此书的一些理论观点实属笔者尚不成熟的研究成果。借此书出版之际，做一系统阐述，希望得到前辈师长以及学界同人的批评斧正，谒诚致谢。

在学习与研究期间，笔者结合选题，查阅了大量资料，特别是通过网络在较短时间内得到了大量宝贵的信息资料，使笔者的研究方向与课题有了比较充实的写作材料与依据，所以在此也要感谢各类资料的作者们对笔者的启发与点拨。

最后，在此书付梓之际，首先衷心感谢经济管理出版社为本书的出版所付出的巨大心血和努力，感谢各位编辑的辛苦工作。还要感谢的是，本书在撰写过程中得到了诸多专家的指点和提示，所以，在此向他们致意，他们的教诲和鼓励是笔者工作与学习源源不断的动力。

杨 冬

2017 年 8 月 15 日